中国木材合法性贸易法规框架构建研究

李静　徐斌　等◎著

U0131567

中国林业出版社

图书在版编目（CIP）数据

中国木材合法性贸易法规框架构建研究 / 李静等著
. -- 北京：中国林业出版社, 2022.5
ISBN 978-7-5219-1574-7

Ⅰ.①中… Ⅱ.①李… Ⅲ.①林产品—国际贸易—贸
易法—研究—中国 Ⅳ.①D922.634②D996.1

中国版本图书馆CIP数据核（2022）第022636号

出版发行	中国林业出版社（100009　北京市西城区刘海胡同 7 号）
电　话	010-83223120
印　刷	北京中科印刷有限公司
版　次	2022 年 5 月第 1 版
印　次	2022 年 5 月第 1 次印刷
成品尺寸	170mm × 240mm
印　张	15
字　数	270 千字
定　价	75.00 元

本书著者

李　静　　徐　斌　　张　朝

陈　洁　　何　璆　　万宇轩

　　木材非法采伐及相关贸易问题给全球经济、社会和环境带来了诸多负面影响，引发越来越多的社会关注。为降低非法采伐及相关贸易风险，越来越多的国家和地区开始制定禁止非法来源木材流通的法律法规，如美国的《雷斯法案修正案》、欧盟的《欧盟木材法案》、澳大利亚的《禁止非法采伐木材法案》、印度尼西亚的《木材进口条例》、日本的《清洁木材法案》，以及韩国的《木材可持续利用法修正案》等，作为打击非法采伐和规范木材贸易的重要手段。

　　中国是全球第一大林产品贸易国，进口木材占木材来源的50%以上，我国的木材进口受到了来自国际社会的极大关注和质疑。中国历来重视林产品贸易的合法性问题，坚决打击非法采伐和相关贸易是我国政府的基本立场。近几十年来，通过立法和制定相关管理政策，我国建立并实施了一整套森林资源管理制度，可以确保木材及木材产品在中国境内采伐、运输和加工利用的合法性；然而，作为木材进口大国，由于暂未出台专门针对木材进口的法律法规，国际社会对我国加强木材来源合法性管理的压力依旧如故。在世界各国加强木材合法性管理，纷纷出台禁令禁止非法采伐的木材及木制品流入本国市场之际，中国也尝试开展适合国情的木材合法性认定办法的研究工作，并积极探索进口材合法性管理相关法规政策的实施可能。在此背景下，研究和探讨全球木材合法性立法，借鉴其它国家在应对非法采伐及相关贸易问题上的立法经验，探索制定既符合国情又与国际接轨的木材来源管理制度，对于完善我国木材管理法律体系、改变我国林业产业被动应对木材合法性要求的不利局面、保障企业在林产品进出口贸易中的合法权益、促进林产品贸易可持续发展具有积极意义。

　　本书在对国际现有木材贸易法规和我国现有木材合法性管理制度进行梳理和比较研究的基础上，对中国木材合法性贸易法规出台的成本效益和潜在影响进行深入分析，进一步提出中国木材合法性贸易法规出台的可选途径以及制度框架，以探索既适合我国现实情况又对接国际市场合法性要求的法规制度，优化中国林产品企业参与林产品国际贸易的制度环境。期望相关研究一方面能够为政府从应对国际林产品贸易壁垒和规范林产品进出口贸易市场和行为的角度提供决策参考，不断统筹和完善我国林业执法体系；另一方面可以引导行业积极关注和顺应国际市场木材合法性的立法要求和政策趋势，为践行合法和可持续的林产品贸易提供信息支持和应对参考。

本书各章节作者如下：第一章，李静、张朝、徐斌；第二章，李静、何璆、徐斌；第三章，徐斌、李静、万宇轩；第四章，张朝、徐斌、陈洁；第五章，张朝、徐斌、李静、陈洁；第六章，李静、张朝；第七章，李静、徐斌。最后由李静、徐斌完成全书的统稿工作。

本书在撰写过程中，得到了中国林业科学研究院基本科研业务费专项“中国木材合法性贸易法规框架构建研究”（CAFYBB2018MC007）、国家林业和草原局“打击非法采伐机制构建与全球森林治理合作”、欧洲森林研究所“中国木材合法性贸易政策影响”等项目的支持，特此感谢！

由于著者水平有限，疏漏和不足之处在所难免，敬请广大读者批评指正。

著者

2021.10

目　录

第一章

绪 论

一、研究背景

非法采伐及相关贸易的提出始于20世纪90年代中后期，随着世界经济的发展转型以及人们环保观念的变化，非法采伐问题首次作为重要问题出现在了国际舞台上。1998年5月，八国集团召开会议发布了《森林行动计划》，该计划旨在打击非法采伐和相关贸易。进入21世纪后，打击木材非法采伐及相关贸易已经成为全球共同关注的热点问题。

木材非法采伐及相关贸易对全球的自然生态、经济和社会等方面造成了巨大的负面影响。环境方面，非法采伐使木材生产国森林退化、生物多样性流失，进而导致气候问题的加重。经济方面，非法采伐及相关贸易给相关国家和人民带来了巨大的经济损失。据Seneca Creek Associates（2004）估计，在全球的木制品贸易中，有5%~10%的木制品被怀疑与非法采伐有关。该组织经过估算得出，非法采伐及相关贸易每年给全球带来的非市场（环境和社会）成本约为650亿美元，其给全世界合法生产者带来的经济损失约为每年460亿美元。社会方面，非法采伐及相关贸易使原著居民权利受到侵害，连带效应下的其它暴力、犯罪、人权侵害和腐败问题频发。在此背景下，各国纷纷采取措施降低木材非法采伐的风险，其中制定和颁布禁止非法木材流通和利用的相关法案被越来越多的国家认可和实践，成为打击木材非法采伐及相关贸易的重要手段。

2008年美国颁布《雷斯法案修正案》，要求进口木材和木制品的企业填写海关申报表；2010年《欧盟木材法案》和2012年澳大利亚《禁止非法采伐木材法案》禁止非法采伐的木材和木制品流入本国市场，提出开展尽职调查和边境申报等强制性要求；2015年和2017年印度尼西亚和马来西亚在自愿伙伴协议（VPA）框架下先后出台了规范木材进口的法规条例，对进口木制品采取强制性合法性验证并实施尽职调查，同为VPA协议国的越南也紧随其后；2017年日本《促进合法采伐木材流通与利用法实施法案》正式生效，鼓励企业对木材原料进行森林认证、尽职调查等合法性验证；同年，韩国颁布了《木材可持续利用法修正案》，要求进口商填报进口声明并提交证明木材合法性的相关文件。近10年来，随着打击非法采伐及相关贸易治理进程的不断加快，无论是木材生产国、加工国还是消费国都纷纷在法案出台层面采取了积极行动，对木材合法性的关注俨然已经发展为立法趋势。

中国是世界最重要的林产品生产和贸易大国，也因此许多研究把矛头指向中国，称中国为最大的非法木材进口国，国内很多学者的研究用大量事实和数据反驳了"中国木材进口威胁论"的观点，指出中国大量进口原木是为世界林产品消费买单，但中国面临的木材合法性压力并没有减轻。一方面由于我国对木材的需求不断增长且随着天然林全面禁伐政策的实施，木材进口量随之增大，中国多数初级林产品进口来源于施政记录较差的国家和地区，大量疑似高风险木材流入中国；另一方面我国生产的木材制品大量出口到欧美等政策环境敏感的国家和地区，在木制品生产和出口过程中面对着来自消费市场的较大质疑。

近几十年来，通过立法和制定相关政策，中国建立并实施了一整套森林资源管理制度，可以确保木材及木材产品在中国境内采伐、运输和加工利用的合法性；此外，我国在打击非法采伐和相关贸易方面作出了包括倡导绿色采购、积极制定森林培育和木材贸易相关指南、发展森林认证和木材合法性验证、参与国际交流和行动等诸多努力。然而，由于在规范木材进口和相关木材生产流通方面的法规制度尚不完备，国际社会对我国加强木材合法性管理的舆论压力依然未曾减轻。

另一方面，从进出口贸易的行业实践层面来讲，虽然国际范围内关于木材来源合法的界定并不统一，各国在法规制度和贸易流程合规的把握上存在较大差异，但通过探究密集出台的各国木材贸易法规，可发现国际市场对于木材合法性的要求具有普遍性和一定的相似度。我国是木材原料进口与生产贸易大国，如果不能在法律层面对木材来源进行适当的规范，那么进出口企业在对非法木材来源界定和把控方面将始终难以与贸易伙伴国对接，进而导致中国企业在进出口过程中无法从法律指导性的高度合理规避非法采伐及相关贸易问题所带来的国际贸易风险，来自国际市场关于木材合法性尽职调查、供应链追溯等要求所带来的挑战也难以得到有效应对，长远来看势必会对我国林产品贸易的稳健发展带来不良影响。

在此背景下，研究提出中国木材合法性贸易法规的框架体系，推动在法规制度层面不断完善木材供应链，特别是进出口贸易和加工利用流程中的规范化管理，一方面可以有效缓解木材合法性管理的国际舆论压力，另一方面通过法规制度的不断完善从更深层次激励企业和行业践行合法和可持续的木材贸易，不断增强我国林产品国际市场的整体竞争力。

二、研究目的与意义

中国历来重视林产品贸易的合法性问题，坚决打击非法采伐和相关贸易是我国政府对外基本立场。现阶段，强调包括木材合法性在内的绿色贸易已经成为世界新趋势，为改变我国林业产业在合法性应对方面的被动局面，保障企业在林产品进出口贸易中的合法权益，推动和促进中国林产品贸易的稳健发展，需要深入研究相关国家立法动态，探索既适合我国现实情况又可以对接国际市场合法性要求的法规制度，进而不断完善中国林业管理法律体系。

本研究在对国际木材法案与我国现有木材合法性管理制度的差距分析基础上，对中国木材合法性贸易法规的潜在影响以及企业需求进行深入分析，进一步提出中国木材合法性管理制度的潜在政策选项，构建中国木材合法性贸易法规框架，一方面为政府统筹和完善木材管理法律体系，妥善应对国际林产品贸易壁垒提供决策参考；另一方面为企业践行合法和可持续的林产品贸易提供信息支持和应对参考。

本研究的意义在于：

（1）明晰我国林产品贸易中非法采伐木材的现状

从世界范围来看，非法采伐问题由来已久，随着全球森林治理进程的加快，当前非法采伐及相关贸易问题形势已产生微妙的变化，林产品贸易和市场格局也发生了深刻变革。本研究通过文献综述对全球采伐现状做了总结，利用贸易数据对我国进口高风险木质林产品比重进行估算，深刻剖析我国木材来源风险现状与挑战，为制度设计奠定基础。

（2）为政府加强木材来源管理提供理论依据和决策参考

由于我国在国际林产品供应链上的特殊地位，木材合法性管理制度的出台必将对众多国家（地区）和相关产业产生深远影响，"牵一发而动全身"，如何尽可能找到兼具效率和效益的办法，是政策制定者和管理者面临的共同难题。本研究在吸取国际重要林产品贸易国在规范木材贸易方面的立法和执法经验基础上，深入分析中国木材合法性贸易法规在经济与效益方面的潜在影响，同时结合我国产业情况与制度条件提出和分析相关制度出台的潜在政策选项，最终搭建中国木材合法性贸易法规框架，为制度设计提供理论依据和决策参考。

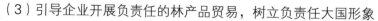

（3）引导企业开展负责任的林产品贸易，树立负责任大国形象

我国在世界木质林产品加工和贸易中扮演了极其重要的角色，随着非法采伐议题的兴起，受到了很多国际环保组织和西方国家的无端指责。中国林产品在西方"绿色壁垒"施压下，也逐渐失去市场竞争力。因此，推动我国木材合法性管理制度出台，顺应国际社会规范木材来源管理的政策趋势，积极应对国际市场木材合法性要求的挑战，对我国国际形象的提升和木材产业的发展具有重要意义。

三、国内外研究现状

随着非法采伐及相关贸易议题的兴起以及全球范围内木材合法性贸易法规的陆续出台，在传统贸易规则之外，各国林产品进出口面临着合法性方面的新要求，对国家政策、企业发展、环境可持续等方面产生了诸多影响，引起了国内外学者的广泛关注。

（一）研究现状

（1）非法采伐及其相关贸易的影响研究

据 Seneca Creek Associates（2004）年估计，在全球的木制品贸易中，有5%~10% 的木制品被怀疑与非法采伐有关。该组织经过估算得出，非法采伐及相关贸易每年给全球带来的非市场（环境和社会）成本约为650亿美元，其对全世界合法的生产者带来的经济损失约为每年460亿美元。社会方面，非法采伐及相关贸易使原著居民权利受到侵害，其它暴力、犯罪、人权侵害和腐败问题频发。因此，非法采伐及相关贸易无论在生态层面，还是经济、社会层面都给世界带来了巨大的损失。世界自然基金会认为如果非法采伐问题持续加剧，那么世界上从事林产品交易的公司会面临极大的风险，如果非法采伐问题继续被忽视，那么世界上重要的、多产的、拥有多种生物的森林将会逐步削减产量直至消失，而与之相关的产业和从业人员也会蒙受巨大的损失。Ruhong Li 和 Turner（2008）使用全球林产品模型（GFPM）对全球消除非法采伐的结果进行了模拟，认为非法采伐的消除导致了世界林产品价格、生产、贸易、消费等均发生了变化；然而，不同国家的影响存在很大差异，一般来说，发展中国家原木、板材等生产减少，与此同时，发达国家的原材料产量增加，由于未能完全弥补发展中国家产量的下降，从而导致世界木材价格的上涨。

非法采伐及相关贸易对中国林产品加工和贸易也产生了深远的影响。首先，从林产品贸易角度而言，中国已经成为世界主要木材加工、贸易和消费大国。缪东玲（2014）撰文指出，中国木材供给的对外依存度仍然维持在50%左右，巨大的商品材供需缺口使中国有着较大的木材进口需求。同时，由于多数初级林产品来自热带"高风险"国家，中国在将加工林产品出口至欧美等发达国家时将面对很大的合法性压力。陈积敏（2014）指出，进口木材资源的贸易安全和合法性问题，以及加强对木材非法采伐和贸易的行政执法，实属林业产业发展的头等大事。程宝栋（2016）撰文指出，《雷斯法案修正案》实施后对中国企业造成了巨大的影响，那些对法案不了解的企业则倾向于退出美国市场而专注国内市场。

其次，在政治外交方面，中国在国际交往中屡受一些国家和国际组织渲染的"中国木材威胁论""中国转嫁生态危机"的攻击，甚至被称为"世界非法采伐木材的集散地"，给中国的国际舆论和外交谈判造成一定的负面影响。李剑泉（2007），程宝栋、宋维明（2008），付建全（2010）等用大量数据和研究驳斥了上述观点，指出中国大量进口原木是为世界林产品消费买单。中国已经与相关国家签署了共同打击非法采伐及相关贸易的协议，并且与美国、欧盟等国家积极开展对话。徐斌等（2014）认为，一方面要化解国外组织将中国进口木材问题极端化的趋势，净化中国进口木材的国际环境，给正在成长中的中国经济特别是木材工业以发展空间；另一方面也要正视这个问题，积极稳妥地应对，否则将对中国林业产业和国家形象产生不利影响。

（2）打击非法采伐及相关贸易的对策研究

强调木材合法性在内的绿色贸易已经成为世界贸易的新趋势。美国、欧盟和澳大利亚等发达国家和地区在应对非法采伐及相关贸易的立法方面走在世界前列。其立法本意都是通过倒逼木材生产者、进口者、加工者和消费者履行尽职调查义务，拒绝非法木材进入本国市场，打击非法采伐及相关贸易的同时，不乏保护国内木材产业发展，设置非关税壁垒的色彩。相关法案的出台对世界林产品贸易将产生重大的影响：从短期来看，木材合法性要求作为一种非关税的"绿色贸易壁垒"，将提高木材生产国、加工国相关企业的成本，限制林产品贸易的活跃度，而从长期来看，木材合法性进程将促进林产品贸易朝着更加健康的方向发展。

然而，目前木材合法性跨国管理体系，仍然存在着较大的局限性。非法采伐问题虽然得到一定程度的治理，但全球打击非法采伐的形势仍然很严峻。首先，非法采伐及相关贸易的治理是由发达国家主导的，他们利用资金、贸易地位和技术等各方面优势，掌握了全球打击非法采伐的话语权，主导了全球森林可持续经营标准和木材贸易准则的制定。而与非法采伐密切相关的发展中国家则处于不利地位，利益分配的不均匀往往引起更加频繁的贸易摩擦。其次，目前国际上木材合法性跨国管理体系存在诸多技术难题，这也使打击非法采伐及相关贸易治理困难重重。如何更有效地打击全球非法采伐和贸易，没有一个标准答案。有人认为打击非法采伐应该从供给侧入手，加强生产国的森林可持续管理的能力建设，并且打击腐败。也有人主张从消费国入手，建立"绿色壁垒"，从需求端出发打击全球非法采伐。为了研究这个问题，Zhang 和 Xu（2016）通过投入产出分析来评估各国非法木材的消费和生产情况，采用全球林产品模型（GFPM）分析全世界消除非法木材消费和生产对森林部门增加值的影响，结果表明，在全球范围内消除非法木材生产比消除消费更为经济。

中国也开展了应对非法采伐及相关贸易的策略研究。徐斌等（2014）在分析全球主要木材法规及其影响、中国的政策与行动、中国企业应对现状和可选途径分析的基础上，从强化国家政策的宏观调控与管理、加强行业引导和企业自身能力建设、深化相关领域国际交流与合作三个方面提出了中国应对非法采伐和相关贸易的策略，提出应完善我国木材采伐运输和加工管理制度，确保国产材的合法性；建立我国木材合法性验证制度，提高我国林产品合法性的可信度；出台有关木材合法性管理的政策和法规，加强木材贸易的合法性管理。陈积敏（2014）撰文从执法层面分析了中国打击非法采伐及相关贸易的困境，认为中国迫切需要重构执法体系，提升相关部门的综合执法能力，构建打击木材非法贸易执法主客体的协同工作体系，明确各个主体的角色定位和工作职能。程宝栋（2016）认为中国应该努力开展国际合作，结合"一带一路"沿线发展中国家的国情和林情，发挥主导和引领作用，构建适合发展中国家国情的跨国木材合法性制度创新体系。刘金龙等（2014）认为中国不应当，也不需要将自己纳入当下非法采伐政治话语体系下，需要逐步构建符合中国特色的、推动全球森林可持续经营的话语体系，而从中国实际利益来看，关于木材合法性认证，应该以减少交易成本为底线。

在国际合作方面，程宝栋（2013）认为，中国政府应该努力与相关贸易国建立木材合法性的互认机制，同时也要争取第三国或木材消费国对木材合法性的认可。努力发展中国森林认证机制，同欧盟、美国等方面进行对话和双边合作，促进中国森林认证和国际体系互认，为中国林产品对外贸易企业提供便利。在产业转型方面，中国林业产业长期两头在外的格局难以维持，林业企业应该在企业形象、产业链扩展等方面作出努力，缩小与发达国家成熟企业的差距。

（3）非法采伐立法及其影响研究

2008年《雷斯法案修正案》等一系列贸易政策出台后，立即引起了各国政府、非政府组织和科研机构的广泛关注，国外学者和国内学者对于木材合法性贸易法规的研究重点主要集中在对《雷斯法案修正案》《欧盟木材法案》以及澳大利亚《禁止非法采伐木材法案》等法规的立法动机、条款内容、法案潜在影响以及应对措施等方面。

潜在影响与立法动机方面，Matthias Dieter（2009）对全球非法采伐的经济影响进行了定量分析，认为木材非法采伐及相关贸易对美国林产品企业出口能力和林产品出口贸易额造成严重影响；MattewLinkie等（2014）对美国林产品在世界市场上的竞争力进行了分析，认为使用非法来源的木材加工产品严重损害了美国林产品的国际竞争力，希望通过减少非法采伐严重国家和地区的产品出口来促进本国产品的竞争力；Vincent van den Berk（2009）指出欧盟的一系列打击非法采伐政策措施的主要目的是为了杜绝非法采伐和相关贸易活动，从而促进森林和环境可持续发展；Federico Lopez-Casero等（2009）对日本木材管控政策的变革进行了分析，指出作为木材消费和进口大国以及热带材主要进口国，其政策的核心和宗旨是促进生态友好商品和服务的采购。李剑泉等（2009）分析了金融危机冲击下国际木业的现状与对策，认为欧盟政策是在设置绿色贸易壁垒以缓解本国经济压力。总体来看，经济、社会和环境等多种因素的影响以及新形势下来自内部外部的多重压力促进了相关贸易法规和政策的产生。

关于法规框架条款方面，Robert A Shapiro等（2009）对《雷斯法案修正案》申报制度的可操作性进行了研究，认为该制度的实施应该分阶段进行；Forest Trends（2008）等非政府组织以简报形式对《FLEGT行动计划》进展情况进行追踪；Obidzinski等（2014）对《欧盟木材法案》的尽职调查具体要求、调查的重点内容和产品范围进行了详细分析；Kistenkas和Frederik H等（2014）从森林资源和生态环境保护角度分析了《欧盟木材法案》的具体条款及作用；Forest Trends（2017）针对亚洲地区新出台的合法性贸易法规相关条款进行了简要比较，各国法规在条款设定及其作用和执行方面存在较大差异性。国内方面，程元等（2009）、吴博海和张蕾（2009）等、尹中华和李剑泉等（2011）专家和学者通过对相关法规具体条款的分析指出相关法案的出台具有贸易保护主义性质，影响贸易发展。

在法案出台效果和影响方面，欧盟和美国等贸易政策制定国的学者们普遍认为政策出台有力地打击了非法采伐和相关贸易活动，Paul E.（2008）对《雷斯法案修正案》的修改内容进行了评价，认为申报制度的执行和新增的处罚措施将有效打击非法来源木材制品进入美国市场，希望各木材进口商积极进行"尽职调查"；Kate Dooley等（2009）评价欧盟"FLEGT行动计划"效果甚微，指出欧盟必须尽快以法律形式明确禁止进口和购买非法采伐木材，欧盟的木材企业也开始呼吁欧盟将进口非法木材及制品列为非法；Geraets等（2014）就欧盟内部《欧盟木材法案》的意见进行了调查，结果显示：部分企业认为法案严苛条款给企业带来不必要负担；全面禁止不切实际，监管存在困难；澳大利亚经济研究中心（2010）对澳大利亚可能采取的打击非法采伐的政策做了影响声明，利用GTAP模型研究了其可能产生的经济、政治和社会方面的影响。该机构认为，由于澳大利亚在全球木质林产品中的份额很小，因此对全球非法采伐及其相关贸易的影响很小，澳大利亚政府单方面的行动会使其承担大部分成本而收效甚微；Francesco Bosello（2010）利用可计算一般均衡模型评估了欧盟打击非法采伐的政策影响，结果是，限制非法木材的进口可能一定程度上对打击非法采伐和相关贸易有积极的作用，但是其大部分影响都被转移或抵消了。并且欧盟单方面对初级木材产品进口的限制使得非法木材以次级或深加工产品的形式流入了欧盟。因此，欧盟限制非法采伐木材进口的措施，对于打击全球非法采伐和贸易的影响十分有限。缪东玲和程宝栋（2014）通过分析美国、欧盟和澳大利亚立法现状评价当今国际木材合法性立法促进利益方认真对待合法性要求和尽职调查义务，各国政府也开始逐步转变态度。

在贸易法规应对方面，Charles Barber（2009）建议各国进口商在采购木材时注意履行"尽职调查"；John Mc Carthy等（2010）提出开展森林认证，并对印度尼西亚政府帮助企业降低森林认证成本方面的做法给予了肯定；KoukudaKyoran（2008）在评价日本相关木材合法性管控政策时指出，中国和日本是重要木材贸易合作伙伴，然而中国尚且不具备适当、完善的木材跟踪与监管系统，无法识别验证木材原产地，他提出中国亟须建立木材监控系统；蒋凤萍、陆文明等（2013）就相关法规政策进行了研究，提出我国应尽快与国际接轨，建立政府主导，企业和行业协会协同合作的打击非法采伐及相关贸易联合应对机制。

（二）文献评述

通过文献整理发现，从研究的对象来看，目前的研究往往集中于生产国和贸易国，包括非法采伐的现状、影响及现有政策措施的评估等，对加工国在世界打击非法采伐问题中所扮演的角色研究甚少。主要消费国通过出台限制高风险材进口的法律来打击非法采伐虽取得了一定的效果，但大部分效果都被新兴木材加工市场的崛起抵消了。因此，主要木材加工国（如中国）限制进口高风险材的影响是一个值得研究的问题。

从研究内容来看，关于木材合法性法案的研究，除法规的潜在影响与立法动机、条款内容、法案出台效果和影响以及应该采取的应对措施等方面以外，关于中国出台法规制度方面的探索研究还比较少，对出台木材合法性贸易法规对中国贸易的影响未做具体阐述和分析，也未具体分析中国贸易法规的可行性和具体框架。国内外学者对于相关法案的研究一般从立法动机出发，主要分为环境保护和贸易保护两种截然不同的研究方向，而关于法案的条款内容设定和应对措施提出都是以法案的立法动机为出发点，带有明显的倾向性。因此进行本研究的过程中，尽量以客观的态度，一分为二的看待既存贸易政策的出台和由此引发的影响，并以此作为基础，客观分析中国相关制度出台的潜在影响和可行性。本研究的参考文献包括各国法案原文以及相关学者发表的研究专著、论文以及相关政府和包括 Chatham House、EFI、Forest Trends、ClienEarth 等在内的研究机构的研究报告。

四、研究内容与理论基础

本研究以森林可持续经营、贸易保护等理论为基础，在对国际木材法案合法性要求与我国现有木材合法性管理制度的差距分析基础上，深入分析中国出台木材合法性贸易法规的潜在影响以及企业需求，通过提出和分析制度出台的潜在政策选项，构建中国木材合法性贸易法规的制度框架。

（一）研究内容

（1）国际木材合法性贸易法规比较分析

各国现行木材贸易法规在法规立意、立法体系、立法驱动性因素、包括合法与非法界定、监管对象、执行机构、合规标准与要求以及惩罚措施等在内的法规核心要素等方面存在诸多差异，但对木材及其制品在生产与流通过程中的规范又存在趋同之处。本部分主要希望从差异中梳理出原则趋同性，借以在充分考虑我国现实情况的基础上作为与国际法规接轨的立法方向指引，尽量使中国相关管理政策可以融合国际市场具有普适性的合法性要求。

（2）中国木质林产品贸易和高风险木质林产品现状分析

在分析中国林产品贸易和木质林产品进口现状的基础上，采用导入源分析法，对中国进口高风险木材的比例、主要来源国、主要产品贡献率等进行估算，为中国加强木材合法性管理的相关政策制定奠定基础。

（3）中国木材合法性管理制度梳理及差距分析

探索我国木材合法性贸易制度构建有必要对我国现有涉及木材合法性的相关法规条款进行梳理，同时结合国际立法所纳入的具有普遍性的合法性要求，进行差距分析，一是避免法规框架构建过程中条款间的交叠重复和冲突；二是梳理分析我国现有合法性相关制度中和国际主流合法性贸易法规脱节之处，为补充借鉴与框架设计奠定基础。

（4）中国木材合法性贸易法规的潜在影响分析

在估算和分析中国高风险木材现状基础上，分析满足木材合法性要求的企业合规途径选项，结合GTAP模型分析各种政策途径下加强木材合法性管理对中国及全球林产品贸易造成的冲击和影响，同时对于加强木材合法性管理在经济影响以外的其它方面潜在影响也做了探讨。

（5）中国出台木材合法性贸易法规的需求分析

本部分主要涉及两方面内容展开分析：第一，基于问卷和半结构访谈等调查法，对中国木材合法性管理制度出台的利益方需求以及制度内容进行调查和分析，通过多利益方意见参与，希望在一定程度上使制度出台能够融入各利益方的关注重点，以确保制度出台在适合中国国情的基础上最大限度保障供应链上利益方的诉求和权益。第二，通过SWOT分析对中国加强木材合法性管理的可行性展开分析，为法律框架设计提供理论支持。

（6）中国木材合法性管理制度出台的框架构想及政策建议

根据前期研究，构建中国木材合法性管理制度的基本框架，主要涵盖三方面内容：一是在确定立法总体原则的前提下对法规出台的政策选项进行情景设计和优劣势分析；二是在前述分析的基础上设计法规的主体要素构成，并形成框架构建文本；最后提出政策性建议，供相关政策部门参考。

（二）理论基础

（1）森林可持续经营理论

20世纪80年代后期，林业工作者开始将可持续发展的理念应用于森林经营领域，产生了森林可持续经营的理论。森林可持续经营理论是在森林多目标经营的基础上，将森林生态系统的物质产品生产和环境服务放在统一的高度来认识。

从森林可持续经营理论的概念来看，其最终所要达到的目标可以细分为社会、经济和环境三个方面。经济方面，森林可持续经营的经济目标是使人们能够获得更多生活所需的各种林产品，从而带动林业产业的发展，为国际社会的经济发展，尤其是发展中国家摆脱贫困和提高林区人民生计作出贡献。其次，通过对森林的可持续经营，能促进与森林生态系统密切相关的水利、森林旅游、森林疗养等相关产业的发展。社会方面，森林的可持续经营能满足人类生存发展过程中与衣食住行密切相关的多种需求。环境方面，森林可持续经营的环境目标应该是为人类

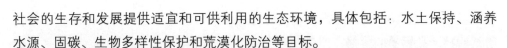

社会的生存和发展提供适宜和可供利用的生态环境，具体包括：水土保持、涵养水源、固碳、生物多样性保护和荒漠化防治等目标。

（2）贸易保护

近年来，西方发达国家出现了"新贸易保护主义"理论思潮，其主要目的是为了适应本国政治、经济需要，并且维持自身在世界贸易中的优势地位和话语权。新贸易保护主义理论不同于传统的贸易保护理论，它积极倡导以人为本，强调人与自然、社会和谐发展，新贸易保护主义更加具有隐蔽性，其贸易保护的形式更具有合理性。

全球工业化的加剧使世界生态平衡遭到巨大的破坏，人类受自然环境恶化的威胁日趋严重。可持续发展思潮和对全球环境变化的强调下产生了很多有关贸易的国际公约。各国政府也相继出台法律、法规等措施，希望对国际贸易进行干预，目的是保护环境和生态。在此背景之下，环境优先的新贸易保护主义应运而生。其认为：在国际贸易中应该优先考虑环境问题，减少对环境不利产品的国际贸易。西方发达国家利用自己在贸易中的地位和话语权，创造出有利于自身贸易的法规、政策甚至行业标准，其实质就是隐藏在环境保护外壳下的新贸易保护主义。

五、研究方法与技术路线

（一）研究方法

本文将综合运用定量和定性的方法开展研究，具体研究方法包括：

（1）文献研究法

在确定研究内容和目标的基础上，确定文献收集范围，包括现有国际木材合法性贸易法规及相关细则、我国现有合法性法规的条例条款、相关国家打击非法采伐及相关贸易进展的官方网站资料以及木材合法性既有研究等。通过文献的收集、整理、比较分析，总结国际法规具有趋同性的合法性要求以及中国现存制度和国际要求间的差距，为框架研究铺垫基础。

（2）比较研究法

在文献梳理基础上，依据相同性比较和相异性比较，对国际主流木材贸易国家所出台的木材合法性贸易法规进行比较分析，总结差异性和趋同性；另外，通过对比中国合法性贸易法规政策选项间的优劣性，进一步提出中国木材合法性贸易法规的内容框架。

（3）经济学实证

选择全球贸易分析模型（GTAP，global trade analysis project）作为政策模

拟工具，采用GTAP模型进行定量化研究，分析各种政策途径下加强木材合法性管理对林产品贸易的价格、产量、进出口、福利变化等产生的影响，以此探讨加强木材合法性管理对中国及全球林产品贸易产生的潜在经济影响。

（4）情景分析

情景分析是指某些外部环境的变化所带来的影响是无法准确获知的，但有些数据和信息是现在可以获得的，通过假定未来环境可能出现的各种变化，通过一定的模型来对外部环境的变化进行模拟和预测，得出未来将会出现的结果，以及潜在影响。本研究将采用情景模拟实验的方式，模拟中国构建木材合法性管理体系不同政策选项下的潜在影响。

（5）调查法与态势分析法

采用问卷调查和半结构访谈，基于定量分析方法分析各利益方，尤其是企业对于中国出台木材合法性贸易法规的需求度，同时根据态势分析法，结合法案出台潜在影响定性探讨中国出台合法性贸易法规的优势和劣势、机遇与挑战并分析可行性，为最终法案框架的提出提供全面的理论基础。

（二）技术路线

根据本研究所设定的研究内容和目标，图1-1显示了本研究的技术路线。

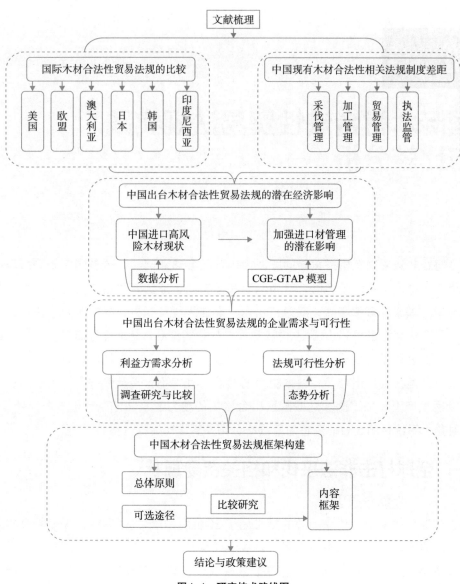

图1-1　研究技术路线图

第二章

国际木材合法性贸易法规实践与比较分析

　　随着非法采伐及相关贸易问题成为国际社会热点问题，很多国家纷纷采取措施降低木材非法采伐的风险，其中制定和颁布禁止非法木材流通的相关法案被越来越多的国家认可和实践，成为打击木材非法采伐及相关贸易的重要手段。继美国《雷斯法案修正案》《欧盟木材法案》生效和实施后，随着全球森林治理进程和林产品贸易监管的发展，除了传统欧美国家，近年来，越来越多的国家和地区特别是亚太地区密集出台了相关木材贸易法规，其中不仅涉及传统木材消费国，同样包括生产国和加工国。这些国家出台法规的动力、立法体系和形式各有不同，多对象、系统性的比较研究将为我国出台相关管理制度提供借鉴。

一、全球打击非法采伐和相关贸易现状

（一）背景与原因

　　非法采伐及相关贸易问题的提出始于20世纪90年代中后期，伴随着世界环保理念的深入人心，1998年5月，八国集团会议首次把非法采伐作为重要的国际问题提出，并正式讨论通过了打击非法采伐的《森林行动计划》。进入21世纪，打击木材非法采伐及相关贸易行动已被各国政府列为重点议程，成为国际社会、各国政府、环保组织、林业工作者及社会公众共同关注的热点问题。

　　非法采伐及相关贸易的出现，主要是由于国际经济秩序的不平衡、森林资源管理和利用水平的参差不齐、社区居民摆脱贫困的愿望和企业利益驱动等原因，造成当今社会在保护森林资源、维护生态平衡，与开发森林资源、促进经济发展之间存在着突出的矛盾，由此产生了包括木材非法采伐、毁林占地、资源浪费等一系列问题。关于非法采伐及其贸易问题的本质，从微观来看，非法采伐是木材

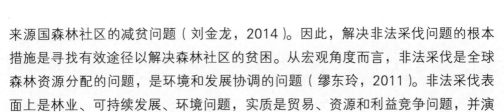

来源国森林社区的减贫问题（刘金龙，2014）。因此，解决非法采伐问题的根本措施是寻找有效途径以解决森林社区的贫困。从宏观角度而言，非法采伐是全球森林资源分配的问题，是环境和发展协调的问题（缪东玲，2011）。非法采伐表面上是林业、可持续发展、环境问题，实质是贸易、资源和利益竞争问题，并演变为一场复杂的经济、政治和外交博弈。

非法采伐是造成全球森林面积持续减少的原因之一，据2015年FAO世界森林资源评估报告，2015年全球森林面积较1990年减少了1290万hm^2。目前森林采伐主要集中在非洲、南美、东南亚等国家和地区，部分国家和地区如美国、加拿大、中国和欧盟在控制非法采伐的同时，开始大规模人工造林。尽管如此，全球森林采伐率仍然很高，国际刑警组织和联合国环境计划署的研究报告指出，全球木材年产量的30%和热带国家高达50%~90%的采伐木材均系非法，由此形成了一个300亿~1000亿美元的非法木材的全球贸易市场。

（二）非法采伐及相关贸易的概念

截至目前，国际上对非法采伐及相关贸易还没有公认的定义。世界自然基金会（WWF）提出了一个有代表性的定义：从狭义上看，木材非法采伐及相关贸易是指违反国际、国家或地方政府有关森林开发利用和林产品贸易方面法律、法规，造成森林资源破坏的行为。从广义上看，非法采伐及相关贸易既包含了狭义上的采伐和贸易行为，也包括约束行为的规则，即相关的法律法规和管理水平。非法采伐发生在木材生产阶段，是导致森林资源浪费和破坏的直接行为，相关贸易以非法采伐的木材或相关产品为对象进行的贸易行动。根据定义的理解，非法采伐及相关贸易分两种情况：非法贸易，即违反贸易方面法律法规，直接将非法采伐木材或相关产品进行贸易的行为；合法贸易非法产品，即将非法采伐木材或相关产品获得合法贸易手续后进行的贸易行为。

作为中国第一大出口市场的美国，2008年的《雷斯法案修正案》规定涉及进口、运输、销售、接收、获取或购买违反相关国家法律法规获得的植物或产品均为非法。中国第二大出口市场欧盟成员国2013年生效的《欧盟木材法案》认为"非法采伐"指违反采伐国适用法规进行的采伐。"适用法规"指采伐国所执行的、涵盖以下方面的法规：在公布的边界内依法采伐木材的权利；为取得采伐权和木材支付的款项，包括木材采伐相关的税费；木材采伐，以及和木材采伐直接相关的森林经营和生物多样性保护的环境和森林法规；受木材采伐影响的使用权和所有权的第三方合法权利；以及迄今为止林业部门涉及的贸易和海关法律。其还指出每个木材生产国都有权自己来诠释什么是合法木材。美国和欧盟针对非法采伐给出的定义更加偏重于采伐阶段对于相关法律的违背。与此相对，澳大利亚以及其它一些组织偏重于认为非法采伐和贸易是统一体，同样强调了在贸易中的违法行为。如澳大利亚2012年通过的《禁止非法木材采伐法案》将违反木材采伐地正在实施法律法规的采伐定义为非法采伐，认为非法采伐为以下标准：木材是盗窃的；采伐的木材没有获得应有的批准或超越了授权范围；木材在买、卖、出口、进口和加工过程中违背了法律；木材采伐或贸易的允许权是通过政府腐败获得的。

国际热带木材组织认为非法采伐和非法贸易是紧密相关的概念，非法采伐相对简单一些，主要是违背国家的采伐制度，而非法贸易涉及的领域更广，涉及公司、贸易买卖、银行、审计和关税等相关法律制度。世界自然基金会和绿色和平组织认为非法采伐是在采伐、运输、生产、买卖等环节违反法律法规的行为。英国皇家国际事务研究所（Chatham House）定义非法采伐为一切与木材砍伐、加工和贸易相关的违法行为，不局限于森林产业内部的活动，还涵盖了供应链中的一切违法行为，例如，用非法许可证采伐、在保护区采伐、砍伐量超出许可定额、无证加工、逃税以及出口商品未缴纳出口税。定义也包含了非法清林转作他用（即"森林转换"），其中包括无许可而将林地转作其它用途，或者通过腐败等非法途径获取许可进行作业。非法采伐门户网站（illegalogging portal）也认为非法采伐包括砍伐、加工和贸易过程中所有的非法活动。

综合来看关于非法采伐的定义，各国法案在以下三方面有共性：①对非法采伐的范围进行广义或狭义区分，仅指采伐阶段还是包括加工和贸易阶段；②明确了采伐阶段和贸易阶段的违法活动具体包括哪些内容；③强调所谓非法是指违反所在国的法律法规这一概念，合法与非法的界定应符合国家主权原则，即应由所在国的政府进行界定，注重源头管理。

（三）全球非法采伐现状

非法采伐的主要生产国在非洲和东南亚一带地区，世界自然基金会认为非法采伐主要发生亚马孙盆地、波罗的海诺国、刚果盆地、非洲东部、印度尼西亚和俄罗斯。国际刑警组织估计主要的热带林生产国有50%~90%的木材是非法生产，印度尼西亚40%~61%的木材生产是非法，加蓬70%的木材生产是非法的，俄罗斯25%的出口木材都是非法的。随着全球对非法采伐的重视及相关治理措施的出台，非法生产现象出现了变化。

英国皇家国际事务研究所作为研究非法采伐的权威机构，采用了调查统计和风险分析评价等方式估计非法采伐的现状。该机构将非法采伐分为生产国、加工国和消费国三类，生产国主要为巴西、喀麦隆、刚果金、加纳、印度尼西亚、老挝、马来西亚、巴布亚新几内亚和刚果金，加工国为中国、越南和泰国。消费国为法国、印度、日本、荷兰、英国和美国。按照英国皇家事务所估计，2004年为非法采伐的高峰，通过近十来年全球对非法采伐的治理，非法采伐的数量出现了下降的趋势，但是2010年以来非法采伐在9个主要生产国仍然保持着高位的趋势（表2-1）。

表2-1　2014年非法采伐木材占全部生产的百分比

国家	非法采伐比例	变化趋势
巴西	大于50%	不变
喀麦隆	65%	下降
刚果（金）	大于90%	下降
加纳	70%	不变
印度尼西亚	60%	不变
老挝	80%	不变
马来西亚	35%	不变
巴新	35%	不变
刚果（布）	70%	不变

资料来源：英国皇家国际事务研究所研究报告（Hoare，2015）

据估计9个非法采伐国家生产的非法木材在2013年达到8000万 m³ 的原木当量。非法生产的木材主要来源于巴西、印度尼西亚和马来西亚，其它几个国家虽然非法生产木材比例较高，例如，刚果金非法木材生产比例几乎是100%，但总量相对较小。非法生产较高的比例说明在一些国家监管措施在下降或至少停滞不前。英国皇家国际事务研究所认为至少有两个措施是造成非法生产比例居高不下的原因：一是非正式的小规模木材生产增加了，这些小规模的木材生产很难监管；二是大规模的林地非法转化为耕地，林地转化是木材的主要来源，但在转化过程中土地规划和管理缺乏，属于非法转化。

从非法生产的形式来看，大规模的非法砍伐得到了控制。在非法采伐政策治理前，生产国砍伐林地没有完整的规划、砍伐未得到许可、或过度采伐、或在受保护区域采伐、或未支付相关费用就实施采伐，在对非法采伐政策治理后，大规模非法采伐得到了控制。据专家2008年和2013年的调查，由于出口到欧盟和美国等敏感市场，这些市场对产品有合法性要求，促使合法性认证和证明的数量大幅增加。小规模传统作坊式生产在非法生产方面并没有显得改善。小规模作坊式的生产都是在政府的控制之外，例如，喀麦隆、刚果（布）和加纳小规模作坊式生产的产品占到总数的50%、90%和70%，这些小规模作坊式生产都是非法的，在一些国家，如巴西、印度尼西亚、巴布亚新几内亚和刚果（金）都有书面记录。由于市场对木材的需求旺，小规模作坊生产的产品数量增长很大，这些数量的增长削弱了一些国家非法采伐控制的效果。例如，喀麦隆在大规模非法采伐控制方面取得了进步，但是非法小规模作坊式生产增加抵消了取得的成绩，据估计，2000年40%的非法生产中有10%是小规模作坊式生产造成的，但是到2014年65%的非法生产中有50%是小规模作坊式生产造成的（管志杰，2016）。

从消费国进口高风险木材比例来看，英国皇家国际事务研究所通过调查统计认为，中国、欧盟、日本和韩国的比例最高。中国进口原木最高峰时达到80%，近年来虽有下降趋势，但比例仍然在50%以上，这与中国原木进口源有关，虽然中国近年来从美国、新西兰进口的原木数量不断增加，但仍有很大比例进口来自非洲以及东南亚等地，这些国家或者地区是非法木材生产的集中地，属于高风险地区。欧盟内德国、瑞典、芬兰和意大利是原木进口大国，这些国家进口的原木中有一部分是来自高风险地区的国家，如俄罗斯、巴布亚新几内亚的进口比例下降，从美国、加拿大等国家原木的进口比重增加。美国和加拿大是原木的出口大国，进口原木数量相对较少，且进口源于环境敏感国。

作为另一种主要原材料产品的锯材，与原木进口的高风险比例相比，主要国家仍然是中国、韩国、欧盟和日本。中国是锯材的进口大国，进口来源与原木进口来源差别不大，因此高风险比例较高。韩国从俄罗斯和马来西亚等一些东南亚高风险的国家进口的数量较多，因此高风险比例也较高。欧盟中主要进口大国德国、法国和意大利等进口的高风险地区国家的锯材数量较多，因此高风险比例较高，日本进口的俄罗斯锯材数量较大，且近几年呈增加趋势，因此高风险比例上升。美国和加拿大是锯材出口大国，虽然也进口，但进口源集中在敏感市场国家，因此高风险比例较低。

（四）政府层面的非法采伐政策治理

面对日益严重的全球森林问题，近年来，发达国家采取了许多对策以应对日益严重的非法采伐和相关贸易。目前，国际社会还没有一个统一的协调机制共同打击非法采伐和相关贸易。主要的表现是发达国家的应对措施相对完善，而发展中国家尚处在起步阶段。但是，打击木材非法采伐及相关贸易行动已被国际社会列为重点议程，得到各国重视。打击木材非法采伐及其相关贸易的全球治理进程由发达国家（尤其是欧盟）主导，主要包括三种施政手段：

（1）制定政府间打击木材非法采伐及相关贸易的行动计划和协议

全球已经形成了多个区域森林执法与施政（FLEG）进程以及多个区域林业部长会议机制和区域林业合作网络机制。美国在八国集团峰会提出建立区域性政府间森林执法和治理机制（FLEG）进程，之后包括亚洲及太平洋地区森林执法和施政（EAP-FLEG）进程、非洲森林执法和施政（AFLEG）进程、欧洲和北亚森林执法与施政（ENAFLEG）进程等多项相关行动也随着国际和国家郑重承诺的出现而接连展开。在世界银行的协调下，这些不同地区进程促使该区域内各国政府部门制定和执行国家行动方案，参与各国作出部长级承诺，承诺制定和执行打击非法伐木的行动，这也是这三个进程所取得的重要成果。

欧盟作为主要消费国，与2003年提出了森林执法、施政与贸易行动计划（FLEGT）。作为全球治理非法采伐最有效的工具之一，该计划通过与发展中的木材生产国签订自愿伙伴合作协议（VPA协议），建立木材追溯与许可体系，确保出口到欧盟的木材都是合法的。目前已有多个国家与欧盟签署了VPA协议，印度尼西亚作为与欧盟进行VPA谈判的首批国家之一，在本国木材合法性验证体系成功运行后，已于2016年获颁FLEGT许可证。

在非法采伐治理进程中，一些主要林产品消费国和生产国签署了双边合作协议，如中国与美国、中国与印度尼西亚、中国与缅甸、中国与欧盟、中国与澳大利亚、美国与印度尼西亚、日本与印度尼西亚、澳大利亚与印度尼西亚、澳大利亚与巴布亚新几内亚、美国与秘鲁等，通过双边合作加强打击木材非法采伐及其相关贸易；而亚太经济合作组织（APEC）倡议建立的"亚太森林恢复与可持续管理网络"，《热带雨林国家领导人联合声明》《濒危野生动植物种国际贸易公约》（CITES）等多边协议也为解决非法采伐和森林退化作出了贡献。

（2）通过禁止非法木材贸易的相关法案

随着区域间森林执法与施政进程范围不断扩大，多双边合作在非法采伐治理中影响不断渗透，越来越多的国家开始谋求通过制定相关法律来促进合法贸易的发展。继美国《雷斯法案修正案》《欧盟木材法案》生效并实施后，澳大利亚发布《禁止非法采伐木材法案》，通过在政府层面制定和实施法规条例以实现对木材来源进行追溯，日本、韩国、印度尼西亚、马来西亚等国也已发布相关法令或制度约束和规范木材进口行为，目标均是避免非法采伐的木材进入本国市场。各国纷纷采取措施降低木材非法采伐的风险，制定管控木材进口的政策制度被越来越多的国家认可和实践，成为打击木材非法采伐及相关贸易的重要手段，打击非法采伐及相关贸易已经成为一种立法趋势。

（3）实施公共采购政策

公共采购政策一直是合法或可持续认证林产品需求的重要驱动力。20世纪90年代初期，德国、日本等国开始实施公共采购政策，此后越来越多的国家认识到，公共采购政策对于推动环境保护、促进环境友好型社会形成，是一项非常有效的途径。八国峰会的领导人达成共识，仅采购来自合法或可持续经营的森林的林产品。包括奥地利、比利时、保加利亚、丹麦、法国、德国等20余个欧盟成员国，以及澳大利亚、中国、日本、新西兰、墨西哥等欧盟以外共计50多个国家政府均已经制定了公共采购政策。这些政策相似之处包括：中央政府机构推出鼓励和推动绿色采购的法律与行政命令，并强制执行；认可森林认证作为主要的验证方法，实行渐进式推进，并引起私营部门的积极反馈。由于国情、林情不同，对政策目标理解也不尽相同，各国在"合法的"及"可持续"的标准、产品范围、认可证明、政策层次等方面也存在分歧。

二、应对非法采伐的主要贸易法规

本节对当前国际上主要木材合法性贸易法规进行了梳理，系统介绍了各主要贸易法规实施的背景、法案内容、法案实施与管理等关键内容，同时针对各个法规的特点进行一一阐述。

（一）美国《雷斯法案修正案》

1. 实施的背景

《雷斯法案》实质上是美国《粮食、保护和能源法案》（俗称"美国农业法案"）的一部分，一直以来是美国相关机构打击野生动物犯罪最有力的工具之一。2008年5月22日正式生效的美国《雷斯法案修正案》延伸至植物及其制品（林产品）贸易，它认可、支持其它国家管理本国自然资源中作出的努力，并对企业交易来自合法渠道的植物及植物制品（林产品）提供强有力的法律保障。通俗地说，如果"你"在植物的获取、采伐、占有、运输、销售或出口环节违反了任何一个国家或美国各州的相关法律，以及提供虚假证明、虚假商标等，那么根据雷斯法案"你"已经违反美国法律《雷斯法案修正案》。

美国《雷斯法案》修订前，有关植物的条款区域限定比较窄，仅限于美国本土植物并列入CITES或美国州法律的物种。修订后的《雷斯法案》扩充了针对植物的执法条款，涉及进口、运输、销售、接收、获取或购买违反其它国家法律获得的植物或产品均为非法。它扩展了植物的界定，包括植物界任何野外品种的任何部分或者其衍生产品。这一定义涵盖了所有木质产品，包括来自天然林与人工林的林木以及由木材制成的各种木材加工产品如纸浆、纸张、家具等制品。

2. 法案的内容

2008 年美国重新修订实施了《雷斯法案修订案》的产品范围，修正案产品范围涉及了木材及木材制品，也包括纸和纸浆，并明确了处罚规定。修正案在管理范围上由"濒临灭绝的动植物管理"扩展到"整个野生植物及其产品"。操作层面上对进口到美国的野生植物及其产品，要求填报"植物及产品申报单"。处罚措施方面规定了对违法植物及产品采取扣押、罚款和没收措施，对申报虚假信息、错误标识也要采取处罚措施。

《雷斯法案》根据国际林产品贸易形势所需进行的新的修订涉及了该法案最主要的几个核心内容。

（1）重新修订了"植物"的概念，扩大了适用范围

修正后的《雷斯法案》拓展了对"植物"的界定，其规定植物包括植物界任何野外品种及其根部、种子、任何部分及其派生产品，还包括从天然林与人工林获取的林木，同时扩充了针对植物的执法条款，包括规定进口、出口、运输、销售、接收、获取或购买违反其它国家法律获得的植物均为非法行为。

（2）增设了涉及植物的违法犯罪类型

除了持有、运输或出售等违反各州法律或者规章、或者外国保护植物法律的行为之外，另外规定：任何盗伐、盗挖植物行为；任何从公园、森林保护区或其它官方保护区取得植物行为；任何没有获得官方许可或者与官方许可相违背而取得植物行为都被禁止。

（3）增加了涉及植物的处罚类型

针对增设的犯罪类型设置了相应的处罚规定。《雷斯法案修正案》第三条、第四条对应不同的犯罪类型分别设置了罚款、没收及监禁等民事、刑事处罚措施。

《雷斯法案修正案》与木材贸易相关的条款主要包括：①禁止非法来源于美国各州或其它国家的林产品的贸易；②从 2008 年 12 月 15 日起，海关申报表必须包括进口木材每个材种的拉丁名、进口货值、进口数量、木材原产国的信息，如不清楚具体的木材原产国，则要填写可能的原产国；③赋予美国政府对从事非法交易的个人与公司处以罚款甚至监禁的权力，对那些进口木材在采伐、运输过程中违反木材生产国相关法律的贸易商提起诉讼。处罚包括民事行政处罚（最高 1万美元）、没收（包括运输工具）、刑事处罚或监禁（最高 50 万美元，最长 5 年监禁，或兼两者），还可能引起涉及走私或洗钱的指控。

法案明确增设了植物申报制度，包括申报、评审和报告等三部分，申报制度分为进口植物申报和相关植物制品申报。

3. 法案的实施与管理

《雷斯法案修正案》的主要由美国内政部渔业和野生动物服务局、美国农业部动植物检疫局实施，美国海关和监控边境的美国国土安全局参与实施。修正案要求进口企业强制申报，相关企业或个人要尽到"应有的关注"，对原材料木材及其制品进行风险评估，从较长复杂的供应链中清除来源非法的木材，最后判定是否合法是基于市场监督方提供的事实，由美国司法部门作出判断。《雷斯法案修正案》规定的民事和刑事处罚因当事公司或个人对其违法行为了解程度、涉及货物的价值不同而不同。处罚中最关键的因素是采购木材时进口商是否对木材来源的合法性进行了调查，进口商对木材合法性了解多少很大程度上取决于接受处罚的程度。

美国对进口植物及产品的申报实施分阶段实施计划，并对具体的实施时间表涉及的产品范围有详细的规定，2008—2010年分4个步骤提交进口申报，2015年2月6日，美国联邦公报发表公告向公众通告联邦政府关于《雷斯法案修正案》第五阶段进口植物及产品申报工作的实施计划，新增海关商品目录下第44章、82章、94章和96章的20个产品，并确定第五阶段申报实施开始时间为2015年8月6日。2015年9月2日，美国政府公布了最新确定版本的进口植物及产品申报实施计划，第五阶段产品申报计划于2015年8月6日开始执行（表2-2）。

为方便企业申报，美国农业部动植物卫生检疫署（APHIS）开发了一个针对进口商提交申报表单的网站，即"雷斯法案网站管理系统"（LAWGS）。LAWGS是关于《雷斯法案》的网站工具，旨在使进口商进行产品申报时更加方便和快捷。进口商可以直接登录网站录入相关申报信息并提交。现阶段，进口商在进行产品申报时有三种方式可选，一是填写传统纸质表单；二是进口商可以通过美国海关的贸易自动化界面进行《雷斯法案》电子申报的提交；三是登录农业部新开发并应用的"雷斯法案网站管理系统"。"雷斯法案网站管理系统"不会取代海关界面的电子申报系统，目的主要是为那些仍在沿用纸质申报单的进口商提供一种更加便捷的选择。

此外，第五阶段申报正式开始后，美国海关和边境保护局以及动植物卫生检疫署制定试点计划以测试和评估国际贸易数据系统中以电子方式提交的《雷斯法案》进口申报数据，测试将评估电子方式申报的执行情况，以及各不同责任机构之间的沟通与协调状况。

表2-2 雷斯法案进口申报时间表

第一阶段：2008.12.15—2009.3.31	第二阶段：2009.4.1—2009.9.30	第三阶段：2009.10.1—2010.3.31	第四阶段：2010.4.1—2010.9.30	第五阶段：2015.8.6
此阶段只需纸质申报且自愿提供	涉及 HS 编码如下： 44： 4401（薪材及木片） 4403（原木） 4404（木劈条） 4406（铁道及电车道枕木） 4407（锯材） 4408（装饰木板、单板） 4409 4417（木工具，工具手柄、扫帚手柄） 4418（建筑及木工用木材）	涉及 HS 编码如下： 44： 4405（木丝刨花） 4410（刨花板） 4411（纤维板） 4412（胶合板、单板饰面板及类似的多面板） 4413（浸渍木） 4414（木框） 4415（木箱、木盒） 4416（木桶） 4419（木质餐具和厨具） 4420（木质镶饰、木匣、木雕） 47： 4701（机械木浆） 4702（化学溶解木浆） 4703（硫酸盐木浆） 4704（亚硫酸盐木浆） 4705（机械化学木浆）	包括前两个阶段的产品。 4421（其它木制品） 48： 4801（新闻纸） 4802（未经涂布的书写纸） 4803（卫生纸、面巾纸） 4804（未经涂布的牛皮纸） 4805（其它未经涂布的纸及纸板） 4806（植物羊皮纸等） 4807（复合纸及纸板） 4809（经涂布的纸和纸板） 4810（经涂布的纸和纸板） 4811（除 4803、4809 及 4810 外经涂布的纸等） 94： 940169（带木框架坐具） 940330（办公用木家具） 940340（厨房用木家具） 940350（卧室用木家具） 940360（其它木家具） 940370（木家具部件）	涉及 HS 编码如下： 44： 4416003010（新的桶、桶和木材部件） 4416003020（二手组装的木桶） 4416003030（二手未组装的木桶） 4416006010（新木桶条） 4416006020（新的软木桶箍） 4416006030（新的密封木桶） 4416006040（二手软木桶） 4416006050（二手木箍、密封软木桶） 4416009020（新的其它桶） 4416009040（二手的其它桶） 82： 8211926000（木柄狩猎刀） 8215992400（木质手柄烧烤叉） 94： 9401612010（软垫柚木椅，家用） 9401612030（软垫柚木椅，其它） 9401901500（弯木座椅零件） 9403304000（弯木办公家具） 9403404000（弯木厨房家具） 9403504000（弯木卧室家具） 9403604000（其它弯木家具） 96： 9614002100（用于吸烟管制造的粗木块）

4. 法案的特点

该法案的主要特点包括，一是总体上执行比较简单，只需进行海关申报，行政成本较低，但如果进入司法程序，企业耗费的人力和财力成本较高；二是基于违法事实的举报和审判制度，目前执行的案例不多，但其在既有案例中展现的惩处力度及由此带来的业界影响给法案平添了相当大的威慑力；三是在具体的审判中，对于如何认定违反国外的法律法规比较困难，有将自己内部规定效用"外溢"及长臂管辖之嫌；四是未明确企业应如何履行"应尽的关注"，也没有明确相关的核查机制；五是从企业层面，由于政府和协会的推动，出于风险管控考虑，多数企业建立了内部管控与核查机制，与木材合法性的尽职调查体系类似。

（二）《欧盟木材法案》

1. 实施背景

自2006年底开始，欧盟和越来越多的国家开始进行自愿伙伴协议（VPA）谈判，然而VPA只涉及FLEGT伙伴国家和欧盟之间的直接贸易，为了规避欺诈和洗钱等风险，欧盟委员会在FLEGT行动计划中作出承诺，要制定其它打击非法采伐及相关贸易的措施。作为承诺的一部分，欧盟委员会于2008年10月提交了《欧盟木材法案》。欧盟理事会于2010年10月12日通过《欧盟木材法案》，2012年7月，欧盟发布《欧盟木材法案实施细则》，对"尽职调查体系"和监督机构作出详细规定，2013年3月3日法案正式生效。

2010年制定和通过的《欧盟木材法案》，目的是为进一步改善林业产业的经营与采伐活动，从而阻止非法采伐的木制品和木材进入欧盟市场。法案主要是利用"尽职调查体系"，即要求贸易商对首次进入欧盟市场的木材及木制品进行尽职调查，来对市场上的木材进行监管，管辖范围既包括欧盟以外的市场也包括欧盟内部市场。此举通过禁止非法木材和产品在欧盟市场上的投放，降低非法采伐的木材进入欧盟市场的风险，同时也致力于打击非法采伐。

2. 法案的内容

欧盟木材法案主要通过以下三项规定抑制非法木材的流通：①禁止将非法木材及含有此类木材的木制品投放欧盟市场；②要求将木材和木制品首次投放欧盟市场的运营商进行"尽职调查"；③在达到最终消费者前，被投放市场的木材和木制品可能经历再加工和再交易等环节。为了确保产品的可追溯性，贸易商需保留关于其供货商和客户的文件及证明。不遵守法律的后果将包括罚款、没收木材和立即终止交易。《欧盟木材法案》针对欧盟内进行的木制品贸易，涵盖几乎所有的木材和木材产品。

（1）合法采伐与非法采伐的界定

根据该法案的解释，"合法采伐"指依据采伐国适用法规进行的采伐，相反，"非法采伐"指违反采伐国适用法规进行的采伐。"适用法规"指采伐国所执行的、涵盖以下方面的法规：在公布的边界内依法采伐木材的权利；为取得采伐权和木材支付的款项，包括木材采伐相关的税费；木材采伐，以及和木材采伐直接相关的森林经营和生物多样性保护的环境和森林法规；受木材采伐影响的使用权和所有权的第三方合法权利；以及迄今为止林业部门涉及的贸易和海关法律。

需要指出的是每个木材生产国都有权自己来诠释什么是合法木材。大多数国家都有繁多的林业法规，要评估采伐是否符合了所有的法规，是一项极为繁杂和困难的工作。在一些国家，法律界定比较清楚，制定合法性定义也就相对比较容易，但在那些现有法律不明晰，法律之间互相有冲突的国家，这项工作比较难。因此，合法性的定义需要经过多方商定，并经所在国的政府认可。

（2）适用对象及其职责

该法案适用于欧盟木材供应链内的运营商和贸易商，其规定了将木材和木制品首次投向欧盟内部市场的运营商和贸易商的义务（图2-1）。法案将木材和木制品投放市场的任何自然人或法人称为运营商；将在商业活动过程中，在内部市场上出售或购买已经投放市场的木材或木制品的任何自然人或法人称为贸易商。

运营商的义务是禁止把非法采伐的木材投放于欧盟市场。所有把木材或木制

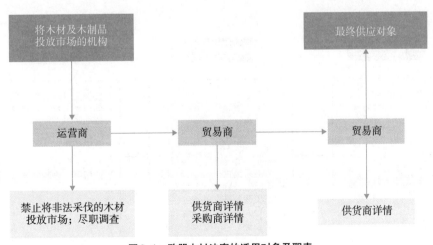

图2-1　欧盟木材法案的适用对象及职责

品首次投放于欧盟市场的机构，必须实施"尽职调查"，以减少引入非法采伐木材的风险。这要求运营商一是要追踪木材供应链；二是要开展木材合法性的风险评估；三是要确定木材采伐来源国和地区；四是要对产品的信息进行描述；五是要取得证明合法性的文件。

贸易商的义务是提供其供方和买方的基本信息，从而保证木材和木制品的可追溯性。贸易商需能够在整条供应链上识别供应木材和木制品的运营商和贸易商，并且在必要的情况下，提供木材和木制品的贸易商信息。贸易商应将以上信息保留至少5年，并在相关主管机构要求时配合提供。

（3）"尽职调查"的要求

法案要求运营商要开展"尽职调查"需要做到以下三个方面：一是提供进入市场的木材的相关信息；二是使用木材的相关信息来进行风险评估，风险程序可以使运营商在风险标准上对采伐的木材或林产品的非法风险进行分析和评估；三是一旦发现有非法采伐的风险，要采取措施来规避非法采伐木材进入市场的风险。现行的法案允许运营商运用适当的法律证明和合法性认证体系来减少供应链存在的非法木材风险（图2-2）。具体而言，"尽职调查"三步骤分别为：

步骤一，提供信息。运营商应提供投放内部市场木材和木制品来源及供应商的信息，其中包括：产品描述，包括产品名称、种类以及树种的常用名称（在不能明确区分树种时，需采用该树种的学名）；采伐来源国，在该国各区域存在不同的非法采伐风险时，应提供采伐国所在采伐区域的信息；产品的数量（以体积、重量或单位数量表示）；供货商的名称和地址；贸易商的名称和地址；表明木材和木制品符合适用所在国林业法规的文件或其它信息。

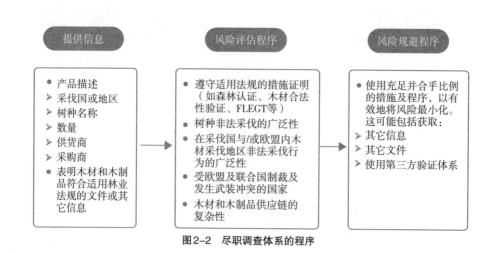

图2-2　尽职调查体系的程序

步骤二，风险评估。运营商必须根据步骤一所收集的信息并依据法案中所列标准对其供应链进行非法木材风险评估。风险评估的标准包括：遵守适用法规的措施证明，包括采取森林认证或其它涉及木材合法性的第三方验证；所利用树种非法采伐的广泛性；在采伐国与欧盟内部木材采伐地区非法采伐行为的广泛性，包括武装冲突的广泛性；联合国安全理事会或欧盟理事会对木材进出口的制裁；木材和木制品供应链的复杂性。

步骤三，风险规避。当供应链上存在非法木材的风险时，运营商必须通过要求供应商提供更多信息和检验证明来规避风险。

根据《欧盟木材法案实施细则》，运营商应在12个月内对每个供应商所提供的各类木材和木制品实施"尽职调查"。在建立"尽职调查体系"时，应说明其收集的信息如何按照风险评估标准进行核查，如何采取风险规避措施以及如何确定风险等级等。运营商应将所提供的产品信息以及所应用的风险规避程序进行归档，并至少保留5年以上时间供主管机构核查。

（4）欧盟木材法案覆盖的产品范围

法案的产品涵盖范围包括原木、锯材、单板、刨花板、木质纤维板、胶合板、地板、木制家具、纸和纸浆等（表2-3）。回收产品、竹、藤、印刷品（如书籍、杂志、报纸）等不在此范围内。必要时欧盟会对产品涵盖范围进行修改。

此法案适用于欧盟内部生产以及进口的木材和木制品。持有FLEGT证书和CITES许可证被视为满足本法合法性要求的证据，因此持有FLEGT和CITES许可证的木材或木制品可免于《欧盟木材法案》的管理要求。

表2-3 欧盟木材法案的适用范围

HS 编码	名　　称
4401	薪材及木片
4403	原木
4406	铁道及电车道枕木
4407	木工具、工具手柄、扫帚手柄
4408	装饰木板、单板
4409	家具半成品
4410	刨花板
4411	纤维板
4412	胶合板、单板饰面板及类似的多层板

HS 编码	名　称
4413	浸渍木
4414	木框
4415	木箱、木盒
44160000	木制大桶、琵琶桶
4418	建筑用木制品
47，48	木浆及其它纤维状纤维素浆；回收纸或纸板；纸及纸板；纸浆、纸或纸制品
940330，940340，94035000，940360，94039030	办公室用木家具、厨房用木家具、卧室用木家具、其它家具、家具零件
94060020	活动房屋

（5）处罚措施

违反《欧盟木材法案》的处罚标准由各成员国自行制定，成员国还应采取必要措施确保处罚得以实施。作出的处罚必须有效、适当，并具有劝诫性，可包括以下内容：

罚款：与违法行为所造成的环境破坏、相关木材和木制品价值、税收损失和经济损失相称的罚款；计算处罚等级时应确保处罚能有效剥夺责任人严重违规获取的经济效益，且不损害其合法执业权利；对重复违规的处罚应逐渐加重。

查封：查封相关的木材和木制品。

吊销：立即吊销贸易授权。

3. 法案的执行与管理

（1）主管机构

《欧盟木材法案》适用于欧盟所有成员国，对所有成员国都具有约束力。各成员国指定一个或多个主管机构负责协调本法案的执行并制定处罚条例。各欧盟成员国将自行决定针对违反法案行为的处罚种类和范围。主管机构名单将由欧盟委员会公布在互联网上，并定期更新。截至2021年，欧盟27个成员国均已制定了针对违反《欧盟木材法案》的法律，所有国家均已指定了主管部门且均开始了对企业的检查。

（2）监督机构

依照本法案规定，运营商的尽职调查体系需要经过监督机构审核后批准，并定期验证其是否正确使用尽职调查体系。在运营商不能正确使用尽职调查体系时，监督机构需采取适当行动，如运营商出现重大失误或重复出现失误时，通知主管机构。

申请成为监督机构的机构需具备以下资质：一是具有法人资格并在欧盟内依法成立；二是具有相关职能的专业知识和能力；三是保证在行使职能过程中不存在任何的利益冲突。

监督机构的认可和撤销由欧盟委员会在征求相关成员国的意见后作出决定。认可监督机构的决议由欧盟委员会通知成员国的主管机构。监督机构名单会由欧盟委员会在其《欧盟官方期刊》和欧盟委员会官方网站上公布，并定期更新。

主管机构需对监督机构进行定期检查，至少每两年一次，并撰写核查报告，公开评估结果。主管机构的核查应根据书面程序，具体的核查方法包括现场核查、检查监督机构和运营商相关的文件和记录、访谈监督机构、运营商和贸易商的管理者和工作人员、抽样检查运营商使用的"尽职调查体系"等。监督机构有权对主管机构的核查报告提出反馈意见。如主管机构验证监督机构未能履行职责，应及时通知欧盟委员会，由欧盟委员会作出是否撤销的决定。

（3）运营商的检查

作为私营实体的监管机构将为欧盟运营商提供尽职调查体系。运营商可以选择开发自己的尽职调查体系或使用监管机构提供的尽职调查体系。

主管机构还将根据基于风险的定期审查计划对运营商进行检查，包括：①检查尽职调查体系，包括风险评估和风险缓解程序；②检查能够证明尽职调查体系和程序正常运行的文件和记录；③现场检查，包括实地审核。这些检查记录应公开，并保留5年以上时间。运营商应为主管机构的检查提供所需的各种协助，包括允许进入现场以及提供相关文件和记录。

主管机构在检查时如发现漏洞，应通知运营商采取补救行动。根据所发现的问题及其性质，成员国可采取临时惩戒措施，包括查封木材和木制品，禁止木材和木制品的销售等。

（4）技术援助、指导和信息交流

在不影响运营商履行尽职调查义务的前提下，考虑到中小型企业的状况，成员国在适当时候应在欧盟委员会的协助下，向运营商提供技术和其它援助。成员国应在欧盟委员会的协助下，促进非法采伐相关信息的交流和传播，特别是协助运营商按照法案的要求开展风险评估。提供技术援助应避免影响主管机构行使其职责，保持主管机构的独立性。

4. 法案的特点

该法案的主要特点包括，一是作为欧盟FLEGT行动计划的一部分，《欧盟木材法案》与VPA进程相互支持，持有FLEGT证书的木材可免检。欧盟木材法案实施的一个重要意图是鼓励相关国家把签署VPA作为优先选择，法规的实施通过提高非VPA国家产品进入欧盟市场的制度成本，在一定程度上增强了木材生产国与欧盟进行VPA谈判的吸引力；二是法规对于实施对象的合规要求明确而具体，有相关的核查机制和执法要求；三是欧洲各国在法案执行上存在一定的差异，实施进度不一，核查的力度有限；四是欧盟投入了很多行政和财力资源支持FLEGT行动计划和法案的施行，协助资源国建立了木材合法性保障体系（TLAS）核查机制。

（三）澳大利亚《禁止非法采伐木材法案》

1. 实施的背景

为支持各级政府在其所辖范围内推进木材合法贸易进程，促进澳大利亚采购和销售合法采伐的木材产品，澳大利亚于2011年制定了《禁止非法采伐木材法案》。在此之前，澳大利亚政府做了诸多准备工作，包括制定和发布了法案制定和实施相关内容及其影响的申明报告、法案实施对行业经济产生的影响分析报告、法案对小企业的影响以及社会影响报告、合法性验证体系分析以及木材进口合法性的评估方法报告等。在5年的立法辩论中，澳大利亚国内和主要木材供应国的产业和非政府组织都介入了，法案的最终目标是使来源于澳大利亚的木材产品都是来自可持续经营的森林，无论这些森林处于世界上任何地方。2012年11月澳大利亚国会通过了《禁止非法采伐木材法案》，法案分为两个阶段实施：2014年11月30日之前禁止非法采伐木材的进口、禁止国内加工产品中使用非法采伐的木材；法案通过的两年后，即2014年11月30日起禁止对混合了非法采伐的木材产品进口，并对木材进口管理和木材加工实施"尽职调查"。

2013年澳大利亚制定了《2013年禁止非法采伐修正条例》，该条例规定了对澳大利亚进口商和加工商的要求，即进口商和加工商在将受管制木材产品进口到澳大利亚之前，必须开展尽职调查。澳大利亚政府于2013年5月底，即条例生效前的18个月，对这些条例进行了讨论，为行业留出了建立尽职调查体系的充足时间。条例于2014年11月底正式实施。

澳大利亚还依法建立了一套综合监控体系，包括尽职调查能力体系和惩罚体系。法案正式实施后的几年中，澳大利亚基于遵守法案尽职调查要求的成本与非法采伐木材进入澳大利亚市场风险之间的平衡考量，几次对法案进行修订，包括明确《澳大利亚禁止非法采伐修正条例》所认可的几类验证体系，调整了企业尽职调查的相关要求，明确了可免于尽职调查的产品，如可回收材料制成的产品、包装材料、竹藤制品，以及回收材料制品都可以免除尽职调查等。

2. 法案的内容

（1）关于非法采伐的界定

澳大利亚政府希望通过立法可以明确木材来源的合法标准，禁止非法采伐木材原料及木材制品流入本国。根据该法案，非法采伐木材的定义是违反木材采伐所在地（无论是否在澳大利亚）的有效法律而采伐的木材。澳大利亚进口商将在原产国非法采伐的木材或木材制品投入澳大利亚市场属违法行为。相反的，遵守相关国家的法律制度采伐的木材，将被视为合法采伐木材。

澳大利亚《禁止非法采伐木材法案》对于如何判定某一木制品如纸张，是否由来源不合法的木纤维制成这一问题，判定结果是基于"怀疑"或出口国存在非法采伐产业的可能性，而非实质性证据。此项法律在判断出口国是否生产含有非法木材的木制品的可能性时，通常是以此出口国在透明国际组织中的排名作为指标。通常情况下，出口国，尤其是发展中国家，若存在严重的制度腐败，其林产品的木材来源则被视为具有非法采伐高风险。

（2）法案适用对象及其职责

澳大利亚《禁止非法采伐木材法案》对澳大利亚的木材进口商和将原产于澳大利亚的原木进行加工的加工商提出要求，对澳大利亚生长的木材和进口木材同样适用，以在最大程度上降低非法木材进入澳大利亚市场的风险。该法案对澳大利亚的贸易合作伙伴或其出口商无要求，澳大利亚的贸易合作伙伴并不为该法案所直接管辖。澳大利亚进口商在将受管制木材产品进口到澳大利亚之前必须履行尽职调查程序，并在边境进行申报，向海关部长提交关于个人遵守进口管制木材产品尽职调查要求的申报单，该申报单根据《1901海关法案》（*Customs Act 1901*）所规定的报关手续制定。澳大利亚加工商在加工国产原木时同样也需要开展尽职调查。进口商和加工商必须确保其不得有意、故意或疏忽进口或加工非法采伐的木材。

（3）"尽职调查"体系的要求

澳大利亚的"尽职调查"体系同时对进口商和本地加工商提出要求。法案规定进口商在将受管制木产品进口到澳大利亚之前，加工商在生产制造木材产品之前都必须建立尽职调查体系，并保存该尽职调查体系的书面记录。且进口商在进口时需向海关提交尽职调查申报单。澳大利亚尽职调查体系程序包含六个步骤，即建立尽职调查制度、信息收集、风险确定、风险评估、风险规避及向检查员提供信息，开展信息收集步骤前需建立尽职调查制度文件，并做好实施每一步骤的详细记录。

步骤一，建立尽职调查制度。法案规定进口商和加工商必须在进口或加工管制木材产品之前建立尽职调查制度。尽职调查制度必须以书面形式呈现，并列出进口商和加工商为满足适用于管制木材产品进口的尽职调查要求所遵循的流程，还需包括进口商或加工商的基本信息、主要业务、尽职调查体系负责人相关信息，如未按规定建立尽职调查制度，将受到罚款处罚。

步骤二，信息收集。进口商和加工商必须获取其想要进口和加工的木材或木材产品的相关信息，并尽可能多地获取该产品的信息。包括：①受管制木材产品的描述，包括产品类型、商品名以及树种常用名称（加工商需提供对相关原木的描述，包括树种名、原木的采伐区域，采伐区域详细到州或森林采伐单位）；②采伐来源国以及采伐国所在采伐区域信息（加工商不需要提供此条信息）；③产品生产国信息；④供货商的名称、地址、营业名称、公司注册码（如有）；⑤产品的数量（以体积、重量或单位数量表示）；⑥由供货商提供涉及产品采购的文件；⑦如果某木材产品或该木材采伐地区已应用木材合法性框架体系，木材采伐者或相关人员应提供合法性标签或者证书的副本作为符合该体系要求的证据；⑧如果特定国家指南适用于某木材产品或者该木材采伐地点，进口商应根据该指南获取该产品的相关信息或证据，例如证书、标签或者其它文件。

证明产品是否来自非法采伐木材的证据包括：①该产品所包含的木材采伐树种在该木材采伐地区是否为禁止采伐的树种；②木材采伐地点是否符合有关法规条例的合法性要求，并经过批准；③如果木材采伐权的获得需要缴纳费用，确定费用支付是否已完成；④如果某人拥有某木材采伐地的土地合法使用权或产权，木材采伐是否与其它法律规定相矛盾。

该法案于2017年的修正中明确了个人或非商业进口商和加工商不需要提供业务相关信息作为其尽职调查体系的一部分。

步骤三，风险确定。进口商或者加工商可选择以下两种程序，即根据木材合法性框架或特定国家（针对进口商）/州（针对加工商）指南来评估和发现是否存在非法采伐的风险。

可选程序1：根据木材合法性框架体系评估和发现风险

澳大利亚法案所认可和指定的木材合法性框架体系包括3种：一是欧盟委员会执行的FLEGT计划；二是FSC森林认证体系；三是PEFC森林可持续经营认证体系。

进口受管制木材产品的进口商和对原木进行生产加工的加工商选用此程序应

满足以下条件，包括木材产品或者采伐区域已符合上述三种木材合法性框架体系之一，并且在生产或进口木材产品之前，加工商和进口商必须：①评估在该合法性框架体系下所获取的信息和证据是否准确可靠；②识别通过使用框架体系所收集的信息与步骤二中所要求的信息是否相一致，评估产品是否为非法采伐，或存在由非法采伐木材制成或者含有非法采伐木材的风险；在识别所收集信息进而评估和识别风险的过程中，考虑进口商或加工商知道或者应当合理知道的任何其它的，关于可以表明产品是否为非法采伐、由非法采伐的木材制成或者含有非法采伐木材的信息；如实做好识别和评估记录。

可选程序2：根据特定国家/州指南评估和发现风险（国家指南适用于进口商，加工商需对比州指导方针识别并评估风险）

此程序的适用条件包括木材产品或者采伐区域可适用特定国家指南[1]或州指导方针，并且在进口或加工产品之前，进口商或加工商必须：①评估在该国家指南/州指导方针下所收集的信息与步骤二中所要求的信息是否相一致；②在识别所收集信息进而评估和识别风险的过程中，评估产品是否存在非法采伐、由非法采伐的木材制成或含有非法采伐木材的风险；③在识别所收集信息进而评估和识别风险过程中，考虑进口商或加工商知道或者应当合理知道的任何其它的，关于可以表明产品是否为非法采伐、由非法采伐的木材制成或者含有非法采伐木材的信息；④如实做好识别和评估记录。

步骤四，风险评估。如果加工商或者进口商没有采用步骤三中列出的可选程序，或如果其采用了步骤三中列出的程序但发现木材存在着不可忽略的非法采伐风险，加工商或进口商必须开展风险评估。

在加工或者进口产品前，加工商和进口商必须评估所进口的原木或受管制木材产品是否存在着为非法采伐、由非法采伐的木材制成或者含有非法采伐木材的风险。需要采取的行动包括：①评估所收集的信息是否与步骤二中所要求的信息相一致；②风险评估还需考虑的因素包括，一是考虑高风险地区，如非法采伐多发地区、根据树种推断非法采伐可能发生的地区、有武装冲突的地区；二是考虑产品的复杂性；三是考虑进口商知道或者应当合理知道的任何其它的，关于可以表明产品是否由非法采伐的木材制成或者含有非法采伐木材的信息；③对风险评估过程做好如实的记录。

步骤五，风险规避。如果加工商或者进口商在步骤四中发现木材存在着不可

---

①目前国家指导方针主要包括：加拿大、芬兰、印度尼西亚、意大利、马来西亚、新西兰、巴布亚新几内亚、所罗门群岛等8个国家指导方针。

忽略的非法采伐风险，进口商必须开展风险规避程序，风险规避程序包括以下几个步骤：①获得关于产品更多的信息，包括关于产品的任何其它认证或者第三方验证；②重新评估产品是否存在为非法采伐、由非法采伐的木材制成或者含有非法采伐木材的风险，包括考虑风险评估步骤中提及的加工商或进口商风险评估时需采取的行动和考虑的因素；③不进口该风险木材或者木材产品；④对风险评估过程做好如实记录。

步骤六，向检查员提供信息。检查员可要求进口商提供以下书面信息，包括进口商在进口管制木材产品之前落实的尽职调查制度、进口商对其进口管制木材产品的尽职调查制度要求的遵守，进口商需在检查员提出要求后的28日内提供相关信息。

以上所有步骤（包括各个步骤中的记录环节）如未履行都将受到100个罚款单位（1.7万澳元）的民事处罚。

（4）受管制木材产品的范围

2017年修正的澳大利亚《禁止非法采伐木材法案》进一步明确了受管制产品的范围，受管制的木材包括原木、锯木、纸张、纸浆和家具等，被豁免的管制木材产品包括完全源自回收材料的木材产品、管制木材产品源自回收材料的部分、管制木材产品作为寄售产品进口且寄售的管制木材产品总进口价值不超过1000澳元的产品，其中若管制木材产品所含材料是某个制造工艺的副产品时，则该材料不属于回收材料（如用于制作刨花板或中密度纤维板的木屑或下脚料）。被部分豁免的管制木材产品无须开展尽职调查。受管制木材产品的范围见表2-4。

表2-4　澳大利亚受管制木制产品范围

序号	HS 编码	描　　述
1	4403	原木
2	4407	锯材
3	4408	装饰木板、单板
4	4409.10.00	家具半成品（针叶材）
4a	4409.22.00	地板条带等
5	4409.29.00	家具半成品（非针叶材）
6	4410	刨花板
7	4411	纤维板

序号	HS 编码	描　述
8	4412	胶合板、单板饰面板及类似的多层板
9	4413.00.00	浸胶木材
10	4414.00.00	木框
11	4416.00.00	木桶
12	4418	建筑及木工用木制品
13	4701.00.00	机械木浆
14	4702.00.00	化学溶解木浆
15	4703	硫酸盐木浆
16	4704	亚硫酸盐木浆
17	4705.00.00	机械化学木浆
18	4801	新闻纸
19	4802	未经涂布的书写纸
20	4803	卫生纸、面巾纸
21	4804	未经涂布的牛皮纸
22	4805	其它未经涂布的纸和纸板
23	4806.20.00	植物羊皮纸等（防油纸）
24	4806.30.00	植物羊皮纸等（描图纸）
25	4806.40.00	植物羊皮纸等（半透明玻璃纸、蜡光包装纸）
26	4807.00.00	复合纸和纸板
27	4808	有瓦楞的纸和纸板
28	4809	复写纸
29	4810	有涂层的纸和纸板
30	4811	除 4803、4809、4810 外的纸和纸板
31	4813	卷烟纸
32	4816	4809 外的其它复写纸
33	4817	信封、明信片等
34	4818	卫生用纸等，卷宽不超过 36cm
35	4819	纸箱、袋、包装容器
36	4820	账簿、笔记本、备忘录等
37	4821	纸和纸板标签

序号	HS 编码	描　述
38	4823	其它纸浆、纸板、纤维素
39	9401.61.00	带木框架坐具（装软垫的）
40	9401.69.00	带木框架坐具（其它的）
41	9403.30.00	办公用木家具
42	9403.40.00	厨房用木家具
43	9403.50.00	卧室用木家具
44	9403.60.00	其它用木家具
45	9403.90.00	家具部件
46	9406.00.00	活动房

此外，法案要求所有进口受管制木材产品的进口商必须向海关作出声明，声明其是否按照规定进行了尽职调查，若未按规定声明则该行为属于民事违法行为。

（5）处罚措施

法案规定进口含有非法采伐木材的受管制木材产品属于刑事犯罪；违反尽职调查和在进口时未进行申报的行为属于民事犯罪，违反尽职调查程序（包含记录）中的任何一个步骤，将受到1.7万澳元（100个执法单位）罚款的民事处罚。

若进口商或加工商因进口或加工非法采伐的木材或木材产品而被裁定有罪，惩罚范围包括罚款和监禁。惩罚根据法院的自由裁量权，可能施加的最高刑罚为5年或5年以下有期徒刑，以及8.5万澳元罚款。

3. 法案的执行和管理

（1）主管机构

澳大利亚《禁止非法采伐木材法案》的制定和协调林业政策的主要机构是林业、渔业和水产部长理事会（MCFFA）和澳大利亚政府委员会（COAG）。法案的主管机构是澳大利亚主管林业的农渔林业部（DAFF），农渔林业部负责法案的执行并按规定实施处罚，主要职责包括基于风险开展检查、设置合规期、与主要贸易伙伴一起制定特定国家指南或州指南、支持进口商开展尽职调查等。海关也参与到法案执行中，进口商进口时需要进行边境申报，海关负责核查其所提供的尽职调查声明。

（2）监控、调查和执法

检查员的任命　由部长书面任命经过培训或者有丰富经验以确保其可以正确行使检查员权力的人作为检查员，来行使法案的监督检查权力，官方检查员的任期不得超过两年。作为检查员特殊身份的象征，部长必须向指定的检查员发放身份认证卡，检查员在行使权力时必须随身携带身份卡。身份认证卡的发放和管理非常严格，检查员在脱离检查员身份后必须在14日内向部长返还身份认证卡，否则视为民事犯罪。

检查员的监督和调查权力 检查员负责监督法案的规定条款是否已经或者正在被执行和遵守。检查员在经受检方同意的情况下或者凭官方令状进入受检场地。检查员进入受检场地的目的有两个，即检查员判定本法案的规定条款是否已经或者正在被执行和遵守；判断进口商或加工商提供的信息是否符合法案的规定。检查员有权进入受检场地行使调查权，进入前需事先征得场地所有人的同意，场地所有人有权要求检查员出示身份认证卡。

检查员在进入受检场地后可以对尽职调查体系包括风险评估和风险规避程序等进行现场监督和检查，检查能够证明尽职调查体系和相关政策运行的文件和记录。检查员行使的监督和调查权利包括：搜检受检场地的权力；监测巡查受检场地里所进行一切活动的权力；检查一切文件的权利；摘录、复印相关文档或文件的权力；受检场地所有物品的取样权力；如果检查员有合理的原因怀疑相关数据，其有权操作该场地的电子设备以查看磁盘或者存储设备中的文件，并有复制和删除这些文件的权利；获得证据性材料的权力。检查员可以在24小时内封锁或者派人看管相关设备及证据材料，前提是检查员有合理原因认为设备中的数据如不采取行动有可能被毁坏或者篡改，证据材料被隐藏或者丢失。检查员在控制设备和证据材料前需向受检方发出通知，控制时限为24小时，且该时限可被延长一次。相关数据和证据的调查可以作为判定相关行为和信息是否符合法案规定的依据。

监督和调查令状 检查员可以向令状签发官员申请监督令状和调查令状。如果签发官根据检查员或者其它相关人员提供的书面或口头证词认为检查员提供的信息是可信的，其有合理原因进入受检场地行使监督和调查权以确定受检方的行为是否遵守了法案的规定，那么签发官可以向检查员发放监督或者调查令状。检查员可以凭借令状在未经受检方允许的情况下进入受检场地行使权力，进入前需向受检方发出通告。检查员在持有监督或者调查令状行使检查员权力的时候，有权要求受检方回答任何相关问题以及提供任何相关文件，在必要情况下出于合理且必要的理由检查员或者检查员协助者可以采取强制措施。受检方有义务为监督和调查的实施提供必要设施及协助。

4. 法案的特点

该法案的主要特点包括，一是澳大利亚法案有关尽职调查的要求与《欧盟木材法案》比较相似，但进一步采取了两种可选程序帮助企业确定风险，即合法性体系和国家指南，使其要求更为具体和明确；二是法案对贸易商的木材可追溯性未提出要求；三是澳大利亚通过制定木材生产国的合法性指南，帮助企业规避风险，相对更易实施；四是同样是行使监督检查权，澳大利亚检查员的设置作为权力机关执法的一个环节，相较其它国家的监督机构而言更具有强制性和权威性；五是法案正式生效后的几年中，澳大利亚对遵守尽职调查要求所产生的成本与非法采伐木材进入澳大利亚市场的风险进行了平衡考量，多次对法案进行修订，包括明确法案所认可的验证体系、调整企业尽职调查要求、明确尽职调查豁免产品等，使法案更加具有合理性和可操作性

（四）日本《清洁木材法案》

1. 实施背景

日本是木材消费和进口大国，同时也是热带材的主要进口国之一，年需求量中的80%依靠进口。2016年5月，日本通过了《清洁木材法案》(又名《促进合法采伐木材流通与利用法实施法案》)，并于2017年5月启动实施。在此之前，日本积极参与推动木材合法性及可持续经营与贸易的相关国际进程，推动规范化生产、贸易在国际范围内的共识。

《清洁木材法案》的出台是日本在木材可持续生产和利用方面的政策累积过程。2000年日本政府颁布了《绿色采购法》，并于2001年全面付诸实施；2003年日本政府制定了"日本绿色采购调查标准化协议（JGPSSI）"，建立起绿色采购信息咨询、交流机制；2005年日本政府在于英国格伦伊格尔斯召开的八国集团首脑会议（G8）上明确表示，将非法采伐对策纳入《日本政府关于防治气候变暖的倡仪》；在《绿色采购法案》框架之下，日本制定了《促进生态友好商品和服务采购的基本方针》(2001年3月9日环境省公告第11号)，从政府采购角度开展打击非法采伐的落实行动，并在此政策之后进一步制定了相关指南；2006年2月，日本进一步加强政策引导，就木材合法性、可持续性的确认方法进行了全面梳理，修订了关于推进环保产品等采购的基本方针，发表了《敬告向日本出口木材及木材产品的同行们》的声明，并出台了《木材及木材合法性、可持续性证明方法指南》，指导有关单位的按标准采购，产品范围涵盖国内材及进口材，强制要求政府及独立行政法人等团体"优先采购具有合法性、可持续性证明的木材及木材产品"并开展尽职调查，呼吁民间单位以此为目标，但对后者不作强制执行要求。

日本政府外的其它行业协会、社会团体等在推动《清洁木材法案》出台方面也贡献了积极的力量。早在1996年政府便与各产业团体联合成立了绿色采购网络

组织（GPN），自此开展了具有自主性的绿色采购活动，颁布了绿色采购指导原则、拟定采购纲要、出版环境信息手册等；2006—2008年，日本打击非法采伐委员会对木材供应国（如印度尼西亚、马来西亚及俄罗斯）的木材合法性及可持续性经营认定体系开展研究，围绕打击非法采伐相关议题组织国际研讨会议进行多方交流；2009年至今，为有效落实《绿色采购法》及《木材及木材合法性、可持续性证明方法指南》的相关规定，日本打击非法采伐委员会及作为该委员会秘书处的日本木材行业协会（JFWIA）努力推进"合法木材"（"GOHOWOOD"）概念，鼓励企业"通过森林认证的证明"（第三方认证）、"获得行业团体认定机构开出的证明"（第二方认证）以及"独自采取措施的证明"（自我认证）这三种方法，对其所使用及销售木材的合法性或可持续性开展自愿性认证，同时积极开展项目推进"合法木材"体系信誉、提高合法木材使用率、加强"合法木材"的可追溯性管理及监控体系，以及挖掘"合法木材"标签系统的市场潜力。在政府的政策落实以外，协会的这一系列努力为《清洁木材法案》的出台及实施奠定了框架与技术基础。

2015年3月，日本自民党与民主党举行国会议员联合会，特别针对"打击非法采伐"进行研讨。此后两党围绕加强打击非法采伐的措施提出建议，自民党发表《进一步加强打击非法采伐》（2015年7月），指出目前打击非法采伐力度的薄弱性，提出应从根本上加强政策的有效性；民主党发表《非法采伐木材管制中期报告》（2015年9月），指出解决非法采伐问题需要进一步加强国际合作，需要企业开展尽职调查并建立惩罚机制。在经历了一系列研讨之后，2016年5月3日经国会通过，2017年2月农林水产部、经济产业部及国土交通部共同制定的《日本促进合法采伐木材流通与利用法实施法案》予以颁布，同时明确了该法案的实施细则。

2. 法案内容

（1）合法采伐与非法采伐的界定

日本《清洁木材法案》第2.2条对"合法采伐的木材和木材产品"进行了界定，即"符合日本或原产国法令所采伐或加工的木材或产品，如以木材为主要原料制成的家具和纸张（回收产品除外）。"未对非法采伐的概念作出说明。但此前的《绿色采购法案》中对非法采伐进行了定义，即"木材采伐违反采伐所在国的法律"。

（2）适用对象及其职责

《清洁木材法案》为非强制性法案，适用对象涵盖整个产品供应链，包括制

造、加工、进口、出口或出售木材及木制品的（不包括零售商）、使用木材建造建
筑物或其它结构产品的以及在部长令下经营木材及木制品的经营者。木材及木制
品经营者被进一步划分为将产品投入市场的一类企业（上游）和二类企业（下游）
两个类别（图2-3）。一类企业为①购买原木，并将该原木进行加工、出口和销售
（对消费者的销售除外，以下相同）的企业（包括委托第三方进行木材加工、出口
和销售的企业）；②将原木进行加工和出口的企业（包括委托第三方进行木材加工
或出口企业）；③原木销售或受委托进行原木销售的企业；④木材等的进口企业。
二类企业为一类企业以外的木材相关企业。

所有林产品企业应"尽力使用合法采伐木材"，自愿遵守相关法律，凡向政府
申请登记成为注册木材及木制品经营者的企业即为负责任经营者，享有"注册木
材及木制品经营者"标签。

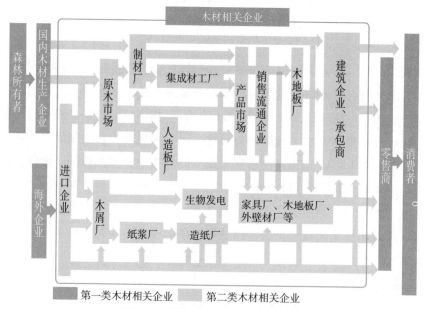

图2-3 木材经营者产业链上下游分类
（注：本图简要示意木材类产品复杂的流通环节概况，省略了木材产品的出口企业）

（3）日本木材法案覆盖的产品范围

法案中"木材和木材产品"为木材、通过木材加工而成的木材或产品，如以
木材为主要原料制成的家具和纸张（回收产品除外）。日本木材法案所覆盖的林产
品范围较大，木材包括原木、锯木及方材、饰面板、胶合板、层压单板和层压木、
木球、木片和木质颗粒。此外，家具、纸张及其它木质加工产品包括椅子、桌子、

书架、收纳用器、屏风、大衣衣架、立伞架、布告牌、黑板、白板以及床架内部和主要使用木材的构件；木材纸浆；咖啡用纸、表格用纸、彩色喷墨印刷纸、未被涂布的印刷用纸、被涂布的印刷用纸、餐巾纸和卫生纸、使用木材纸浆的物品；木地板材料；木质水泥板；用于外墙板的木材；在以上物品制造或加工过程中使用的木材或木材纸浆类产品。总体看来，法案涵盖了以薪材、纸浆、锯材、原木以及胶合板等几项主要进口木制品。

（4）尽职调查要求

根据《清洁木材法案》的要求，向政府申请登记成为注册木材及木制品经营者的企业需要核实其所使用木材的合法性，申请注册费用为1.5万日元。其中，被归为一类的企业应就以下（i）（ii）所规定的条款向日本政府提供木材及木制品的相关信息。

（i）提供包含以下信息的文件（例如运输和海关文件）:（a）木材和木制品的类型及树种；（b）原木的原产国或原产地区名称；（c）重量、面积、体积或数量；（d）树木的所有者姓名或公司名称及地址，或将木材和木制品出口到日本的经营者名称。

（ii）木材和木制品所用原木的采伐符合日本或原产国法律法规的证明文件。

如一类企业无法确认其木材及木制品的合法性，则应:

（i）根据日本和/或原产国的法律和法规，收集除上述所列文件以外的有关用作木材和木制品原料的树木的信息。并检查日本政府要求的其它相关信息（例如，要求木材和木制品供应商对其供应链进行详细说明）。

（ii）不使用未经确认合法性的木材和木制品。

二类企业经手木材及木制品时（零售商除外），无须了解原材料的树种以及原产国家/地区信息，但需提供以下信息（如货运单）:

（i）应对上游企业的所提供的信息进行核实，确属合法木材和木制品（如适用）。

（ii）曾经注册成为《清洁木材法案》"注册木材及木制品经营者"，或持有其它致力于促进合法采伐木材流通和使用的注册体系、认证或认可体系者，提供相关证明。

二类企业除以上要求之外无须提供额外信息（例如，货源企业的信息）。两类企业对于所要求的信息及证据均须留存5年。所有受《清洁木材法案》约束的木材经营企业均须进行产品和原料的物理区分，在产品的贮存、货运以及加工过程中均须避免合法性产品与其它产品的混淆，并指定专员进行核查。

（5）处罚措施

《清洁木材法案》在处罚措施方面对非法采伐木材的生产与贸易本身并无罚款措施。但针对违反法案中企业注册及信息提供等内容设立了惩罚措施，包括注册机构违反相关条例将被处以1年以内有期徒刑或不高于50万日元的罚款；对于冒名使用"注册木材及木制品经营者"头衔的企业以及注册机构未按照法案要求申请延期或终止业务、建立账目的行为，处以30万日元以下的罚款；未按照规定提交报告或进行现场审核、财务造假及上报虚假信息者处以20万日元以下的罚款；对于违反法案的注册企业，将吊销其"注册木材及木制品经营者"资格。

3. 法案的执行与管理

（1）主管机构

农林水产部、经济产业部及国土交通部为《清洁木材法案》的主管部门。主管部门在促进合法木材流通中除负责拟定基本政策之外，还应建立有关木材生产者的评判标准、指南及建议，定期发布报告并开展实地检查。各有关部门需保障资金供给、收集并提供相关信息，建立登记制度，提升公众意识，促进国际合作。

（2）注册执行机构

根据《洁净木材法案》的规定，申请成为注册执行机构者需满足以下两方面要求：①具有国际标准化组织和国际电工委员会的产品、程序或服务认证资质的组织，或经有关部门认可能够按照《清洁木材法案》开展注册登记工作的组织；②该组织不能为木材及木制品企业的子机构，申请者不能同时（或至少两年以前）为木材相关企业的执行官或员工。申请费用为9万日元。

经主管机构审核，申请者曾因违反《清洁木材法案》而被判处罚款或更严厉的处罚者，其处罚执行日起2年之内不得申请成为注册执行机构；未服从判决者也不得申请成为注册执行机构。同时，申请者资质曾被撤销者，从撤销执行日起两年内亦不得重新申请成为注册执行机构。

（3）对经营者的检查

法案规定获得批准成为"注册木材及木制品经营者"的企业需至少每年提交一次措施报告，确保合法木材的使用，接受注册机构到其办公地点、工厂、仓库对其现场运行、账目、文件及其它相关材料进行审核。企业无法证明其生产的木材及木制品合法性的，不能使用"注册木材及木制品经营者"标签贩卖相关产品。

4. 法案的特点

该法案的主要特点包括，一是日本法案针对企业的要求与欧盟类似，总体上分两类企业，一类企业需要开展木材来源合法性的核查，二类企业需要确保木材的可追溯性；二是日本的核查机制虽然采取自愿注册制，但企业注册以后必须接受注册执行机构的审核（类似于第三方审核），在这一点上法案具有强制性；三是未能将所有木材制品纳入监管范围。

（五）韩国《木材可持续利用法修正案》

1. 实施背景

韩国林业发展目标是促进森林可持续经营、土地保护和经济发展。然而，韩国国内木材需求仍然主要依赖进口。尽管韩国政府预计，到2030年韩国的木材生产可以满足国内木材需求量的50%，但韩国木材主要依赖进口的趋势还将继续。为此，韩国政府希望加强对木材进口环节的管制，以此保障国内木材流通的合法性。

韩国2012年制定的《木材可持续利用法案》旨在增进碳存储功能以及其它多种多样的森林功能，通过木材可持续利用应对气候变化，为国民的生活质量以及国民经济健康发展作出贡献。该法案虽并非针对非法木材而设立，但随着对该法案的不断修订，补充了更多有关合法木材的生产与进口规定。在对原《木材可持续利用法案》进行修订的基础上，2017年3月21日韩国正式颁布了《木材可持续利用法案修正案》，要求进口商在进口木材或木材产品时，向韩国林务局提交一份进口声明，由专业的检查机构在海关清关完成前审核进口声明中的相关文件，法案于2018年10月1日正式实施。

此外，韩国正在编写国别指南，并与主要经济体进行双边谈判，就双方认可的文件达成共识，使互认的文件成为进口通行的依据之一。

2. 法案内容

（1）合法采伐与非法采伐的界定

韩国《木材可持续利用法修正案》未对木材的合法性或非法采伐概念作出定义，主要强调了木材可持续利用，是指振兴木材文化，搞活木材教育，使其不仅能为现代社会系统地、稳定地提供木材产品也要能满足未来时代的社会、经济、文化、精神方面多种多样的需求。

（2）适用对象及其职责

韩国《木材可持续利用法修正案》为强制性法案，适用对象为其国内木材生产商以及进口木材和产品的经营者。法案在责任中明确规定，木材生产者应为进口、流通、生产、销售合法采伐的木材或木制品作出努力。

（3）木材合法性核查要求

韩国对国内材和进口材进行分别管理。国产材部分，韩国国内木材生产者需向区域管理部门提交经营报告，经审核满足生态安全及可持续森林管理要求后发放给企业采伐许可，区域管理部门将采伐许可信息上报至韩国山林厅国土森林经营管理稽查处和防止非法采伐部，录入电子系统，以此对国内生产木材进行合法性采伐管理。

进口木材合法性部分，则通过进口声明及文件审核进行把控。进口商需向山林厅提交进口声明，证明其进口产品的合法性，以及能够证明其产品来自合法采伐木材的书面资料。

关于进口文件，根据法案第十九条第二项，在登记进口的木材或者木材产品完成通关程序前，山林厅厅长应委派法案所指定的检查机关检查相关书面材料。此种情况下，在确认检查结果或者补充完善不符合项前经营者必须承诺禁止销售流通，当局才能受理申报。相关生产者必须向有关部门提交木材的种类、配额及采伐许可证书等书面材料，以及清楚记录木材种类、流通量等信息的文件。检查机关审核的相关文件还包括：木材原产地签发的采伐许可证、韩国山林厅公布的国际认可的第三方合法性证明（如FSC、PEFC等）、韩国山林厅签发的与相关木材原产国互认的文件、其它一些由韩国山林厅签发的木材和木材产品合法采伐的证明文件。所有验证木材或木材产品合法采伐的文件应保存五年。针对未能证明合法采伐的木材和木材产品，山林厅厅长依据总统令规定可责令禁止销售、退货和将木材及木材产品做废弃处理。

进口文件审核还规定了特例签发：即，①在为控制价格及供需而采取紧急进口条件下；②存在轻微不符合项情况下，可允许补充文件或着手进行相关补救措施。补充文件需要在货物入关后30日之内提交，合格后当局向进口商发出通知，对于未提交补充文件者，监察机构将向山林厅报告，由检查机构进行现场检查，仍不符合者将暂停其销售、责令退货或将相关木材及木材产品做废弃处理。

（4）韩国木材法案覆盖的产品范围

韩国《木材可持续利用法修正案》覆盖的木材及其制品共15类，包括锯材、防腐木、防火木、木塑复合木、层压木材、胶合板、刨花板、纤维板、木地板、木颗粒、定向刨花板、木砖、木屑、模型木炭和木炭（HSK海关编码：4403，4407，4408，4409，4412）。从韩国近年来的进口产品类别来看，薪材、纸浆、锯材、原木以及胶合板是韩国主要进口的木质林产品，进口家具所占比重不足10%，进口纸浆比重高达22%，但这两项未被列入木材合法性验证范围之内。

（5）处罚措施

韩国针对违反法案规定采取的处罚措施主要有：未按法案要求通过合法性检

验的木材及其制品不得在市场中进行销售，必须予以退回或销毁；对于违反法案规定的林产品生产商将被注销木材生产资格以及叫停业务，限期6个月进行整改；对于不遵照执行业务暂停的企业或相关处置的企业将面临3000万韩元以下的罚款或三年以下监禁。

3. 法案的执行与管理

（1）主管机构

韩国山林厅总体负责法案实施，负责制定并执行相关政策，以促进木材的可持续利用以及木材可持续生产与其供应的稳定性。

（2）法案的执行与监督

针对进口商的申报与审核，韩国山林厅联合韩国海关管理部门进行联合执法。《木材可持续利用法修正案》规定，韩国原木、锯材、集成材、胶合板和木质颗粒等产品的进口商在进口这些产品时应向韩国山林厅提交进口申报单和相关资料文件。韩国山林厅和林业振兴机构指定官方机构或研究单位作为木材检验机构对合法性进行认定。

海关部门根据法案所要求的文件条目对进口商所提交的材料进行文件审核，审核通过予以放行，审核未通过则通知企业提交补充材料，企业如未及时提供相关补充性证明材料海关部门有职责对法定主管机构，即韩国山林厅进行通报。山林厅依据通报结果委派相关官员对进口商进行现场核查与监督，检查木材生产者的设施设备及文件，山林厅为确认企业产品的合法性，可在必要情况下要求海关提供进口申请单和相关资料。法案鼓励社会舆论进行监督，并向针对违反法案的行为进行举报的单位和个人提供一定金额的奖励（图2-4）。

4. 法案的特点

该法案的主要特点包括，一是对木材产品合法性的检验主要采用文件审核方式，尊重木材来源国的判定主权；二是与国际通用的合法性要求相比标准偏低，或导致可信度不足；三是易于操作，核查成本较低；四是韩国通过积极编写国别指南，并与主要经济体进行双边谈判，就双方认可的合法性文件达成共识，促使互认文件成为进口通行的依据之一。

（六）印度尼西亚《木材进口条例》

1. 实施背景

印度尼西亚早在2003年就与相关利益方共同启动了木材合法性保障体系（timber legality assurance system，英文简称TLAS，印度尼西亚语简称SVLK）的开发，其主要目标是打击非法木材采伐及相关贸易，保证其出口林产品为合法

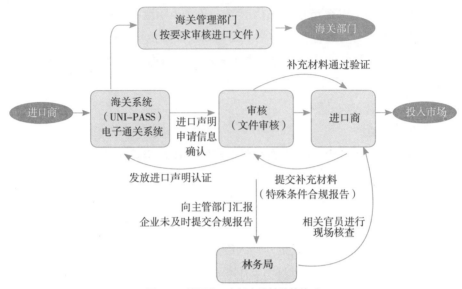

图2-4 韩国进口木材合法性监管体系

采伐及生产的林产品。该体系以良好管理、富有代表性和提高透明度为主要原则，适用范围涵盖产自国有林和私有林的木材、罚没木材及木材产品，2009年，SVLK正式运行以确保从当地出口的木材产品是合法且可追溯来源的。印度尼西亚在签署VPA协议之前，针对一系列木材产品的出口实施了强制性出口登记制度，公司需保证进入加工厂的所有木材均附有运输许可证才能满足登记要求。与欧盟开展VPA谈判过程中，印度尼西亚一直努力将SVLK转化为VPA框架所要求的木材追踪体系并纳入VPA协议中，以便在签署VPA协议后木材合法性保障体系可以迅速投入运营。在实施木材合法性保障体系并取得欧盟认可后，印度尼西亚可为出口欧盟的合法林产品签发FLEGT证书，对出口到其它国家的合法林产品则签发合法产品证书（V-Legal证书）。

为了进一步满足与欧盟签订的自愿伙伴关系协议下FLEGT许可的进口管制要求，印度尼西亚贸易部于2014年颁布了第97号条例，即《木材进口条例》，作为管理进出口木材合法性的核心法案。其中规定了从该国进口中剔除非法木材的总体要求，并对进口商提出了针对木制品开展尽职调查的要求，以满足进口木材及其制品的合法性。2016年1月，印度尼西亚进口木材合法性保障体系正式开启，同年11月，印度尼西亚成为第一个发布FLEGT许可证的国家。截至2017年4月初，印度尼西亚为发运至欧盟27个成员国的货物签发了11817份许可证，总价值为4.09亿美元。

2. 法案内容

（1）合法采伐与非法采伐的界定

印度尼西亚的合法性定义借鉴了印度尼西亚有关林业、贸易、环境、农业和土地所有权的法律法规以及印度尼西亚签署和批准的国际条约。合法性定义于2009年由环境与森林部部长和林业局局长分别签署的两项法规中正式确定。合法性定义围绕若干关键原则制定，具体取决于森林的类型，涵盖森林生产和加工的基本方面。印度尼西亚对于合法性的定义与《欧盟木材法案》相近，涵盖合法性要求的广泛要素，包括采伐权、税收和费用、木材采伐活动、第三方权利、贸易合规性以及运输和海关规定等。

（2）适用对象及其职责

印度尼西亚《木材进口条例》的约束性主要涵盖第一批将产品投放市场的企业及寻求出口的相关企业，适用于所有进口木材的运营商。印度尼西亚环境与森林部颁布的尽职调查指南要求所有注册的进出口企业及其中所有产业链中的贸易与加工企业开展尽职调查，在产品进口之前提交进口计划及相关详细信息，以满足印度尼西亚贸易部（MOT）对进口产品的要求，企业在提交的自评中需阐明产品的风险等级，要求将风险等级"显著"减轻至"可忽略"后方可通过审核并获得放行。

（3）合法性保障体系及进口申报要求

印度尼西亚的木材进口审查主要依靠SVLK木材合法性保障体系及其相关核查程序。该合法性保障体系旨在保证所有林木产品都符合印度尼西亚的相关法规条例，涉及领域包括认证颁发、原料采集、运输及加工等各个操作环节。体系制定了合法性标准，涵盖了拥有特许经营权的国有林、社区林、私有林、转换林、微/小型木材生产企业、家用木制品/手工艺品、原木贸易商、从事第一/第二产业的企业等8类范畴，共有24个原则，57个指标。

印度尼西亚木材合法性保障体系下的进口许可取决于进口前对公司尽职调查的检查。审核进口商与供应商/出口商之间的货物流通关系，并用HS海关码进行标记而非单个货件追溯，进口批准的合法性有效期限为6个月或12个月。环境和森林部评估注册运营商在SVLK门户上传的信息，包括有关进口产品的信息（如采伐国家、品种、产品和HS编码）以及将尽职调查作为检验进口商和出口商之间流通木材合法性的文件证据。

开展尽职调查的文件证据必须包括：FLEGT许可证，和/或；MRA（互认协议）国家许可，来自具有承认木材合法性并与印度尼西亚贸易签署协议的国家，

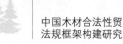
和/或；由出口国管制的关于林产品合法性的国别特定准则（CSG）等，和/或；来自认证机构的证书，以证明林产品的合法性或可持续性以及可追溯性；森林产品的采伐国或原产国当局关于森林产品合法性或可持续性的推荐信。

最终环境和森林部将根据审核结果驳回申请或向贸易部报送进口建议文书，贸易部根据建议文书批准进口。作为审核的一部分，进口产品入关后会再次对运营商进行检查。

（4）产品覆盖范围

根据印度尼西亚贸易部第97/M–DAG/PER/11/2015的规定，覆盖的产品范围包括木柴、原木、木屑、颗粒木、锯木、刨花板、地板、木箱、建筑木材等（HS4407、4409、4412、4415以及4418），涉及范围较广，但不适用于竹藤。占进口量比重最大的纸浆也未在规定之中。

（5）处罚措施

印度尼西亚在处罚方面没有设立刑事处罚，处罚手段相对温和，目的仅在于促进良好的经营行为，对于不遵守规定的企业只会禁止其产品进入产业供应链当中。对于运营商在尽职调查中存在造假、丢失SVLK许可证、加工企业或贸易商未按照其产品申报范围进口者，环境和森林部经过审核可撤销其进口建议，并禁止该进口商于12个月内再次进口。

3. 法案的执行与管理

（1）主管机构

印度尼西亚《木材进口条例》的主管机构主要包括贸易部（MOT）、环境与森林部（MOEF）。印度尼西亚贸易部负责向企业颁发或撤销进口批准；环境与森林部负责管理尽职调查电子系统，对文件进行审核并向贸易部发布进口建议，并针对可疑案例开展调查。

（2）法案的执行与监督

印度尼西亚的木材合法性保障体系对法案的有效实施起到了重要作用，该体系建立了五级验证/认证制度，包括认可机构、国际森林经营网络组织、独立的认证/验证机构、业务管理单位和政府。其中认可机构是认可认证机构的机构；国际森林经营网络组织由29个非政府组织组成，对整个体系开展独立监督；认证/验证机构是根据合法性标准对相关企业独立开展认证/验证工作的机构；业务管理单位是负责整个体系运行的机构；政府出台相关法律法规，规范和改善体系的运转。

此外，条例依靠两个独立监督体系发挥作用。一方面木材合法性监管体系发挥着主要的监督作用。印度尼西亚环境与森林部负责在线审核企业申报的尽职调查声明，并在产品进口后进行具体核实；另一方面民间社会可以作为独立监督方发挥作用，包括民间社会可要求企业提供有关木材合法性的文件。

4. 法案的特点

该法案的主要特点包括，一是印度尼西亚《木材进口条例》与国内木材合法性保障体系（SVLK）配合使用，作为验证进口木材合法性的要求，并与林产品出口的 V-Legal 证书和欧盟的 FLGET 证书衔接；二是目前针对进口材的尽职调查，明确了开展尽职调查的文件证据，操作比较简单；三是核查机制是第三方木材合法性验证与政府监管的结合；四是主要适用于风险较高的木材生产国。

三、各法规比较分析

通过对各国木材合法性贸易法规的梳理和分析，可以看出各法规在立法体系、法案形式、法规内容等方面各有不同，本部分试图从合法性贸易法规的框架要素着眼，多对象、系统性进行比较分析（参见附件1），为制度框架设计提供借鉴基础。

（一）非法采伐与合法采伐的界定

全球非法采伐程度几乎是无法量化的，因为"合法"与"非法"二者之间并无清晰的界定，但这二者的界定又是解决非法采伐问题的关键。

《雷斯法案修正案》规定，非法的行为包括植物的取得、采伐、占有、运输、销售或出口违反了任何一个国家或美国各州的相关法律以及个人或公司从事非法来源植物的贸易均属非法行为，在木材供应链的任何环节被确定为非法，法案都视其为非法，法案认为"非法来源"应当由各个主权国家自己的法律来定义。与美国强调遵守采伐国相关法律法规类似，《欧盟木材法案》、澳大利亚《禁止非法采伐木材法案》以及日本《洁净木材法案》均对"合法采伐"与"非法采伐"有明确的定义，三国法案对于木材合法性的界定均是基于木材生产国立法，规定"合法采伐"是指依据采伐国适用法规进行的采伐，"非法采伐"指违反采伐国适用法规进行的采伐。

与欧盟对于合法性的概念类似，印度尼西亚的合法性定义借鉴了印度尼西亚有关林业、贸易、环境、农业和土地所有权的法律法规以及印度尼西亚签署和批准的国际条约，合法性定义与欧盟审查木材合法性的标准要素类似，涵盖收获权、税收和费用、木材采伐活动、第三方权利以及遵守贸易、运输和海关规定等森林生产和加工的基本方面。

韩国《木材可持续利用法修正案》对木材可持续利用给出了定义，指振兴木材文化，搞活木材教育，使其不仅能为现代社会系统地、稳定地提供木材产品也要能满足未来时代的社会、经济、文化、精神层面的多种多样的需求。韩国主要强调以有利于环境良性发展为前提保障木材的可持续利用，虽然对于合法性概念没有明确表述，但从其对于合法性证明文件的审查来看，该国法案较为着重于对木材原产地签发的采伐许可证、FSC和PEFC等第三方合法性证明文件的审查，可以看出韩国对于木材合法与非法同样着重于遵守原产国和本国法律法规这一层面。

总体来看，各国法案对于合法性定义表述虽有一定差异，但其核心内容是类似的，即遵守采伐国的相关法律和法规。

（二）法规的强制性

各法案中除日本是自愿性法规外，其它国家均是强制性法规。日本法案规定符合条件的运营商可以向政府自愿注册为负责任运营商，但同时明确，一旦注册则必须遵守相关合法性验证规则，因此日本法案在自愿注册的基础上一定程度也具有强制性。日本、韩国以及印度尼西亚等国作为亚洲木材进口"需求侧"成为木材合法性贸易法规与机制制定方面的先例国家，在欧盟、美国以及澳大利亚等出口目标市场的合法性要求先行示范下，其木材合法性管理法律体系正在以较快速度成型。总体来看，相比欧美及澳大利亚法案，亚洲木材合法性相关法律及合规标准要求较为温和，从企业合规难度角度作出考量，并在一定程度上保留了宽松的执行空间。作为现行法案，澳大利亚从监管成本等角度考虑，也在对法案条例的不断修正中对其合法性合规程序作出调整，比如简化了关于FSC、PEFC等合法性框架下的尽职调查要求等。

各国法案中除美国《雷斯法案修正案》外，均为规范木材贸易的专门性法规。此外，各法案从生效到强制实施基本都有缓冲期，如美国分阶段对产品进行申报，澳大利亚对进口商和生产商明确了不同的尽职调查程序，日本根据与原材料的关联程度将企业划分为一类和二类并加以区分，韩国根据产品不同实施日期也不同等，总体目的都是考虑并照顾到法案的强制性对于企业的遵照执行、生产运营及监督成本方面的限制性影响。

（三）法规实施对象和适用范围

《雷斯法案修正案》适用于任何从事植物的进口、运输、销售、接收、获取或购买等交易活动并受美国联邦法律管辖的企事业单位或个人，修正案涉及的对象既包括卖方也包括买方；既包括美国国内企业或个人守法行为，也包括国外企业或个人对其本国法律和国际法的守法行为。《欧盟木材法案》适用于所有27个欧盟成员国，适用于欧盟木材供应链内的运营商和贸易商，涉及供应链的整个环节，该法规直接约束的是欧盟市场的卖方，但向欧盟出口木材和木制品的所有外国供应商、加工商因须配合提供相关信息和文件，因此也间接受到该法规的约束。澳大利亚《禁止非法采伐木材法案》仅对澳大利亚进口商和在澳大利亚采伐原木进行加工的加工商提出要求，对澳大利亚生长的木材和进口木材同样适用，对澳大利亚的贸易合作伙伴或出口商无要求。日本《清洁木材法案》适用对象涵盖整个产品供应链，包括制造、加工、进口、出口或出售木材及木制品的（不包括零售商）、使用木材建造建筑物或其它结构产品以及在部长令下经营木材及木制品的经营者。韩国《木材可持续利用法修正案》适用于国内木材生产者以及进口木材和木制品的经营者，法案明确了木材进口、流通、生产、销售行为都应为可持续利用做出努力。印度尼西亚《木材进口条例》的适用范围主要涵盖第一批将产品投放市场的企业及寻求出口的相关企业，适用于所有进口木材的运营商，涵盖整条供应链。

《雷斯法案修正案》《欧盟木材法案》和《禁止非法采伐木材法案》在立法目的、涉及的贸易范围以及对木材合法性的定义上具有一定的相似性，3 个法案都是以将非法来源的木材和由其制成的木材制品清除出本国市场为目的，并明确实施对象是本国的木材及木材产品的进口商或以本国木材为原料的加工商。且三个法案均对豁免产品进行了明确，美国法案和澳大利亚法案对拥有CITES证书的木材予以豁免，欧盟法案除CITES证书产品以外，将拥有FLEGT证书的木材也自动归为合法木材及产品。

日本法案和印度尼西亚法案适用对象涵盖整个产品供应链，包括制造、加工、进口、出口和销售，覆盖范围更为广泛。且日本、印度尼西亚木材法案与欧盟、澳大利亚法案有一定的相近之处，如把林产品初次投入市场的企业归为一类并将其作为主要的监管对象，整体趋势体现了产品合法性从生产、进口源头开展管控的重要性。

六个国家中，澳大利亚、韩国、日本法案均将进口材和国产材进行了独立区分，并对两种原材料进行程序区别式管理，主要原因在于直接进口企业和国内加工贸易企业在来源合法性层面所面临的责任是不同的。以日本为例，其将所有受管制企业划分为一类和二类企业进行区别审查，理由是合法性确认因最初实施于第一类木材相关企业，从促进合法采伐木材等的流通与利用观点出发，对第一类木材相关企业进行合法性确认显得特别重要；另一方面，第二类木材相关企业是在第一类木材相关企业进行合法性确认的基础上对木材及其产品的重新确认，因此两者合法性确认的方法和难易度不同。

（四）法规涉及的产品范围

美国、欧盟、澳大利亚和印度尼西亚法案均对法案管制的产品以海关编码形式列出，前三者均对持有CITES证书的木材和木材制品进行豁免，欧盟对FLEGT证书产品免检放行。日本法案涵盖了以薪材、纸浆、锯材、原木以及胶合板等几项主要进口木制品，韩国法案覆盖的木材及其制品共15类，除纸浆外基本涵盖了韩国主要进口林产品。印度尼西亚法案覆盖的产品范围涵盖包括4407、4409、4412、4415以及4418几个主要海关编码，纸浆同样不在规定范围之中。从产品范围来看，欧美和澳大利亚涵盖最为广泛，印度尼西亚、日本次之，韩国木材法案涵盖的产品范围仅15项产品类别，规模中等。

（五）合法性保障的机制与企业责任

合法性保障机制是木材合法性贸易法规发挥效用的核心所在。综合来看，海关申报、尽职调查、产品追溯是主要木材合法性贸易法规采用的主要合法性验证手段，同样也是企业需履行的责任，各国法规中的木材合法性保障机制通常依靠单独一种或联合运用两种或两种以上手段来发挥效用（表2-5）。

表2-5　主要国家木材法案合法性保障机制

主要国家木材贸易法规	合法性保障机制		
	海关申报	尽职调查	产品追溯
美国《雷斯法案修正案》	√	√	×
《欧盟木材法案》	×	√	√
澳大利亚《禁止非法采伐木材法案》	√	√	√
日本《清洁木材法案》	×	√	√
韩国《木材可持续利用法修正案》	√	×	×
印度尼西亚《木材进口条例》	×	√	√

美国、澳大利亚和韩国采取海关申报制度。其中美国《雷斯法案修正案》针对进口到美国的木材及木材制品，要求美国进口商在海关进口环节填报"植物及产品申报单"，申报内容包括植物的拉丁学名、货值、数量、产地来源国等信息；澳大利亚进口商在将受管制木产品进口到澳大利亚之前必须在边境申报，向海关部长提交《1901海关法案》规定的申报单。韩国法案要求进口商在登记进口的木材或者木材产品完成通关程序前，必须向海关部门提交木材的种类、配额及采伐许可证书等书面材料、清楚记录木材种类、流通量等的账簿以及森林认证等可以

证明木材合法性的相关证明材料。

尽职调查机制实施方面，除韩国未明确提出尽职调查要求外，欧盟、澳大利亚、印度尼西亚、日本及美国均对尽职调查提出了要求，其中《雷斯法案修正案》关于"应有的关注"其本质也是敦促企业开展尽职调查行为以确保来源合法。欧盟《木材法案》的核心是要求进口商和贸易商确立并实施尽职调查体系，通过详细规定"尽职调查体系"的三个程序，即收集信息、风险评估和风险规避将向欧盟市场投放非法木材以及其木质品的风险降到最低；澳大利亚《禁止非法采伐木材法案》对合法性保障的核心同样是针对木材进口商以及国内使用本国原材的木材加工商提出了尽职调查的要求，且尽职调查要求与欧盟法案尽职调查所包含的核心内容基本一致，并有所扩展；印度尼西亚的《木材进口条例》主要服务于本国的木材合法性保障体系，这一体系为满足欧盟关于FLEGT证书颁发的标准而针对木材进出口明确了尽职调查的责任；日本法案同样对于尽职调查有明确规定，法案将木材及木制品经营者划分为将产品投入市场的一类企业（上游）和二类企业（下游）两个类别进行管理，其中一类企业的尽职调查程序和澳大利亚类似，均需进行信息收集、风险确定和风险规避等流程；《雷斯法案修正案》要求进口商对申报内容进行严肃考量，如对产品树种、来源地、可回收成分不明，需申报每个可能的树种名、来源国及可回收植物成分百分比等，以督促进口商通过各种渠道了解更多关于进口木材及木材制品来源的信息，证明自己已尽到尽职调查的责任以避免违反法案，对主观尽责的判断是判定违法与否以及违法程度的重要依据，但该法案没有强制要求所有进口商必须建立尽职调查体系。

产品追溯机制方面，欧盟、澳大利亚、日本、印度尼西亚等过均要求加工企业和贸易商保留关于其供货商和客户的文件及证明，提供货运单等信息，并对上游企业所需提供的信息进行核实，以保证产品的可追溯性。

综合来看，首先，大部分国家的法案以要求企业实施尽职调查来作为保障木材合法性的机制性要求，尽职调查体系作为保障木材合法性的重要机制，其作用在各国实践中得到了较为广泛的认可；其次，海关申报制度在保证来源合法性尤其是进口来源合法性方面具有针对性和时效性；最后，与欧盟、美国等木材法案对于合法采伐、税务等相关费用要求以及采伐作业规程、第三方权益以及贸易运输等方面作出详尽要求相比，日韩等国针对自身情况对林产品合规要求作出了适当调整，同样是一种合理尝试。

（六）合法性保障机制与森林认证的关系

《欧盟木材法案》实施细则中特别指出，森林认证或其它第三方认定体系在企业风险评估和规避中可以考虑使用。澳大利亚法案在尽职调查风险确定过程中，明确进口商或者加工商可选择包括FSC和PEFC在内的木材合法性框架来评估和发现是否存在非法采伐的风险，2017年澳大利亚政府作出声明，称最新修正的法案为FSC和PEFC计划认证的产品建立了新的"视为遵守"的程序，简化处理了此类产品的进口商或加工商的尽职调查要求，并估算每年可为此节省约420万澳元的监管费用。韩国针对进口木材要求进口商向山林厅提交进口声明以及能够证明其产品来自合法采伐木材的书面资料，材料清单中明确列出包括韩国山林厅公布的国际认可的第三方合法性证明（如FSC、PEFC等）。韩国对进口木材合法性的规定十分接近日本法案。从日本对韩国出口角度来看，FSC、PEFC作为国际公认的合法性认证体系，以及与PEFC互认的SGEC（日本绿色循环认证）体系，其森林认证证书均被视为可满足韩国木材合法性最新要求的证书，因而持有此类证明文件的日本出口木材容易得到韩国方面的认可。印度尼西亚木材合法性保障体系下的进口许可取决于进口前对公司尽职调查的检查，开展尽职调查的文件证据同样列出来自认证机构的证书，以证明林产品的合法性及可追溯性。日本法案认为"利用森林认证制度及CoC认证制度的证明方法"，以及都道府县等森林与木材的认证制度都可对合法性确认有重要作用。

虽然各国法案都没有规定通过森林认证的产品可以自动免于法案的审查，但是明确作为证明合法性材料的一种，各法案均认可通过森林认证有助于帮助减少非法来源林产品进入企业的贸易链，可积极降低风险，这表明各国法案对符合要求的第三方森林认证作用的认可。目前中国森林认证制度包括CFCC、PEFC、FSC在内均已发展较为成熟，未来可作为合法性保障手段与证明融入合法性管理体制中。

（七）法案的执行与管理

《雷斯法案修正案》没有设置专门的执行机构，法案要求进口产品时在美国海关强制申报，海关和监控边境的美国国土安全局参与法案实施，联邦检察院发现或收到犯罪活动的证据进行调查和起诉，美国司法部启动没收、罚款程序，内政部渔业和野生动物服务局以及美国农业部动植物检疫局在处理申报和调查非法来源木材进口中同样发挥重要作用。澳大利亚的农渔林业部是《澳大利亚禁止非法采伐木材法案》的主管机构，负责协调该法案的执行并按规定实施处罚，海关部门的配合同样是法案实施的重要环节之一。日本农林水产部、经济产业部及国土交通部为法案主管部门，农林水产部主要负责指南和建议的制定、收集报告并开展现场审查。韩国山林厅负责制定并执行法案及相关政策，海关部门配合产品的海关申报与核查。印度尼西亚法案主管机构包括贸易部、环境与森林部，贸易部负责向企业颁发或撤销进口许可，环境与森林部负责管理尽职调查电子系统，并针对可疑案例开展调查。

总体来看，各法案主管部门均是政府部门，其中澳大利亚和韩国属于单一部门主管，法案由主管部门牵头制定并负责协调实施，但两国在法案执行过程中均需要海关部门进行联合审查与执法。美国、欧盟、日本及印度尼西亚是国家层面制定的法案，明确了相关各部门的职责及联合执法程序。其中欧盟较为特殊，《欧盟木材法案》适用于欧盟所有成员国，法案在监管环节规定较为详尽，然而因为欧盟成员国众多，导致各成员国对运营商投放进口木材及相关产品到欧盟市场的监测力度存在较大差异，一些国家进口了大量高风险热带木材却未能对进口企业开展有效的核查，各国执法进程与标准不一导致企业知晓在某些国家不会受到严格核查或被核查的概率非常小进而铤而走险，因此欧盟内部能否统一执法进程与确定核查标准是该法案弥补执法漏洞的重要挑战。

从核查方法来看，美国主要是基于违法活动和犯罪证据开展调查和起诉；欧盟和澳大利亚指定主管机构，基于风险对企业进行抽查；日本主管部门授权注册机构，对注册企业开展年度核查；韩国海关审核企业提交的进口声明及木材合法性证明文件，山林厅委派检查机构核查后，海关通关放行；印度尼西亚环境与森林部在线审核进口企业申报的尽职调查材料，审核通过后向贸易部通知颁发进口许可，同时对可疑案例开展调查。

（八）法规监督机构的设置

欧盟和澳大利亚设立了专门的监督机构或职位，其中《欧盟木材法案》专门设置监督机构，监督机构须由欧洲委员会正式认可，职能范围较为广泛，既包括开发实用的尽职调查体系等技术性工作同时包括验证运营商正确使用尽职调查体系、在运营商不能正确使用体系时采取适当行动以及向主管机构汇报等工作。值得注意的是，欧盟的监督机构实际上是为企业提供尽职调查体系构建以及应对核查的外部支持与服务机构，并非权力机构，且企业从监督机构获取服务不是硬性要求。澳大利亚通过任命检查员，来行使法案执行的监督检查权力，与欧盟和其它国家带有服务和民众监督性质的监督机构设置有所不同，澳大利亚检查员行使职责属于权力机关的执法一环，是强制实施的。

其它国家虽未设立独立监督机构，但大部分设有外部监督机制。韩国山林厅会对合法性材料提交不完善的企业履行部分监督检查与督促职责，同时鼓励大众监督，对于社会举报提供奖励。印度尼西亚的木材合法性保障体系对该国进口条例的有效实施起到重要作用，该体系的国际森林经营网络组织由29个非政府组织组成，对整个体系开展独立监督，另外民间社会作为TLAS中规定的独立监督者发挥作用，例如民间社会有权要求企业提供有关木材合法性的文件。

（九）法规的处罚

总体来看，美国、欧盟与澳大利亚在处罚力度上较重，处罚措施均涉及了没收、罚款甚至刑事处罚；日本和印度尼西亚对于从事非法采伐贸易的企业处罚较为温和，仅是撤销相关资格或者暂停进口，其中日本对于注册企业在注册后的履约行为较为看重，设置了相应的罚款措施，但量刑并不重。各国在处罚措施的判别准则和执行上存在不同考量和侧重。

四、总结与借鉴

综合研究国外木材法规的实施机制、监管体系、法案形式等关键内容，并与我国当前相关制度进行差距分析，我国未来制度出台可借鉴之处小结如下：

首先，制定出台强制性法规是保障木材合法来源管理的最有效手段。美国、欧盟、澳大利亚、韩国、印度尼西亚等国的法规均是强制性法规，日本法规虽为企业自愿注册，但对已注册企业具有强制性。就日本而言，当产业规范发展到一定水平，随着越来越多的企业和消费者将注册"负责任经营企业"作为信誉标签和采购标准，法规的强制性效果便具有了普遍性。出台强制性法规被认为是木材合法性管理的最有效手段，也将是我国规范木材合法来源管理，践行合法、可持续贸易，树立负责任大国形象的最终选择。鉴于我国制定出台法规的复杂性，现阶段可先行发布具有较强行业约束力的行政规章，或借鉴日本的自愿性注册做法，同时积极制定和发布自愿性国家或行业标准，发展第三方验证体系，作为木材合法来源管理的辅助性工具。

第二，尽职调查是木材合法性保障机制的重要组成。各国法规多数均在法规框架中引入尽职调查，尽管执行标准和操作难度不一，但尽职调查在木材合法性保障中所发挥的作用仍然受到了广泛的国际认可，是有效的木材合法性管控工具。得益于多年行业实践的不断发展，木材合法性尽职调查在中国已有一定技术经验与企业基础，未来我国木材合法性法规中的合法性保障机制可在一定程度上引入尽职调查。此外，还可参考印度尼西亚与日本等国作法，由主管部门发布法规配套的尽职调查指南文件；或依托行业协会、认证机构等专业性组织设立独立的尽职调查体系监督和培训机构，以推进企业尽职调查的实施。

第三，加强进口材管理应是我国未来法规关注的重点。当前国际已出台的木材合法性法规多数均涵盖包括自产材和进口材在内的所有来源木材，澳大利亚、日本和韩国等国法规根据风险控制重点对进口材和国产材加以区分，并开展不同程序的合法性审核，有侧重地解决木材合法性问题。就我国而言，国产材具有较为完善的监管体系，非法采伐风险低；进口材无专门的规范和监管制度，且多来源于非法采伐风险较高的国家和地区，这也是造成国际压力的主要原因。因此，加强进口材的合法来源管理应是未来法规关注的重点。

第四，海关信息申报可成为木材来源追溯的重要手段。美国、澳大利亚和韩国法规规定，企业进口前需要进行海关申报，尤其韩国法规的合法性保障体系重点依托企业在入关环节对于进口声明和木材合法性证明材料的提交与审核。海关申报有助于在第一时间将非法来源的木材拦截在国门之外，具有较为有效的审查和威慑作用。就我国而言，我国针对进口商品需填写海关进口货物报关单，当前海关报关单中已基本涵盖了实现木材产品可追溯的基本信息，包括商品名称、树种信息、数量、原产国信息等，可考虑在此基础上进行细化备注，进一步追溯可证明木材产品来源合法的其它必要信息。鉴于我国贸易体量巨大，海关虽无法对备注信息进行逐一核查，但海关信息申报可作为进一步核查木材来源合法性和进行产品追溯的重要手段。

第五，多部门协作有助于法规的贯彻执行。各个国家和地区法律体系和制定通过程序不同，总体来看，目前已出台的法规既有国家层面颁布的，也有单一部门或多部门制定的，无论是何种层面的法规，执行过程中各部门的协调配合是法规有效实施的重要保障。我国规范木材合法来源的法规需要综合考虑木材供给安全的稳定性、木材供应链冗长与复杂的特殊性以及木材贸易涉及部门的广泛性等现实情况，综合各部门职能，实现多部门密切协作，方可推动法规有效实施。

第三章

中国木材合法性管理制度分析

探索出台中国木材合法性贸易法规有必要对国内现存涉及木材合法性的相关法规条款进行梳理，结合国际市场具有普适性的合法性要求进行差距分析，以避免未来法规条款间的交叠重复和冲突，并通过梳理分析我国现有合法性法规中和国际法规脱节之处，为制度借鉴和制度框架设计奠定基础。

一、中国木材合法性管理制度

中国具有严格而相对完善的依法凭证采伐林木的管理制度和体系，木材凭证经营加工管理与凭证采伐林木管理、凭证运输木材管理，共同构成了森林采伐源头管理和木材流通环节管理一体化监管体系，对保护和发展森林资源起到了重要作用。2019年12月28日，十三届全国人大常委会第十五次会议表决通过了新修订的《森林法》，新法自2020年7月1日起施行。在广泛听取各方意见和调研论证的基础上，新修订保留了森林采伐限额和采伐许可证制度，同时按照"放管服"改革精神进行了完善；删除了木材生产计划、木材调拨等带有计划经济色彩的内容；取消了木材运输许可制度。

（一）森林采伐管理制度

1. 森林限额采伐制度

森林采伐限额管理是保护森林资源的一项重要法律制度和根本性措施。新修订的《中华人民共和国森林法》明确规定：国家严格控制森林年采伐量，省、自治区、直辖市人民政府林业主管部门根据消耗量低于生长量和森林分类经营管理的原则，编制本行政区域的年采伐限额；重点林区的年采伐限额，由国务院林业主管部门编制，报国务院批准后公布实施。相较于原《森林法》，新修订的《森林法》在采伐限额编制上更加集中规范，由省级行政部门或国务院林业主管部门统一规范化编制，遵循森林分类经营管理的原则缩减了可制定森林采伐限额林区的范围。多年的实践表明，采伐限额制度的严格执行为保障我国森林资源的总量增长、质量提高以及合理利用发挥了重要作用。

此外，新修订的《森林法》下放了采伐限额审批权，将原森林法有关采伐限额由省级人民政府审核后，报国务院批准的规定，修改为采伐限额经征求国务院林业主管部门意见，报省级人民政府批准后公布实施，并报国务院备案。将审批权下放后，有利于地方结合本地实际科学编制采伐限额，压实地方责任。国家林草局在前期指导的基础上，通过森林资源保护发展目标责任制和考核评价机制加强对地方监管，确保森林资源稳定增长。省级人民政府将编制的采伐限额报国务院备案，也有利于国家准确掌握森林资源消耗情况，提高监管效率。

2. 林木采伐许可证制度

凭证采伐林木管理是保证采伐限额得以落实的一项极为重要的措施。林木凭证采伐制度是指任何采伐林木的单位和个人，必须依法向核发林木采伐许可证的部门申请林木采伐许可证，经批准取得采伐许可证后按照采伐许可证规定的地点、数量、树种、方式和期限等进行采伐，并按规定完成采伐迹地的更新。林木采伐许可证是采伐林木的单位或者个人依照法律规定办理的准许采伐林木的证明文件。通过实行凭证采伐制度，可以有效地控制森林采伐量，提高伐区作业质量，促进采伐迹地的及时更新，促进森林可持续经营和林业健康发展。新修订的《森林法》对森林采伐管理制度进行了大幅改革，在多年森林采伐实践经验基础上进一步完善了林木采伐许可证制度。

首先，新修订的《森林法》按照"放管服"改革精神，完善了采伐许可证制度。调整了采伐许可证核发范围：规定采伐林地上的林木应当申请采伐许可证，并按照采伐许可证的规定进行采伐；采伐自然保护区以外的竹林，不需要申请采伐许可证，但应当符合林木采伐技术规程；非林地上的农田防护林、防风固沙林、护路林、护岸护堤林和城镇林木的采伐，由有关主管部门按照有关规定管理。既坚持森林资源的有效管理，又有利于充分保护个人和非公有制林业经营主体的合法权益。需要注意的是，相关修改并不意味着削弱非林地上林木的保护管理，如护路林、护堤护岸林、城镇林木等的采伐还应当按照《公路法》《防洪法》《城市绿化条例》等规定进行管理。

第二，新修订的《森林法》完善了采伐许可证审批程序。新修订的《森林法》完善了采伐许可证的核发程序，明确要求县级以上人民政府林业主管部门应当采取措施，方便申请人办理采伐许可证。一是删除了采伐目的、林况等采伐申请材料要求；二是不再"一刀切"地要求申请人必须提交伐区调查设计材料，而是由省级以上人民政府林业主管部门规定一定的面积或者蓄积量基准。超过基准量的，申请者才应提交伐区调查设计材料，没有超过的，则不需提交；三是规定符合林木采伐技术规程的，应当及时核发采伐许可证，明确了不得核发采伐许可证的情形，从正反两方面严格林木采伐管理机制，减小具体执行中的自由裁量空间，切实提高林木采伐办证效率。

第三，新修订的《森林法》增加了林木采伐的特别规定。一是关于采挖移植林木的管理。为切实加强和规范树木采挖移植管理，新修订的森林法规定"采挖移植林木按照采伐林木管理。具体办法由国务院林业主管部门制定"，一方面明确了采挖移植树木管理的法律依据，对进一步细化管理规定和标准提出了要求，另一方面也为苗圃地建设等采挖移植活动留下空间。二是关于特殊情况采伐的例外规定。修订后的森林法为解决公益林、自然保护区内林木，因林业有害生物防治、森林防火、遭受自然灾害等需要采伐的问题，有针对性地进行了特殊规定。新规定解决了实践中保护性质的采伐措施没有法律依据的问题。

第四，新修订的《森林法》强化了森林经营方案的地位和作用。森林经营作为林业专有概念，是以提高森林质量，建立稳定、健康、优质、高效的森林生态系统为目标，为修复和增强森林的供给、调节、服务、支持等多种功能，而开展的一系列贯穿于整个森林生长周期的保护和培育森林的活动。森林生命的长周期和森林类型的多样性决定了森林经营活动的系统性和复杂性，必须按照森林经营方案科学实施。修订后的《森林法》，一是明确国有林业企业事业单位必须编制森林经营方案，并新增了未编制森林经营方案或者未按照批准的森林经营方案开展经营活动的法律责任；二是规定国家支持、引导其它林业经营者编制森林经营方案；三是要求国务院林业主管部门制定编制森林经营方案的具体办法。

3. 采伐验收监督管理

新《森林法》规定县级以上人民政府林业主管部门依照本法规定，对森林资源的保护、修复、利用、更新等进行监督检查，依法查处破坏森林资源等违法行为，以此加强森林资源管理和监督。省级以上人民政府林业主管部门对森林资源保护发展工作不力、问题突出、群众反映强烈的地区，可以约谈所在地区县级以上地方人民政府及其有关部门主要负责人，要求其采取措施及时整改，约谈整改情况当向社会公开。

（二）木材经营加工管理制度

1. 出入库台账制度

新修订的《森林法》明确规定：木材经营加工企业应当建立原料和产品出入

库台账。任何单位和个人不得收购、加工、运输明知是盗伐、滥伐等非法来源的林木。木材经营、加工的原料是要消耗森林资源的，经营加工企业出入库台账的建立，主要目的是防止非法采伐的木材进入流通领域，这一条款的增加将进一步加强对木材的收购、销售和加工活动的合法性管理。未来新的《森林法实施条例》及其它配套文件将针对此做进一步的细化规定。

2. 木材经营（加工）的监督管理

国务院文件要求，各级林业主管部门要加强对以消耗林木资源为主的经营加工单位的原料来源的审核，严禁木材经营加工单位和个人采购没有林木采伐许可证或者其它合法来源证明的木材。根据《森林法实施条例》的规定，纳入木材经营管理范围的木材是指原木、锯材、竹材、木片和省、自治区、直辖市规定的其它木材。根据国发〔2017〕46号的规定，取消木材加工许可审批后，国家林业主管部门要督促地方林业行政主管部门通过以下措施加强事中事后监管：①强化"林木采伐许可证核发"、"木材运输证核发"（已取消），从源头上对乱砍滥伐行为强化管理。②加强与工商部门的信息沟通交流，掌握了解从事木材经营加工企业的工商登记信息，并相应加强实地检查、随机抽查，每年抽查比例不低于本地区木材经营加工企业总数的20%。重点核查经营（加工）场所是否符合相关规定、审查企业原料和产品入库出库台账、审查木材来源是否合法。③违法违规行为处理结果及时通报工商部门，纳入国家企业信用信息公示系统。

（三）木材贸易管理制度

中国政府未出台专门针对林产品的贸易法规，没有设置专门针对木材的非关税壁垒，而且政府全面开放木材对外贸易经营权，对经营进口木材的企业由以前有木材进口权的单位放宽到所有有外贸经营权的单位。目前，中国涉及木材贸易的法律法规主要有《濒危野生动植物种国际贸易公约》文本及相关决议和决定、《中华人民共和国对外贸易法》《中华人民共和国森林法》《中华人民共和国海关法》《中华人民共和国进出口商品检验法》《进出境动植物检验检疫法》《货物进出口管理条例》《中华人民共和国森林法实施条例》《进出口货物原产地条例》《濒危野生动植物进出口管理条例》《野生植物保护条例》《货物出口许可证管理办法》，涉及以下4个方面内容：一是伪造、变造原产地证书，进出口许可证、进出口配额证明或者其它进出口证明文件；二是海关如实申报；三是如实申报原产地，要求贸易商遵守CITES公约相关规定，并在《对外贸易法》和《进出口货物原产地条例》明确要求，木材进出口需提供原产地证明；四是商品检验。

具体针对林产品的主要要求包括：一是对进出境的动植物产品实施检疫，对列入目录的进出口商品按照国家技术规范的强制性要求进行检验。二是为保护国内林业资源，中国对锯材（经锯切，厚度超过6mm的板材）出口实施配额许可证管理。目前，年度出口配额总量为26万m³，出口企业向企业所在地的商务主管部门申领出口许可证即可办理有关出口。三是涉及濒危物种的木材进出口时，海关凭国家濒危物种进出口管理办公室或其办事机构签发的濒危物种允许进出口证明予以验放。四是包括木材在内的所有进出口货物，除另有规定的外，均需办理报关纳税手续，并接受海关监管。

在贸易税费方面，自1999年1月1日起，为了鼓励木材进口，实行木材进口零关税政策，原木、锯材、薪材、木片、纸浆和废纸等的进口税调减到零，胶合板的进口税亦由原来的20%调减到15%。2001年加入WTO后，中国按照入世承诺，对249种林产品进一步降低关税，并逐取消非关税措施。中国的非关税措施1992年为1247项，1996年为384项，2004年以后全部废除非关税壁垒。在除了进口关税，根据1993年《中华人民共和国增值税暂行条例》，中国对木材进口还征收增值税。该条例规定，原木、板材等初级产品需要交纳13%增值税，加工木材产品如胶合板、家具等需要交纳17%的增值税。增值税税率在2018年进行了调整，原适用17%和11%税率的，税率分别调整为16%、10%，同时实施出口退税政策。此外2017年中国开始实施固体废物进口限制政策，废纸进口需要配额，并逐渐减少。2020年4月29日十三届全国人大常委会第十七次会议顺利通过了修订后的固体废物污染环境防治法，新《固废法》明确了国家逐步实现固体废物零进口，自2021年起，全面禁止固体废物进口。

（四）中国林业与海关行政执法监督管理制度

中国具有完善的木材合法采伐、经营管理和贸易执法制度，为国产材的合法性提供了有力保障，有效降低了非法采伐的风险。

首先，中国林业行政执法监督管理体系对依法采伐木材的实施和监督提供了保证。一是健全监管机制，根据新《森林法》最新修订内容，国家实行森林资源保护发展目标责任制和考核评价制度，上级人民政府对下级人民政府完成森林资源保护发展目标和森林防火、重大林业有害生物防治工作的情况进行考核，并公开考核结果；地方人民政府可以根据本行政区域森林资源保护发展的需要，建立林长制。二是管理机构健全，设立了国家、省（市、区）、地区（市）、县和乡（镇）5级林业管理部门，国家林草局通过森林资源保护发展目标责任制和考核评价机制加强对地方监管，确保森林资源稳定增长。三是行政执法制度规范。中国对木材及木材产品从采伐、加工、进出口贸易各个环节都有健全的法律法规严格控制，并建立了规范林业行政执法行为的相关制度，对于违反相关规定、情节严重的将会被追究刑事责任，包括《林业行政处罚程序规定》《林业行政执法监督办法》《林业行政处罚听证规则》等。四是执法监督机构较完善。机构改革后，隶属公安部的森林公安局与国家林草局通过信息沟通、部门协作、联合督导检查等机制指导林业行政执法工作，督促查处破坏森林资源、国家重点保护野生动物资源的特大案件；各级林业行政部门和公安机关具体负责辖区事务，依法打击有关森林非法活动；国家林业局还在13个林区省设立了森林资源监督专员办事处，专门监督地方森林资源利用。各级林业主管部门和工商行政管理机关对林区和重点产材县木材经营单位和加工企业，要求经营范围必须符合国家有关法律、当地资源状况和采伐限额或木材生产"一本帐"的规定，合理确定单位数量及其规模。

在木材进出口贸易活动中，中华人民共和国海关是国家的进出关境活动的（以下简称进出境）监督管理机关，海关依照有关法律、行政法规对木材进出口货物和企业的进出口行为实施监管。在木材进口过程中，企业须到出入境检验检疫部门进行报检，凭检验检疫部门出具的证明即《入境货物通关单》向海关申报放行货物。中国是CITES公约（濒危野生动植物保护公约）成员国，如果所进口木材属于公约保护物种，企业还需到国家濒危物种进出口管理部门办理《允许进口证明书》，海关凭《允许进口证明书》放行货物。海关对出口木制品监管比较严格，在木制品出口过程中，企业须到林业部门和商务部门办理允许出口的证明文件，海关凭证明文件放行货物，如果所出口货物属于保护物种，海关同样要根据有关部门出具的允许出口证明放行货物。原木禁止出口，锯材等初级加工产品实行配额许可证管理，濒危树种还要办理濒危物种证明。对一次性筷子和实木地板等要征收消费税和出口关税，但家具等精加工的成品属国家鼓励出口范畴。

另外，根据《中华人民共和国濒危野生动植物进出口管理条例》的规定，国家对纳入现行有效《进出口野生动植物种商品目录》管理范围的野生动植物及其制品实施进出口许可管理。国家濒危物种进出口管理办公室负责监督管理野生动植物及其产品的进出口，组织核发野生动植物允许进出口证明书，负责进出口证书通关协调，承担进口野生动植物种源免税确认工作。

二、中国管理制度与国际法规的差异性分析

目前中国无专门针对木材合法性的法律法规，但新修订的《森林法》《森林法实施条例》（2018年修订）对木材来源有总体性的要求，同时结合国际通用的木

材合法性贸易法规要求，系统对比分析如下。

（一）关于非法与合法的界定

中国现有木材管理法规制度总体对木材的获取、加工和贸易有合法要求。新修订的《森林法》第六十五条规定：木材经营加工企业应当建立原料和产品出入库台账。任何单位和个人不得收购、加工、运输明知是盗伐、滥伐等非法来源的林木。《森林法实施条例》（2018）第34条规定：木材收购单位和个人不得收购没有林木采伐许可证或者其它合法来源证明的木材。前款所称木材，是指原木、锯材、竹材、木片和省、自治区、直辖市规定的其它木材。这两部法律对我国木材来源的合法性提出了明确的要求和总体框架，具有强制性，适用的主体主要是木材经营加工企业，产品范围主要是原木和锯材等初级产品，进出口货物应向海关如实申报。

中国与国际各国法案对于合法性定义表述虽有一定差异，但其核心内容是类似的，即遵守采伐国的相关法律和法规。相对而言，中国的界定相对比较宽泛，没有制定具体的实施性细则或独立的法规。在实际操作中，对国产材的合法来源界定主要依据我国有关木材采伐管理的规定，对进口材合法性主要是基于合法贸易，未对源头管理进行明确。未来我国木材合法性来源管理法规制度关于进口材合法性界定可在《森林法》及《森林法实施条例》关于非法来源木材界定的基础上侧重遵守采伐国法规制度这一要素。

（二）实施对象和适用范围

《森林法》等法规有关木材合法来源的要求原则上包括了所有的木材，即国产材和进口材，这与国际上各法规的要求是一致的。但正如前文所述，在实际操作中主要针对国产材开展合法来源管理，进口材主要是基于合法贸易，即具有合法的报关手续即视为合法来源的木材。作为林产品生产、贸易大国，针对进口材进行来源管理具有迫切性。我国国产材管理制度较为完善，未来可考虑专门针对进口材开展来源合法性管理，根据情况划分产品范围，针对原材料产品或者其它深加工类产品进行管控。

从适用的企业来看，我国法规针对所有木材经营加工企业，应包括了林产品供应链所有的企业，这与国际的要求是一致的。但我国未对首次将木材及木制品投入市场的"运营商"和后期开展加工、贸易的"贸易商"的要求进行区分，即未对木材来源合法性核查的主体和产品追溯的主体进行明确。

从适用范围来看，我国的木材主要针对的是原木和锯材两类，而国际木材合法性贸易法规大都包括了更多类型的木制品，如原木、锯材、人造板、家具、纸浆及纸制品、其它木制品等，并分步骤加以规范和管控。

（三）合法性保障机制与企业责任

在海关申报方面，我国木材产品进口需填写海关进口货物申报单，海关依照《海关法》对进出口货物进行抽检。目前虽未专门针对木材合法性进行申报，但当前海关报关单中已基本涵盖了实现木材产品可追溯的基本信息，包括商品名称、树种信息、数量、原产国信息等，可考虑在此基础上进行细化备注，进一步追溯可证明木材产品来源合法的其它必要信息。在木材来源核查和产品追溯方面，《森林法》第65条明确规定"木材经营加工企业应当建立原料和产品出入库台账。任何单位和个人不得收购、加工、运输明知是盗伐、滥伐等非法来源的林木。"但对台账具体内容和企业如何核查木材来源合法性方面仍需进一步明确。

因此，与国际法规相比，目前我国相关法规对企业责任和合法性保障机制方面仍需进一步明确和具体化。

（四）执行与管理

中国没有针对木材合法性的专门性法规，在木材生产和贸易的综合性管理体系中，林草部门行政执法监督管理体系对木材采伐和生产加工进行监管，海关部门对林产品进出关境活动的进行监管，国家林草局濒危物种管理办公室对纳入现行有效《进出口野生动植物种商品目录》管理范围的野生动植物及其制品实施进出口许可管理。此外，中国在木材产品供应链管理过程中，涉及的管理部门众多，国家税务总局、国家工商行政管理总局、国家出入境检验检疫局等机构同样会参与到企业合法性、经营税费、生产加工、贸易和运输以及进出口等管理中。

木材合法性管理与核查机制方面，林业部门负主要监管责任，根据《森林法》的规定，"木材经营加工企业应当建立原料和产品出入库台账。任何单位和个人不得收购、加工、运输明知是盗伐、滥伐等非法来源的林木"，对于收购、加工、运输明知是盗伐、滥伐等非法来源的林木的，"由县级以上人民政府林业主管部门责令停止违法行为，没收违法收购、加工、运输的林木或者变卖所得，可以处违法收购、加工、运输林木价款三倍以下的罚款"。目前对应台账的核查机制尚无明确规定，有可能会在新修订的《森林法实施条例》中做进一步明确的阐释；针对"收购、加工、运输明知是盗伐、滥伐等非法来源的林木"规定和相关处罚仅适用于国产木材，未来是否有可能进一步涵盖进口材还有待相关部门研究与明确。

另外，国家林草局在《关于取消行政许可事项强化事中事后监管的具体措施》中明确规定"县级林业主管部门对经工商登记的木材经营加工企业进行抽查，每

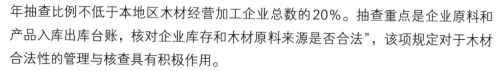

年抽查比例不低于本地区木材经营加工企业总数的20%。抽查重点是企业原料和产品入库出库台账，核对企业库存和木材原料来源是否合法"，该项规定对于木材合法性的管理与核查具有积极作用。

（五）监督机制

在木材合法性的监督和技术服务方面，与国际法规的监督机构或监督机制相比，中国没有木材来源合法管理专门法规，也未设立相应的监督或服务机构。但目前逐步发展起来的木材行业协会及其合法性认定标准、林产品国际贸易研究中心及其开发的木材合法性尽职调查体系与负责任企业数据平台等，未来均可发挥一定程度的监督与服务职能。

（六）法规处罚

中国《森林法》《森林法实施条例》《海关法》等对非法收购、加工和贸易非法来源木材的，瞒报、偷税、漏税、走私等违法行为有相关处罚规定，但处罚规定较为零散。主要包括：新修订的《森林法》第七十八条规定："违反本法规定，收购、加工、运输明知是盗伐、滥伐等非法来源的林木的，由县级以上人民政府林业主管部门责令停止违法行为，没收违法收购、加工、运输的林木或者变卖所得，可以处违法收购、加工、运输林木价款三倍以下的罚款。"《森林法实施条例》（2018）第四十条规定："违反本条例规定，收购没有林木采伐许可证或者其它合法来源证明的木材的，由县级以上人民政府林业主管部门没收非法经营的木材和违法所得，并处违法所得2倍以下的罚款。"《海关法》第八十六条规定："违反本法规定有下列行为之一的，可以处以罚款，有违法所得的，没收违法所得：进出口货物、物品或者过境、转运、通运货物向海关申报不实的；不按照规定接受海关对进出境运输工具、货物、物品进行检查、查验的；……"《海关法》第八十二条规定："违反本法及有关法律、行政法规，逃避海关监管，偷逃应纳税款、逃避国家有关进出境的禁止性或者限制性管理，有下列情形之一的，是走私行为。有前款所列行为之一，尚不构成犯罪的，由海关没收走私货物、物品及违法所得，可以并处罚款；专门或者多次用于掩护走私的货物、物品，专门或者多次用于走私的运输工具，予以没收，藏匿走私货物、物品的特制设备，责令拆毁或者没收。有第一款所列行为之一，构成犯罪的，依法追究刑事责任。"

相关处罚涵盖了收购、加工、运输非法采伐林木、海关如实申报、税费等供应链的各个方面，涉及罚款、没收及相关刑事处罚，与其它国家法案类似。但由于各法律执行主体不同，实施和处罚无法形成体系，执法内容较为零散。且现行法规及相关处罚措施对于进口材源头的非法采伐行为没有涉及。

（七）小结

总体来说，在木材合法性管理方面，我国《森林法》和《森林法实施条例》中对木材来源的合法性提出了要求，但无专门的法规或规定提出具体的操作细则，与国际法规的主要差异在于：

（1）目前的合法性管理主要针对国产材来源的合法性（采伐许可证）进行管理，进口材的合法性基于合法的进口手续，故对进口材源头的合法性要求仍未明确。

（2）我国法规主要针对原木和锯材两类木材产品，国际法案大都涵盖了大部分木材产品，并分步骤、分类实施。

（3）我国法规未对产业链不同类型企业的责任进行区分，而国际法规通常对将木制品首次投放市场的运营商和后期开展木材加工和贸易的贸易商的责任进行明确，更具针对性。

（4）我国法规体系中关于木材合法性相关的核查机制较弱，目前仅在国家林草局《关于取消行政许可事项强化事中事后监管的具体措施》中提出对木材来源合法性进行核查，其它相关法规中未作出明确规定。新修订的《森林法》中关于"木材经营加工企业应当建立原料和产品出入库台账。任何单位和个人不得收购、加工、运输明知是盗伐、滥伐等非法来源的林木。"的规定是木材合法性核查管理上新的突破，然而由于覆盖范围仅限于国产材，且台账核查机制尚未明确，核查效果还有待进一步观察，核查机制也有待进一步完善。

（5）国际法规大都提出了明确的尽职调查及产品追溯的要求。尽职调查体系作为保障木材合法性的重要机制，其作用在各国实践中得到了较为广泛的认可，但我国对木材来源的合法性核查（如尽职调查）无具体的要求，仅规定不得采购无合法来源证明的木材，对木材合法性的标准和定义也未作出明确的界定，与国际通用的要求或要素还有一定的差距。未来中国在开展木材来源合法性管理方面，针对进口材可以考虑根据产业现实情况适度引入尽职调查体系的相关要求，并根据《森林法》和《森林法实施条例》的追溯要求制定相关实施细则。

第四章

中国进口木材合法性现状分析

中国作为全球最重要的林产品生产和贸易大国，在非法采伐及相关贸易问题上受到来自国际社会的诸多指责。在世界经济与全球林产品贸易格局发生深刻变革的背景下，有必要深入剖析中国林产品贸易以及其中可能存在的涉及非法采伐木材的现状与挑战。本章通过贸易数据分析对中国林产品贸易及涉及进口高风险木质林产品的比重、价值等进行估算，为相关政策制定提供依据。

一、中国林产品贸易发展现状

（一）中国林产品贸易现状

根据海关统计数据汇总分析，2018年我国林产品贸易总额为1653亿美元，创历史新高（图4-1），同比增长9.18%。其中，进口额837亿美元，增长13.1%；出口额816亿美元，增长5.4%。由此可以看出，林产品进口进一步增长，是林产品贸易总额增长的主要贡献力。

林产品进出口贸易增速较上年有所放缓，进口增速显著高于出口增速，首次

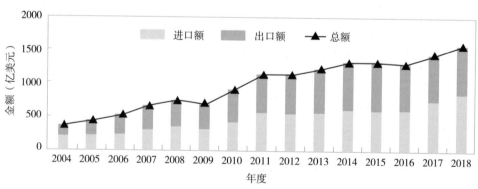

图4-1　2004—2018年中国林产品贸易额

出现贸易逆差。2018年，林产品进出口贸易总额为1653亿美元，同比2017年增长9.18%；其中，林产品出口额816亿美元，同比 2017年增长5.43%，占全国商品出口额的3.28%，比2017年略有下降；林产品进口837亿美元，同比2017年增加13.11%，增幅略有减少，占全国商品进口额的 3.92%。林产品贸易逆差约为21多亿美元（图4-2）。

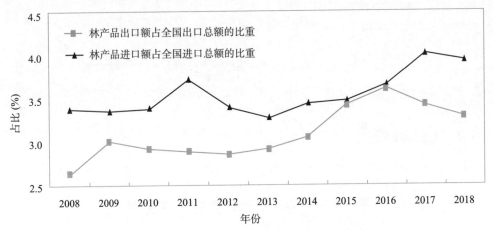

图4-2　2008—2018年林产品进出口额占全国进出口总额的比重

林产品进出口贸易中木质林产品仍占绝对比重。2018年，林产品出口额和进口额中，木质林产品占比分别为75.07%和71.03%（图4-3）。

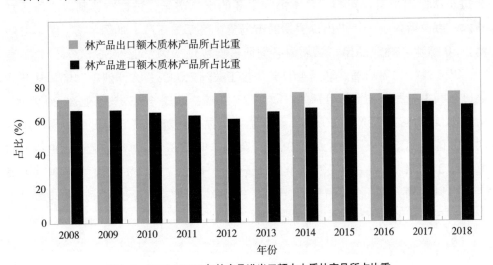

图4-3　2008—2018年林产品进出口额中木质林产品所占比重

（二）中国木质林产品贸易现状

2005—2018年，我国木质林产品贸易发展势头良好。2018年木质林产品贸易总额以及进出口总额再创新高。2018年我国木质林产品贸易顺差进一步缩小（图4-4）。

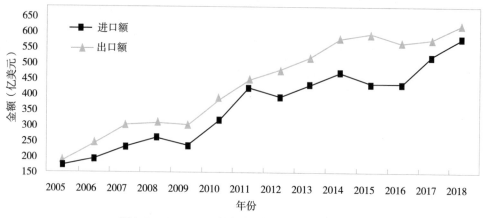

图4-4　2005—2018年木质林产品进出口额变化情况

2018年木质林产品贸易仍然以亚洲、北美洲和欧洲市场为主。出口市场中，除亚洲出口总额略有减少外，其它大洲出口总额增长较为明显；进口市场中，北美洲进口总额减少较为明显，南美洲和大洋洲进口总额涨幅较大。从主要贸易伙伴国来看，美国、日本仍为主要的出口市场，进口市场则以美国、加拿大、俄罗斯为主，但进出口贸易的市场集中度明显下降。如图4-5、图4-6所示，2018年，林产品出口总额中各洲所占份额依次为：亚洲36.50%、北美洲35.58%、欧洲17.14%、非洲4.01%、拉丁美洲2.03%、大洋洲4.74%。林产品进口总额中各洲所占份额分别为：欧洲25.25%、北美21.39%、亚洲20.26%、南美洲16.9%、大洋洲10.54%。从主要贸易伙伴看，前5位出口贸易伙伴依次是美国（31.3%）、日本（6.40%）、英国（4.95%）、澳大利亚（4.09%）和韩国（3.07%），共占49.81%的市场份额。前5位进口贸易伙伴分别为美国（14.24%）、俄罗斯（10.61%）、巴西（9.38%）、加拿大（8.94%）和印度尼西亚（6.53%），集中了49.7%的市场份额（表4-1）。

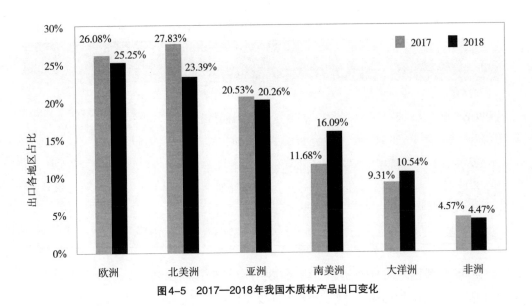

图4-5　2017—2018年我国木质林产品出口变化

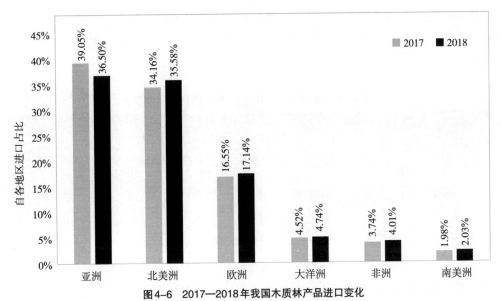

图4-6　2017—2018年我国木质林产品进口变化

表4-1　2018年我国木质林产品进出口贸易额排名前十的国家

国家	进口总额（亿美元）	占比（%）	国家	出口总额（亿美元）	占比（%）
美国	81.41	14.24	美国	188.15	31.30
俄罗斯	60.65	10.61	日本	38.46	6.40
巴西	53.62	9.38	英国	29.73	4.95

国家	进口总额 （亿美元）	占比（%）	国家	出口总额 （亿美元）	占比（%）
加拿大	51.09	8.94	澳大利亚	24.61	4.09
印度尼西亚	37.35	6.53	韩国	18.43	3.07
新西兰	28.44	4.98	加拿大	16.59	2.76
智利	25.01	4.37	德国	14.28	2.38
泰国	19.64	3.44	马来西亚	14.06	2.34
日本	19.33	3.38	越南	13.31	2.21
澳大利亚	18.13	3.17	新加坡	13.05	2.17

2018年我国木质林产品进口额为582.7亿美元，同比增长10.8%，约占全部林产品进口总额的68%。木质林产品进口额仍以木浆、原木、锯材、废纸、纸、纸板和纸制品、木片等为主，这6大类商品的进口额合计达533.9亿美元，约占木质林产品进口总额的91.63%。其中，木浆进口额同比增长28%，是木质林产品进口额上升的主要原因（表4-2）。

表4-2　2018年中国进口主要木质林产品情况

商品	进口量	同比（%）	进口额 （亿美元）	同比（%）	进口额比重（%）
木质林产品			582.7	10.8	
木浆（万t）	2469.09	4	196.85	28	33.78
锯材（万m³）	3635.58	−1.77	99.63	0.4	17.10
原木（万m³）	5974.9	7.9	109.84	10.7	18.85
废纸（万t）	1901.16	−60	47.47	−57.77	8.15
纸、纸板和纸制品（万t）	588.53	31	57.9	24	9.94
木片（万t）	1284.08	12.2	22.21	18.5	3.81
小计			533.9		91.63

废纸进口显著减少，原木进口增长明显，锯材则出现负增长，原木进口占比超过锯材。木质林产品的进口额比重从大到小依次是木浆33.78%、原木18.85%、锯材17.10%、纸、纸板和纸制品9.94%、废纸8.15%和木片3.81%，其它8.37%（图4-7）。

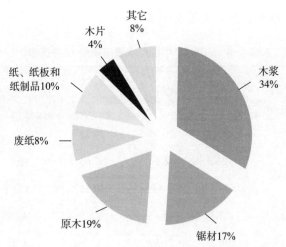

图4-7　2017—2018年我国木质林产品进口额占比

二、中国木质林产品进口现状

（一）原木

2018年全国共进口各类原木5974.9万m³，进口额109.84亿美元，同比分别增长了7.9%和10.7%。进口量同比增加416万m³。

其中，针叶原木进口量4159.7万m³，同比增长8.8%，占原木总进口量的69%；进口阔叶原木1815.2万m³，同比增长5.9%，占原木进口总量的31%（表4-3）。

表4-3　2018年中国原木进口情况

商品	进口量（万m³）	数量同比（%）	比例（%）	进口额（亿美元）	金额同比（%）
原木	5974.9	7.9		109.84	10.7
针叶原木	4159.7	8.8	69	57.86	12.6
阔叶原木	1815.2	5.9	31	51.98	9.7

新西兰依然是中国原木进口量第一大国，高达1436.7万m³，同比增长21%，中国从俄罗斯进口原木量位居第二，为1126万m³，同比减少6.93%。其它主要国家原木进口量见表4-4和图4-8。中国主要国家的原木进口量普遍上升，其中从乌拉圭进口原木增长迅猛，同比增长157%，其它进口来源国中新西兰、巴布亚新几内亚、日本等增速均在20%以上。加拿大、俄罗斯和澳大利亚进口同比减

少25.91%、6.93%和5.45%（表4-4）。

表4-4　2018年中国原木进口量前10个国家

序号	国别	原木进口量（万 m³）			原木进口额（亿美元）	
		2018 年	同比（%）	比例（%）	2018 年	同比（%）
1	新西兰	1436.7	20.97	29.22	24.51	27.77
2	俄罗斯	1126.5	−6.93	17.63	12.97	−7.33
3	美国	609.5	2.51	10.51	13.92	4.96
4	澳大利亚	495.3	−5.45	7.87	6.20	4.18
5	巴布亚新几内亚	288.2	21.59	5.89	8.04	34.97
6	所罗门群岛	278.1	0.19	4.69	5.50	14.05
7	加拿大	337.1	−25.91	4.20	4.84	−15.32
8	乌拉圭	83.6	156.95	3.61	2.74	165.27
9	赤道几内亚	105.6	17.20	2.08	3.43	27.48
10	日本	75.1	23.64	1.56	1.26	23.61

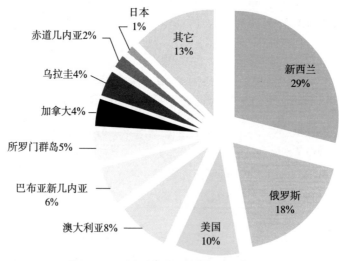

图4-8　2018年我国从不同国家进口原木占比

中国主要从新西兰（42%）、俄罗斯（19%）、美国（12%）、澳大利亚（10%）、加拿大（6%）进口针叶原木（图4-9）。

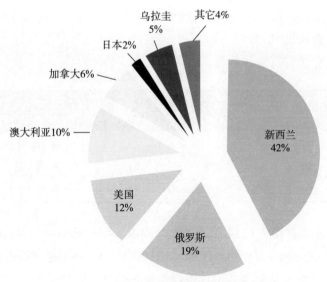

图4-9　2018年我国从不同国家进口针叶原木占比

中国主要从非洲（22%）、巴布亚新几内亚（19%）、俄罗斯（14%）、所罗门群岛（13%）、欧洲（12%）等国家和地区进口阔叶原木（图4-10）。

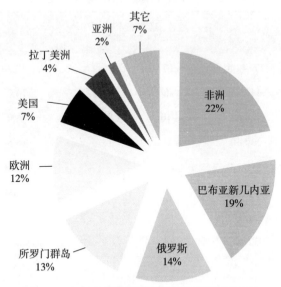

图4-10　2018年我国从不同国家进口阔叶原木占比

（二）锯材

2018年共进口各种锯材3674万 m³，同比减少1.7%（表4-5），进口额101.08亿美元，同比上升0.4%。其中，针叶锯材进口2488.1万 m³，同比减少

0.7%，占锯材总进口量的67%。阔叶锯材进口量1185.7万m³，同比减少4.0%，占锯材总进口量的33%。

表4-5　2018年中国锯材进口情况

商品	进口量（万m³）	同比（%）	比例（%）	进口额（亿美元）	金额同比（%）
锯材	3674	−1.7		101.08	0.4
针叶锯材	2488.1	−0.7	67	49.91	2.3
阔叶锯材	1185.7	−4.0	33	51.18	−1.4

中国主要从俄罗斯（1714.05万m³）、泰国（443.85万m³）、加拿大（428.62万m³）、美国（289.60万m³）、芬兰（116.22万m³）等国家进口锯材。进口排名前十的国家中，中国从乌克兰进口锯材量增长最快，猛增205%。从加蓬进口增长为38%，俄罗斯为10%，巴西为9%。从芬兰、瑞典和加拿大进口锯材同比分别减少了32%、22%和16%（表4-6）。

表4-6　2018年中国锯材进口前10个国家

序号	国别	进口量（万m³）	同比（%）	比例（%）	进口额（亿美元）	同比（%）
1	俄罗斯	1714.05	10	47	32.70	10
2	泰国	443.85	−8	12	14.07	−8
3	加拿大	428.62	−16	12	9.56	−7
4	美国	289.60	−10	8	16.51	−3
5	芬兰	116.22	−32	3	2.98	−24
6	智利	72.54	4	2	1.86	9
7	瑞典	71.07	−22	2	1.83	−11
8	加蓬	57.40	38	2	3.04	32
9	乌克兰	45.94	205	1	0.98	178
10	巴西	40.12	9	1	1.08	18

进口针叶锯材的国家以俄罗斯（1567.35万m³）和加拿大（417.44万m³）两国为主，俄罗斯针叶锯材进口量同比增长了9.7%，进口加拿大、芬兰、美国和瑞典的针叶锯材数量出现大幅下降。其中，俄罗斯针叶锯材占进口占比不断攀升，

而来自加拿大的针叶锯材占比不断下降。前10个中国进口针叶锯材国家及比重如图4-11所示。

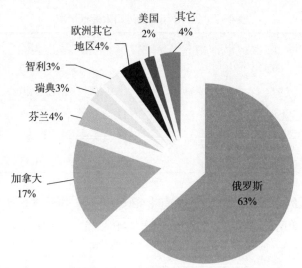

图4-11 2018年我国从不同国家（地区）进口针叶锯材占比

阔叶锯材的主要进口国家分别是泰国（442.23万m³）、美国（231.56万m³）、俄罗斯（145.74万m³）、欧洲（97.39万m³）等国家和地区，分别同比增长–8.2%、–10.3%、12.3%和6.5%，所占比重如图4-12所示。

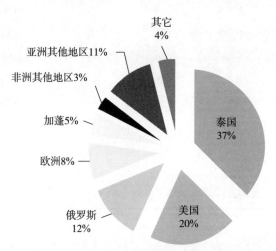

图4-12 2018年我国从不同国家进口阔叶锯材占比

（三）人造板

2018年中国进口各类人造板160.41万t，进口额6.45亿美元，同比分别增长

13%和7%。单板进口量同比增长29%，刨花板进口量同比增长2，纤维板进口量同比增长8%，胶合板同比减少11%（表4-7）。

表4-7 2018年中国进口人造板情况

品类	进口量（万t）	同比（%）	比例（%）	进口额（亿美元）	同比（%）
人造板	160.41	13		6.45	7
胶合板	9.56	−11	5.9	1.20	−6
纤维板	19.02	8	11.85	1.41	5
刨花板	60.18	2	37.51	2	6
单板	71.64	29	44.66	1.85	23

进口人造板的主要国家依次是越南（42.59万t）、泰国（30.79万t）、马来西亚（22.25万t）和俄罗斯（19.52万t）（表4-8），前10个国家的人造板进口量占总量的89%。

表4-8 2018年中国进口人造板前10个国家

序号	国别	进口量（万t）	同比（%）	比例（%）	进口额（亿美元）	同比（%）
1	越南	42.59	13	27	0.52	14
2	泰国	30.79	42	19	0.65	23
3	马来西亚	22.25	4	14	0.70	−1
4	俄罗斯	19.52	8	12	0.80	15
5	德国	8.01	−0.4	5	0.69	3
6	巴西	5.47	46	3	0.21	60
7	新西兰	4.41	7	3	0.20	12
8	加拿大	4.14	−22	3	0.21	−14
9	印度尼西亚	3.67	2	2	0.27	−5
10	意大利	2.60	32	2	0.30	41
	总 计	160.41	13	100	6.45	77

（四）木浆和废纸

1. 木浆

2018年中国进口木浆2469万t，进口金额197亿美元，分别增长了4%和28%。主要从巴西（27%）、加拿大（17%）、印度尼西亚（12.08%）和智利

（9.96%）等国进口（图4-13）。我国从越南和马来西亚进口木浆呈现迅猛增长，来自欧洲的木浆进口则出现大幅下滑。

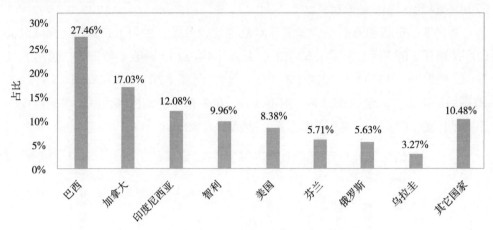

图4-13　2018年我国从不同国家（地区）进口木浆占比

2. 废纸

2018年共进口各种废纸1901万t，进口额47亿美元，同比分别下降60%和57%。由表4-9可见，2018年进口废纸前10个国家均较上年出现了大幅下降。

表4-9　2018年中国进口废纸前10个国家（地区）

序号	国别	进口量（万t）	同比（%）	比例（%）	进口额（亿美元）	同比（%）
1	美国	640	−65	34	16	−63
2	日本	275	−48	14	7	−46
3	英国	210	−59	11	5	−57
4	荷兰	74	−63	4	2	−61
5	中国香港特区	73	−51	4	2	−47
6	意大利	70	−56	4	2	−54
7	澳大利亚	59	−56	3	2	−52
8	加拿大	48	−75	3	1	−71
9	西班牙	45	−62	2	1	−60
10	韩国	40	−56	2	1	−60
	总　计	1901	−60	100	47	−58

（五）纸、纸制品和印刷制品

2018年全国共进口各种纸、纸板和纸制品588万t，同比增长31%；进口额57.90亿美元，同比增长24%。

进口纸、纸板和纸制品的国家相对来说比较分散，主要来自美国（96万t）、印度尼西亚（95万t）、瑞典（57万t）、日本（44万t）、韩国（43万t）、越南（42万t）、俄罗斯（30万t）、印度（21万t）、澳大利亚（20万t）和泰国（19万t），10国的进口量占总量的80.3%（图4-14）。排名前十的国家中，同比增长最快的国家是印度（608%）、越南（120%）、加拿大（80%）。

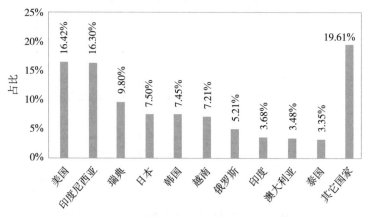

图4-14　2018年中国进口纸、纸板和纸制品主要国家

（六）木片

2018年中国进口木片1284万t，进口金额22.6亿美元，同比分别增长12%和18%。主要从越南（47%）、澳大利亚（32%）、智利（9%）、泰国（5.75%）和巴西（2.64%），从上述5国进口木片占总进口量的95%（图4-15）。

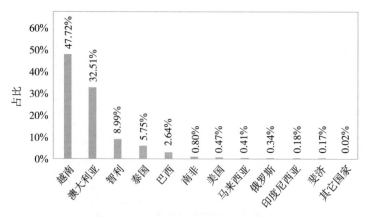

图4-15　2018年中国进口木片主要国家

（七）木家具

2018年全国共进口各类木家具1160万件，同比增长26%，进口额12.15亿美元，同比增长5.6%。按照进口额计算，主要家具进口国家为意大利（26%）、越南（18%）、德国（14%）和波兰（9%），4国进口额约占总进口额的65%。进口额同比增幅较大的是马来西亚、德国和意大利，分别大幅上升了84%、43%和22%；而泰国、斯洛伐克和美国分别减少了21%、19%和10%（表4-10）。

表4-10　2018年中国进口家具情况

序号	国别	进口额（万美元）	金额同比（%）	占比（%）	进口单价（美元/套）
1	意大利	41698	14.17	34	288
2	越南	18087	−1.6	14	72
3	德国	16393	−16.28	13	205
4	波兰	8077	1.36	6	35
5	马来西亚	5242	46.78	4	1181
6	立陶宛	4530	24.20	3	115
7	泰国	3428	−0.73	2.8	41
8	印度尼西亚	3420	17.41	2.8	49
9	美国	3314	−17.45	2.7	27
10	老挝	1791	38.99	1.4	77
总　计		121534	5.67	100	87

三、中国进口非法采伐高风险木质林产品现状分析

（一）估算方法

国际上对于非法采伐及相关贸易规模的估算有很多种方法，主要包括贸易数据差异分析法、木材平衡分析法和导入源分析。其中，贸易数据差异法的核心思想是根据进口国和出口国数据的差额来确定风险木材的规模，而木材平衡分析法是根据某个国家木材投入和产出差额来估算风险木材的规模。

本文采用导入源分析法来估算中国进口木材产品中高风险非法采伐木材（以下简称高风险木材）的规模。其核心方法是用官方报告的贸易量乘以来源国非法采伐的份额来得出高风险木材的规模。

为了对研究问题略作简化，本研究设定了一些假设条件：①来自一个国家的

所有木材产品的高风险比率相同，等于该国的非法采伐的比率；②所有出口至中国的林产品均源自该国的森林，即未考虑部分通过转口贸易或加工再出口至中国的木材产品。

基于本研究所选择的估算方法和上述假设，中国进口高风险材比例的计算公式如下：

$$进口高风险木材比例 = \frac{\sum\left(\begin{array}{c}i\text{国出口至我国木材产品的原木当量} \times \\ i\text{国非法采伐份额估值}\end{array}\right)}{我国当年进口主要木材产品的原木当量} \times 100\%$$

由上述公式可以看出，中国进口高风险木材比例的主要决定因素取决于从来国进口木材产品的原木当量和该国非法采伐份额的估计值。

为了更全面、更真实地反映中国进口木质产品中高风险产品的总比例，需要将所有木质产品转化为原木当量（round wood equivalent，RWE）。将使用英国皇家事务所采用的转化系数（表4-11），将选取的主要贸易国家的所有木质产品转化为等值的原木量。

表4-11 木质林产品原木当量转化系数

商品	数值	转换单位	商品	数值	转换单位
原木	1	m^3/m^3	木制品	3.5	m^3/t
锯材	1.8	m^3/m^3	木家具	2.8	m^3/t
单板	2.53	m^3/t	木片	1.5	m^3/t
刨花板	3.5	m^3/t	木浆	4.5	m^3/t
纤维板	2.5	m^3/t	废纸	3.5	m^3/t
胶合板	3.53	m^3/t	纸和纸板	3.5	m^3/t

来源：英国皇家事务所

全世界有很多学者和组织估算过全球非法采伐及其相关贸易的份额。国际刑警组织（2012）估算了全球非法采伐的比例范围；Seneca Creek Associates（2004）利用木材进口流动以及在主要木材生产国采访的方式评估了部分国家的非法采伐比例；英国查塔姆研究所（2015）使用了包括木材平衡分析法、导入源分析法以及专家咨询等多种方式对世界主要木材生产国的非法采伐比例进行了分析；Turner（2007）对全世界范围内的非法原木比例进行了估计，估计的比例按照低、最可能和高来估计。通过比较发现，查塔姆研究所2015年估计的数据与Turner（2007）相比较没有太大变化。基于上述原因，本研究主要采用Turner对世界非法采伐比例的估算结果，部分国家采用查塔姆研究所在2015年的评估成果，具体核算时应用其中的最可能值进行估算（表4-12）。需特别说明的是，各国际组织和国家对非法采伐的定义和估算结果各不相同，认可程度不一，中国也未认可相关的数据，研究方法中假设条件及未对树种和森林类型进行区分等限制都会造成实际结果的偏差，本研究仅从学术角度引用相关数据对我国高风险木材的概况进行分析，不代表任何机构或国家的观点。

表4-12　全球非法采伐份额的估值

地区/国家		低	最可能值	高
大洋洲	澳大利亚	0	0	0
	新西兰	0	0	0
	大洋洲其它国家	50	75	80
亚洲	日本	0	0	0
	韩国	12	17	23
	新加坡	12	17	23
	马来西亚	3	5	35
	泰国	12	17	23
	越南	12	17	23
	亚洲其它国家	12	17	23
欧洲	俄罗斯	10	18	40
	欧盟十五国*	0	0	0
	其它欧盟国家	7	10	13
美洲	北美	0	0	0
	巴西	13	19	25
	其它拉丁美洲	6	8	11
非洲	西非和中非	20	30	40
	非洲其它国家	0	3	5

数据来源：作者根据相关论文和资料整理；

欧盟15国（2015年）包括：法国、德国、英国、意大利、西班牙、葡萄牙、奥地利、爱尔兰、比利时、丹麦、芬兰、希腊、卢森堡、荷兰、瑞典。

（二）高风险木质林产品的规模与来源

根据木质林产品进口导入源分析的结果，中国2018年进口木质林产品中，高风险木质林产品的原木当量5482.75万m³，占中国进口木质林产品的比例为16.01%（表4-13）。涉及金额约为97.62亿美元，占木质林产品进口总额的16.84%。其中，排名前三位的国家分别是：巴西、印度尼西亚、俄罗斯，约占我国高风险原木当量的67%。泰国位居第四位，但由于近年来我国进口的大都为橡胶木，并非来源于该国非法采伐木材的来源地，因此在计算中有一定的偏差。一些非法采伐问题严重的国家如巴布亚新几内亚、所罗门群岛、加蓬、喀麦隆等热带国家以及智利等南美国家虽然出口至我国木质林产品总量较小，但仍然是中国主要高风险木材的来源国。

表4-13　中国进口国高风险产品原木当量和占比

国家/地区	进口原木当量（万m³）	占进口原木当量比重（%）	高风险原木当量（万m³）	占高风险原木当量比重（%）
巴西	3244	9.47	1622	29.58
印度尼西亚	1934	5.65	1160	21.17
俄罗斯	4953	14.46	891	16.26
泰国	1194	3.49	478	8.71
巴布亚新几内亚	352	1.03	246	4.49
越南	1280	3.74	218	3.97
所罗门群岛	279	0.81	209	3.82
智利	1442	4.21	115	2.10
加蓬	105	0.31	73	1.34
喀麦隆	101	0.29	66	1.20
其它国家	19369	56.00	404	7.00
世界综合	34262	100	5482	100

（三）进口木质林产品的高风险木材比例

根据计算结果，中国进口的所有木质林产品中，高风险木材比例相对较高的产品有木制品（51.85%）、刨花板（29.74%）、胶合板（26.34%）、木浆（23.83%）。高风险比例相对较低的产品有废纸（0.62%）、纤维板（9.29%）（图4-16）。

高风险产品的比例与我国进口结构有关。以木制品为例：中国2018年进口木制品排名前三的国家分别是印度尼西亚、俄罗斯和越南，其中仅从印度尼西亚一国进口的木制品占当年中国进口木制品的77.8%。并且印度尼西亚非法采伐较为严重，世界银行（2016）认为印度尼西亚非法采伐比例高达70%~80%，英国查塔姆研究所认为印度尼西亚非采比例为60%。因此，进口木制品高风险比例明显高于其它产品主要是由于木制品进口市场集中在印度尼西亚。中国进口废纸的高风险比例仅为0.62%，进口废纸的国家主要是美国、日本、英国等发达国家，因此高风险比例较小。

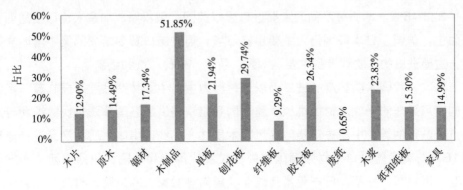

图4-16　2018年中国进口木质林产品高风险比例

（四）进口木质林产品的高风险贡献率

从产品角度来看，对中国高风险木材贡献较高的集中在初级木材产品，其中木浆占48.30%、锯材占20.69%，原木占15.72%（图4-17）。而深加工木材产品不管是进口占比，还是高风险贡献率都很低。这是由中国木质林产品的供需结构和产业结构决定的，中国是木材加工和贸易大国，全面禁止天然林商业性采伐使得木材和造纸产业面临巨大的原材料供给缺口，因此对原材料的进口依存度很高，而对深加工产品的进口需求很低。

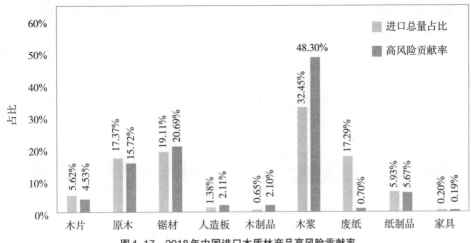

图4-17　2018年中国进口木质林产品高风险贡献率

四、小结

从上文分析得出两个主要结论：

首先，我国林产品贸易势头良好，进出口总额屡创新高。2004—2018年中国林产品进出口贸易总额增加了334.55%，其中进口额增长了345.94%，出口额增长了323.45%。木质林产品的主要进口国以美国、俄罗斯、加拿大、印度尼西亚等为主，美国、日本等国仍为主要出口市场，但进出口贸易市场的集中度明显下降；主要进口的木质林产品主要是木浆、原木、锯材、纸和纸制品。

其次，我国木质林产品进口仍以原材料为主，中国林产品贸易面临着一定比例的高风险非法采伐木材的挑战。基于国际组织提供的各国非法采伐数据和导入源方法进行估算，中国进口疑似高风险木质林产品约占中国木质林产品进口总量的16%；高风险进口木材来源国集中在欠发达国家和地区，包括巴西、印度尼西亚、俄罗斯、泰国、巴布亚新几内亚、越南等国家；高风险木材及产品以木浆（52%）、锯材（21%）和原木（16%）等初级木材产品为主。作为应对，近年来我国木材产品进口来源国结构不断调整，进口市场正从高风险国家部分转移至欧美发达国家。

第五章

中国加强进口木材合法性管理的影响分析

中国加强进口木材合法性管理将对中国和世界的林产品贸易产生深远的影响。本部分基于全球贸易分析模型（global trade analysis project，GTAP）并借助政策情景分析方法预测不同政策组合对我国林产品贸易的经济层面潜在影响，同时对相关政治、社会和环境影响也做了简要分析。

一、研究方法

（一）分析模型的选择

本研究采用定性分析和定量分析相结合的方法，对林产品贸易的价格、产量、贸易流向、福利变化等经济影响将采用GTAP模型进行定量化研究，而对其它政治、环境和社会层面影响主要采用定性分析的方法。

一般均衡模型能够描述不同国家和地区的供给和需求决策对特定商品和要素价格的作用机制。在一般均衡模型中，所有商品和要素的数量和价格都同时内生决定，因此，一般均衡模型按一致方式考虑了整个经济的相互作用，可以推测几种潜在的政策变化造成的影响。

为了能更好地契合本研究的目的，本文选择全球贸易分析模型作为政策模拟工具。GTAP是基于可计算一般均衡（computable general equilibrium，CGE）框架和微观理论，以全球视角分析政治、环境以及经济冲击的政策模拟工具。

GTAP模型的内部结构和运作机理如图5-1所示，其基本假设和运作原理描述如下：

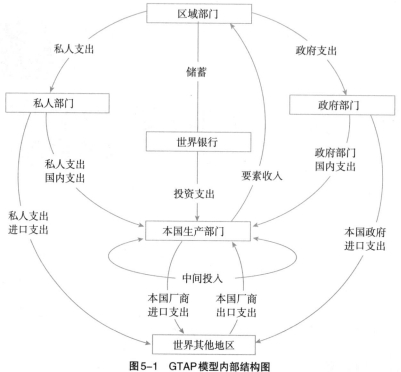

图5-1　GTAP模型内部结构图

GTAP模型假设全球贸易市场处于完全竞争状态，即达到瓦尔拉斯一般均衡，所有市场均出清。

GTAP模型中包含五种生产要素，即土地、熟练劳动力、非熟练劳动力、资金和自然资源，在短期内只有劳动力可变，在长期资本也可变。

GTAP模型的行为主体包括家庭、厂商和政府。三个行为主体根据不同的效用函数来选择最优的商品消费组合，其中商品又分为国内商品和进口商品。并且根据阿明顿假设，国内生产的产品与国外进口产品不可完全替代，并且不同国家生产的同种商品也不可以完全替代。

GTAP模型中的收入主要来自劳动、资本等要素收入，以及各项税收（包括进出口的关税），经过效用函数以固定的方式分配，用于家庭和政府消费以及储蓄。

GTAP模型中设计了一个全球性的银行（或称为区域加计部门），这个部门负责全球不同区域的投资和储蓄行为，从而储蓄率在全球范围内应该是单一的和统一的。

GTAP模型中还存在一个统一的全球运输部门来连接全球的双边贸易，其主要是用来平衡双边贸易中的FOB价格（商品离岸价格）和CIF价格（商品到岸价格）之间的巨大差异。

目前全球主流合法木材贸易法规均较为倾向于使用GTAP模型来模拟分析相关法规出台可能带来的潜在经济效益影响以支持政府决策，如Canberra（2012）利用GTAP模型模拟分析澳大利亚出台非法木材禁令的成本和效益，Francesco Bosello（2013）等人利用GTAP模型模拟了欧盟木材法案出台后的经济和环境影响。

（二）数据处理

本文采用美国普渡大学Gtapagg10数据库，该数据库包括以2014年为基年的全世界多区域投入产出表，涉及140多个国家和地区、57个部门。根据研究的需要，本文对区域和行业进行了加总和归并，同时根据目前国际通用的木材合法性合规选项以及我国法规拟覆盖的林产品范围作为不同的政策组合来模拟不同的场景。

1. 地区划分

为了适应本研究的需要，本文将中国进口木材和木制品的主要国家和地区分为高风险国家和低风险国家，未进口木材的国家列为其它国家。Seneca Creek Associates（2004）研究发现，一个国家疑似非法采伐木材的数量与其腐败程度有着明显的正相关关系。根据国际透明组织发布的清廉指数，通常将清廉指数得分低于50的国家视为高风险国家，主要包括俄罗斯、印度尼西亚、巴西、巴布亚新几内亚、所罗门群岛、哥伦比亚、老挝、马来西亚、菲律宾、泰国、越南、印度、喀麦隆、加纳、尼日利亚以及莫桑比克等，这些国家的非法采伐风险较高。而清廉指数得分高于50的国家列为低风险国家，主要包括美国、加拿大、新西兰、欧盟28国等，相对非法采伐的风险较低。需特别说明的是，各国、各组织针对非法采伐的认识并不相同，中国并不认同国际透明组织发布的清廉指数，对各国的非法采伐风险也未明确区分，本文只是出于研究的需要采用此标准进行分析。

2. 部门划分

在行业加总方面，本文将原数据库中57个行业部门分为6类，分别是农业、工业、林业以及服务业，其中林业又分为木材原材料（包括原木和锯材）、木材加工制品（包括所有的人造板、木制家具及其它木制品等）、纸和印刷行业。

3. 政策冲击的计算

本文将企业贸易成本的增加作为外生冲击变量，再根据产品覆盖范围和不同企业木材合法性合规选项作为政策情景组合来模拟不同的场景。企业选择的合规选项不同，花费的成本在实际操作中差异很大。本研究主要借鉴澳大利亚经济研究中心（CIE，2010）的数据，该中心根据热带木材组织（ITTO）的数据以及咨询利益相关方得出了不同合规选项下高风险国家和低风险国家企业成本的变化数据。其中高风险（发展中）国家的生产商不同合规选项的成本（以出口离岸价占比表示）为：森林认证—10%；合法性验证—5%；自我声明—1%；低风险国家的出口商的合规成本为（以出口离岸价占比表示）：森林认证—0.1%；合法性验证—0.1%；自我声明—0.025%。

在此借鉴其研究成果，并且根据不同产品覆盖范围占中国进口量的比重（联合国贸易数据库，2014）来计算不同政策场景下冲击变量的值。为了更好地贴近现实，本文采用贸易条件的便利程度来模拟木材合法性贸易法规这一"非关税壁垒"，并假设只有中国单方面采取行动。

（三）政策场景设计

1. 企业合规选项

从国际上来看，不同国家加强木材合法性管理的制度和措施各不相同，发达国家如欧盟、美国、澳大利亚、日本、韩国等纷纷出台强制性贸易法规，要求企业对木材来源的合法性开展尽职调查或履行应尽的注意义务，而非法采伐风险较高如印度尼西亚、加蓬等木材生产国在欧盟的支持下，签署合作伙伴协议（VPA），发展了强制性的木材合法性保障体系（TLAS），要求所有国内生产的木材和木制品需经过第三方的合法性验证。中国加强进口材合法性管理的政策选项还在讨论之中，包括行业自律、政府发布指导意见或强制性法规等，本文假设我国发布强制性的法规政策，要求企业采取措施，保证只进口来源合法的木材。

根据国际贸易法规和国内法规政策有关合法性的要求，企业可以采取不同的合规途径，包括企业自我声明、合法性验证、第三方的可持续性森林认证等。企业使用这些工具来指导采购决策，评估产品可能来自非法采伐木材来源的潜在风险。

（1）自我声明

企业要求木材来源合法，供应商提供所采购木材产品的合法性证据，并自行开展必要的核查。

（2）合法性验证

企业要求木材来源合法，木材采伐、加工生产和运输均遵守了所在国的相关法律，所有的木材来源均经过该国或第三方机构有关木材合法性验证体系的验证。

（3）森林认证

企业要求所有采购的木材及木制品需通过第三方认证机构开展的森林认证，

证明所有的木材来源于得到可持续管理的森林。森林认证是一种可持续性的认证，其标准包括了环境、社会和经济方面的要求，合法性是森林认证标准的最低要求，并且各体系建立了产销监管链追踪与认证体系，因此总体可以满足合法性的要求。

2. 产品覆盖范围

各国的木材合法性贸易法规所管制的产品范围不一，相对而言美国、欧盟、澳大利亚等法规涵盖的产品范围更广。美国《雷斯法案修正案》等木材合法性法规采用了分阶段引入产品覆盖范围，以使进口商及其供应商能够遵守新的监管要求。考虑我国未来法规的可能覆盖范围和不同阶段，根据木制品的不同类别及供应链的复杂程度，在参考美国等法规的基础上提出了我国合法性管理政策的三类产品覆盖范围（表5-1），作为政策模拟的选项。

表5-1　我国木材合法性法规产品覆盖范围分类

第一类	第二类	第三类
44： 4401（薪材及木片） 4403（原木） 4404（木劈条） 4406（铁道及电车道枕木） 4407（锯材） 4408（装饰木板、单板） 4409 4417（木工具、工具手柄、扫帚手柄） 4418（建筑及木工用木材）	第一类叠加以下产品： 44： 4405（木丝刨花） 4410（刨花板） 4411（纤维板） 4412（胶合板、单板饰面板及类似的多面板） 4413（浸渍木） 4414（木框） 4415（木箱、木盒） 4416（木桶） 4419（木质餐具和厨具） 4420（木质镶饰、木匣、木雕） 47： 4701（机械木浆） 4702（化学溶解木浆） 4703（硫酸盐木浆） 4704（亚硫酸盐木浆） 4705（机械化学木浆）	第二类叠加以下产品： 4421（其它木制品） 48： 4801（新闻纸） 4802（未经涂布的书写纸） 4803（卫生纸、面巾纸） 4804（未经涂布的牛皮纸） 4805（其它未经涂布的纸及纸板） 4806（植物羊皮纸等） 4807（复合纸及纸板） 4809（经涂布的纸和纸板） 4810（经涂布的纸和纸板） 4811（除4803、4809及4810外经涂布的纸等） 94： 940169（带木框架坐具） 940330（办公用木家具） 940340（厨房用木家具） 940350（卧室用木家具） 940360（其它木家具） 940370（木家具部件）

注：数字均为海关HS编码。

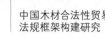

3. 政策情景组合

为了更好地比较不同政策效果，本文结合不同的合规选项和产品覆盖范围组成了9种不同的政策情景组合。如图5-2所示，其中纵向代表企业的不同合规选项，自上而下分别是自我声明、合法性验证和森林认证，所对应的企业合规成本逐渐增加。横向为产品覆盖范围，从左到右为第Ⅰ类、第Ⅱ类和第Ⅲ类，表示政策所覆盖的木质林产品逐级增加。根据不同的情景选取不同的冲击变量来模拟不同政策情景下的冲击结果。

产品覆盖范围逐渐增加 →

合规途径	产品覆盖范围		
	第一类	第二类	第三类
自我声明			
合法性验证			
森林认证			

合规途径要求逐渐升高 ↓

图5-2　政策情景组合

二、对中国林产品贸易的影响

（一）中国木质林产品进口

1. 进口木材价格

中国出台木材合法性管理办法，势必对国内市场造成冲击，国内市场进口木质林产品的价格将会相应上升。图5-3展示了不同政策情景下，我国进口原木市场价格的变化情况。如管理规定仅包括第一类产品范围，采用自我声明、木材合法性验证和森林认证的合规途径，进口木材的市场价格将分别增加0.52%、2.48%和4.89%，木材加工制品分别增加0.46%、2.16%和4.00%，纸制品则无明显变化；采用第二种产品范围，进口木材的市场价格将分别增加0.51%、2.45%和4.84%，木材加工制品分别增加约0.48%、2.43%和4.11%，纸制品则分别增加约0.19%、0.88%和1.62%；采用第三种产品范围，进口木材的市场价格将分别增加0.51%、2.45%和4.83%，木材加工制品分别增加约0.50%、2.35%和4.31%，纸制品则分别增加约0.21%、0.97%和1.76%。根据模型预测结果，随着不同合规途径成本的增加和产品范围的扩大，中国木质林产品的市场价格也随之升高。

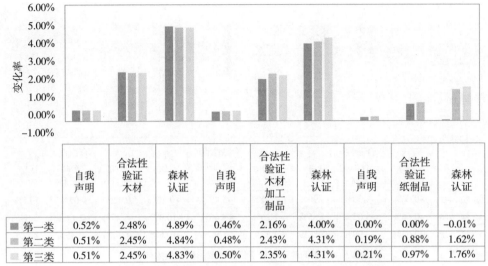

	自我声明	合法性验证木材	森林认证	自我声明	合法性验证木材加工制品	森林认证	自我声明	合法性验证纸制品	森林认证
■ 第一类	0.52%	2.48%	4.89%	0.46%	2.16%	4.00%	0.00%	0.00%	−0.01%
■ 第二类	0.51%	2.45%	4.84%	0.48%	2.43%	4.31%	0.19%	0.88%	1.62%
□ 第三类	0.51%	2.45%	4.83%	0.50%	2.35%	4.31%	0.21%	0.97%	1.76%

图5-3　不同政策情景下我国进口木质林产品市场价格变化

（注：根据GTAP模拟结果整理）

然而，GTAP模型的模拟结果可能低估了合法性管理办法的出台对市场的进口端供给和价格冲击。这有以下两个方面的原因：首先，模型并没有将合法木材和非法木材加以区分，事实上非法木材对我国政策措施的敏感程度将显著高于合法木材；其次，模型也无法真实模拟现实中林产品之间的替代。例如，由于热带材特殊的属性和用途，在法规出台后的短期内，我国木材加工商难以在短时间内找到合适的替代材种。因此，现实中高风险国家的木材价格或许会面临更剧烈的冲击，这是模型本身无法体现的。

2. 进口量

图5-4展示了不同政策情景下我国木质林产品进口总量的变化。①在企业自我声明的合规条件下，随着产品范围的增加，我国木材进口总量变动为−0.66%、−0.64%、−0.63%；木材加工制品进口总量变动为−1.21%、1.25%、1.33%；纸制品进口总量变化为0.02%、−0.47%、−0.52%。②在企业采用合法性验证的合规条件下，木材进口量变化情况为−3.10%、−3.02%、−2.98%；木材加工制品进口量变化为−5.49%、−5.66%、−5.98%；纸制品进口变化量为0.07%、−2.14%、−2.35%。③在采用森林认证的合规条件下，我国木材进口量变化为−5.99%、−5.85%、−5.80%；木材加工制品进口变化量为−9.80%、−10.07%、−10.57%；纸制品进口量变化为0.14%、−3.89%、−4.22%。随着不同合规途径成本的增加和产品范围的扩大，对我国木质林产品的进口影响也增大。

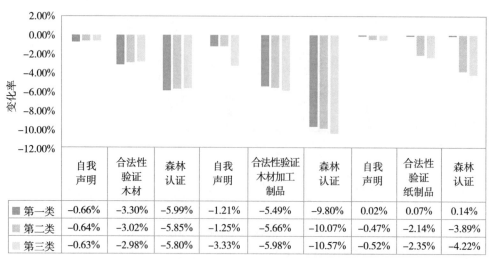

	自我声明	合法性验证木材	森林认证	自我声明	合法性验证木材加工制品	森林认证	自我声明	合法性验证纸制品	森林认证
■ 第一类	−0.66%	−3.30%	−5.99%	−1.21%	−5.49%	−9.80%	0.02%	0.07%	0.14%
■ 第二类	−0.64%	−3.02%	−5.85%	−1.25%	−5.66%	−10.07%	−0.47%	−2.14%	−3.89%
■ 第三类	−0.63%	−2.98%	−5.80%	−3.33%	−5.98%	−10.57%	−0.52%	−2.35%	−4.22%

图5-4 不同政策情景下我国木制品进口量的变化

3. 进口来源与产品

图5-5显示了不同政策情景下，高风险国家出口至我国木质林产品的变化百分比。以第一类产品范围为例，①如企业采用自我声明的合规方式，从高风险国家进口木材、木材加工制品及纸制品将分别减少1.87%、4.39%和0.07%；②如企业采用合法性验证的方式，我国从高风险国家进口木材、木材加工制品及纸制品将分别减少9.88%、21.32%和0.35%；③如企业采用森林认证的方式，我国从高风险国家进口木材、木材加工制品及纸制品将分别减少20.42%、40.37%和0.70%。而随着产品范围的扩大，我国从高风险国家进口的木制品减少幅度更大，特别是纸制品。

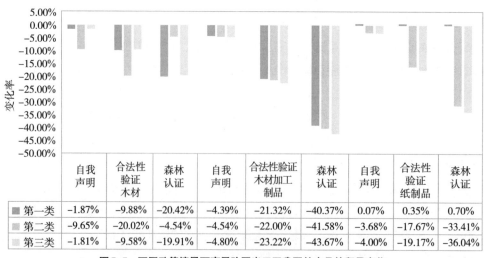

	自我声明	合法性验证木材	森林认证	自我声明	合法性验证木材加工制品	森林认证	自我声明	合法性验证纸制品	森林认证
■ 第一类	−1.87%	−9.88%	−20.42%	−4.39%	−21.32%	−40.37%	0.07%	0.35%	0.70%
■ 第二类	−9.65%	−20.02%	−4.54%	−4.54%	−22.00%	−41.58%	−3.68%	−17.67%	−33.41%
■ 第三类	−1.81%	−9.58%	−19.91%	−4.80%	−23.22%	−43.67%	−4.00%	−19.17%	−36.04%

图5-5 不同政策情景下高风险国出口至我国林产品的贸易变化

根据模型预测结果，低风险国家将会增加对我国的林产品的出口，如图5-6所示。以第一类产品范围为例，企业选择自我声明条件下，从低风险国家进口木材和木制品将分别增加1.30%、1.71%；企业选择合法性验证条件下，从低风险国家进口木材和木制品将分别增加约6.30%、8.28%；企业选择森林认证的产品，从低风险国家进口木材和木制品将分别增加约12.82%、16.18%；纸制品的变化不大。随着产品范围的扩大，从低风险国家进口木材和木制品增加幅度不大，但纸制品增加5%以上。

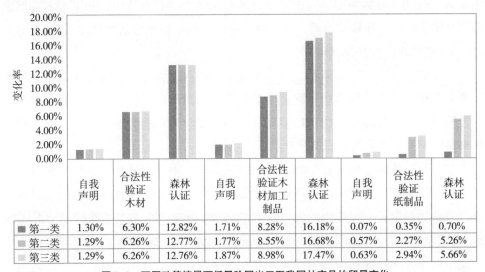

	自我声明	合法性验证木材	森林认证	自我声明	合法性验证木材加工制品	森林认证	自我声明	合法性验证纸制品	森林认证
第一类	1.30%	6.30%	12.82%	1.71%	8.28%	16.18%	0.07%	0.35%	0.70%
第二类	1.29%	6.26%	12.77%	1.77%	8.55%	16.68%	0.57%	2.27%	5.26%
第三类	1.29%	6.26%	12.76%	1.87%	8.98%	17.47%	0.63%	2.94%	5.66%

图5-6 不同政策情景下低风险国出口至我国林产品的贸易变化

根据模型预测结果，企业采取任何针对进口材合法性的合规机制都会造成我国从高风险国家木制品进口量的减少，而从低风险国家木制品进口量的增加。

从实践来看，因欧美等国木材合法性贸易法规的传导性，我国的木材进口结构已发生了变化。以原木为例，从2008年到2018年，我国从全球进口原木增加一倍。2018年我国原木主要进口排名前20的国家中，从美国进口的原木增加了14倍，从新西兰进口增加8倍，从澳大利亚进口增加9倍，从加拿大进口增加11倍；而高风险国家中，从巴布亚新几内亚进口增加50%，从所罗门群岛进口增加1.4倍，从俄罗斯进口原木减少近50%。总体来看，我国从高风险国家进口的原木总量虽然仍有所增加，但其占我国总进口量的比例却在逐渐减少，我国高风险国家木材进口占比在2007年高达80%，2013年这一数字下降至45%，2018年已经降至40%以下。

我国加强进口木材合法性的管理将进一步改变木材来源的区域结构和材种结

构，未来木材原材料的进口在传统市场的基础上将更多增加低风险国家，进口来源地将愈加多元化。由于高风险国家是我国热带材和纸制品的来源国，低风险国家主要是温带材、木制品和纸制品的来源国，因此加强木材合法性管理将对我国热带木材及来自热带国家的木浆和纸产品的供应造成影响，而来自低风险国家的温带材、木制品和纸制品将增加。低风险国家有着更为稳定的政治、经济和社会环境，可降低我国木材进口的系统性风险，对低风险国家原木和锯材的进口是满足木材供给的同时有效满足市场合法性要求的两全手段。我国对进口木材的合法性要求，短期来看会使高风险国家出口至我国的木材有所减少，长期来看会促进高风险国家积极加强森林治理，改变政策条件以满足更多合法木材的出口。

4. 进口木材生产与消费

从具体进口木材用途来看，俄罗斯锯材以针叶材为主，价格适中，主要用于建筑业和重大项目工程。由于俄罗斯非法采伐的风险较高，因此，管理措施的出台在短期内将大幅减少中国对俄罗斯锯材的进口，价格将会出现上升。市场将寻找来自欧洲、北美的针叶材替代产品。

东南亚和非洲是中国热带硬木的主要来源国，中国对这些国家的原料依赖程度很大，没有更多的低风险来源替代选择。2000年以来，中国高价值硬木原木的进口数量飞速增长。以红木为例，2010年至2013年，红木进口量翻了两番从24万 m^3 增加至100万 m^3 以上。2017年，进口红木112.98万 m^3，涉及资金约十亿美元。由于硬木原材料供给主要集中在非法采伐风险较高的国家，中国加强进口木材合法性管理，将对国内热带硬木市场造成不小的冲击。短期内，由于供给的减少，将造成国内热带硬木市场的震荡，硬木价格将在短期内有较高的增长，并影响到以热带硬木为原料的下游产业，包括地板、家具行业等。在长期，也将影响以热带硬木为主要原料的消费。

另外，中国从巴西、加拿大、印度尼西亚和智利等国大量进口木浆，如果中国管理办法的产品范围包括纸制品，也将对中国纸产品的原料造成冲击，从巴西、印度尼西亚等高风险国家的木浆将减少，而来自加拿大、欧洲等国的木浆将增加。

总之，加强进口木材合法性管理，将会给中国相关林产品市场造成冲击。由于供给的减少，短期内价格可能出现一定程度的上升。尤其来自非洲以及东南亚国家的高价值热带硬木将遭受较为明显的冲击。

（二）中国木质林产品出口

近年来，中国木质林产品出口以木家具、木制品、人造板等产成品为主，出口额在全部林产品出口额中所占比重不断上升。总体而言，我国在国际林产品贸易市场中扮演着重要的加工国和消费国的双重身份。因此，我国加强进口木材的合法性管理将增加我国木材加工企业获取原材料的成本和难度，原材料价格的上升可能导致企业丧失部分价格优势，从而影响出口。由于中国出台了限制原木和锯材等初级产品出口的政策，相关出口量很少，因此不考虑相关政策出台对木材等初级产品出口的影响。

1. 木质林产品出口价格

图5-7反映了不同政策情景下，我国木质林产品出口价格指数变化的情况。①自我声明情景：随着产品范围的增加，木材出口价格指数约上升0.19%；木材加工制品上升约0.08%；纸制品为0.01%~0.02%。②合法性验证情景：木材出口价格指数上升0.91%~0.92%；木材加工制品上升0.36%~0.37%；纸制品上升0.03%~0.09%。③森林认证情景：木材出口价格指数上升1.77%~1.79%；木材加工制品上升0.67%~0.70%；纸制品上升0.06%~0.17%。

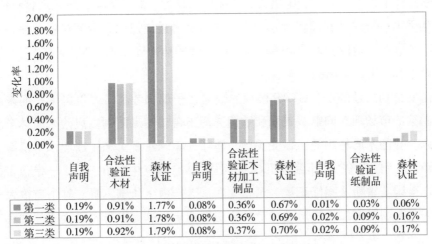

	自我声明	合法性验证木材	森林认证	自我声明	合法性验证木材加工制品	森林认证	自我声明	合法性验证纸制品	森林认证
■ 第一类	0.19%	0.91%	1.77%	0.08%	0.36%	0.67%	0.01%	0.03%	0.06%
■ 第二类	0.19%	0.91%	1.78%	0.08%	0.36%	0.69%	0.02%	0.09%	0.16%
■ 第三类	0.19%	0.92%	1.79%	0.08%	0.37%	0.70%	0.02%	0.09%	0.17%

图5-7　不同政策情景下我国出口价格变化

2. 木质林产品出口量

图5-8反映了不同政策情景下，我国木质林产品出口量变化的情况。①自我声明情景：随着产品范围的增加，原木出口量下降0.58%~0.61%；木材加工制品下降0.43%~0.46%；纸制品下降0.03%~0.12%。②合法性验证情景：随着产品范围的增加，原木出口量下降2.62%~2.75%；木材加工制品下降2.00%~2.13%；纸制品下降0.15%~0.53%。③森林认证情景：随着产品范围的增加，原木出口量下降4.89%~5.14%；木材加工制品下降3.73%~3.95%；纸制品下降0.28%~0.97%。

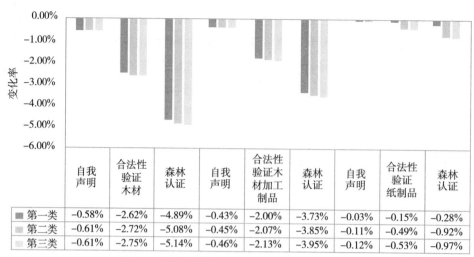

	自我声明	合法性验证木材	森林认证	自我声明	合法性验证木材加工制品	森林认证	自我声明	合法性验证纸制品	森林认证
第一类	−0.58%	−2.62%	−4.89%	−0.43%	−2.00%	−3.73%	−0.03%	−0.15%	−0.28%
第二类	−0.61%	−2.72%	−5.08%	−0.45%	−2.07%	−3.85%	−0.11%	−0.49%	−0.92%
第三类	−0.61%	−2.75%	−5.14%	−0.46%	−2.13%	−3.95%	−0.12%	−0.53%	−0.97%

图5-8　不同政策情景下我国木质林产品出口量变化

从总体上来看，由于我国出口的产品以木材加工制品为主，原木和锯材很少，因此加强木材合法性管理将对我国出口的木制品造成影响，主要包括以热带硬木为原料的家具、地板和人造板等产品。由于我国热带硬木的主要产品在国内消费，因此对于我国出口市场的影响有限。

需要特别关注的是，GTAP模拟的缺陷在于仅仅考虑了经济因素，而未考虑敏感国家的市场准入问题。美国和欧盟先后出台法案来限制高风险木质林产品流入国内，我国木质林产品出口受美国《雷斯法案修正案》和《欧盟木材法案》的冲击较大。例如，2007年我国出口至美国的胶合板其中有近三分之一是热带材胶合板，美国《雷斯法案修正案》颁布之后，这一数字急剧下降。其中有很大一部分原因是美国对进口木材产品严苛的合法性要求，这直接导致了我国部分热带木材加工产品失去了竞争力，部分从事国际贸易的木材企业甚至选择放弃海外市场，专注于开拓国内市场。研究表明，中国大量从事木材加工的中小企业由于对《雷斯法案修正案》等法案缺乏了解而主动放弃欧美市场。欧美等发达国家的消费者对环境问题的关注度极高，因此对于具有环境保护标识的产品愿意支付比普通产品更高的费用。加强我国进口木材的合法性管理，引导国内的采购商对其产品的来源进行追溯，可一定程度上控制其原材料采购环节可能出现的违法风险，有利于重新开辟欧、美等敏感国家的市场。

总而言之，加强进口木材的合法性管理，会使木材加工行业获取原材料的成本增加，从而丧失部分出口竞争力。与此同时，加强进口材的合法性管理可有效减少生产环节的风险，增加产销监管链的可追溯性，有助于企业重新开辟欧美等敏感国家的市场。

三、对高风险国家林产品生产和贸易的影响

中国加强进口材管理的主要目的之一，是减少高风险国家非法采伐的木材流入我国，间接打击全球非法采伐及其相关贸易。我国加强进口材的合法性管理将使高风险国家的"非法木材"在中国市场丧失其"超额利润"，原木生产将会随之减少，但另一方面由于贸易替代的存在，高风险国家的部分原木可能流向其它国家。

（一）木材生产

模拟结果如表5-2显示，即使我国采取最严格的标准（即采取森林认证的合规方式，产品覆盖范围为第三类），也只能使高风险国家的原木生产减少0.59%；而采取自愿声明和一类产品覆盖范围仅仅使高风险国家的木材生产减少0.05%。因此，仅从打击全球非法采伐的角度出发，我国单方面行动的效果有限。

表5-2　不同政策组合下高风险国家原木产量的变化

合规途径	产品覆盖范围		
	第一类	第二类	第三类
自我声明	−0.05%	−0.06%	−0.06%
合法性验证	−0.27%	−0.29%	−0.29%
森林认证	−0.55%	−0.59%	−0.59%

（二）木材贸易

从贸易流向来看，我国单方面加强进口材合法性的管理会对高风险木材生产国的产品流向产生较大的影响。以合法性验证为例，我国单方面采取行动会使得高风险木材生产国对外原木出口总体减少4.5%左右，其中出口至中国的原木减少9.6%左右，出口至其它国家的原木有所增加（表5-3）。这说明我国加强进口材合法性管理，将使部分高风险国家原木放弃中国市场，转而出口至其它国家。

表5-3　合法性验证条件下高风险国家原木出口流向变化

产品覆盖范围	出口中国	出口低风险国家	出口世界其它国	出口全世界
第一类	−9.88%	7.24%	6.40%	−4.76%
第二类	−9.65%	7.53%	6.65%	−4.56%
第三类	−9.58%	7.62%	6.73%	−4.50%

通过对高风险国家原木生产和贸易的分析，从打击全球非法采伐的角度而言，中国单方面行动的效果可能不是那么明显。首先，高风险国家用于贸易的木材占总木材生产量的比例很小，研究表明，只有约15%木材生产用于全球贸易（Canberra，2010），单纯通过贸易手段去打击非法采伐作用有限，加之贸易替代效应的存在，中国单方面加强进口材合法性管理对于全球打击非法采伐所产生的积极效果有限。同时，由于高昂成本的存在，部分合法木材也可能放弃中国市场，转而投向其它国家，一定程度影响合法木材进口。

四、对世界和我国福利的影响

模拟结果如表5-4显示，中国单方面行动将给世界和中国造成较大的福利损失。本文所描述的福利损失，采用福利经济学中的等值变化（equivalent variation，EV）。最宽松的政策组合（指第一类产品范围和自我声明）将使得全球福利损失约为1.49亿美元，我国福利损失为1.29亿美元；而最严格的政策组合（指第三类产品范围和森林认证的情景）将使得全世界损失22.21亿美元，中国的福利损失为18.73亿美元。

表5-4　不同政策组合下中国和世界福利变化　　　　　　　　　　亿美元

合规选项		产品覆盖范围		
		第一类	第二类	第三类
我国福利损失	自我声明	−1.29	−1.88	−2.07
	合法性验证	−6.32	−9.07	−9.96
	森林认证	−12.16	−17.17	−18.73
世界福利损失	自我声明	−1.49	−22.55	−25.14
	合法性验证	−7.20	−10.77	−11.95
	森林认证	−17.17	−20.16	−22.21

图5-9分析了不同政策情景下，不同产品覆盖范围下全球福利流动的情形。总体来看，中国单方面行动将使得中国和高风险国家承担大部分损失，而低风险国家和世界其它国家会因此受益，并且随着产品覆盖范围的扩大，这一趋势将更加明显。

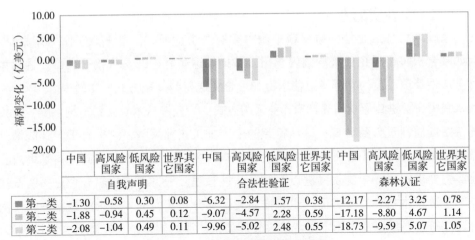

	中国	高风险国家	低风险国家	世界其它国家	中国	高风险国家	低风险国家	世界其它国家	中国	高风险国家	低风险国家	世界其它国家
	自我声明				合法性验证				森林认证			
第一类	-1.30	-0.58	0.30	0.08	-6.32	-2.84	1.57	0.38	-12.17	-2.27	3.25	0.78
第二类	-1.88	-0.94	0.45	0.12	-9.07	-4.57	2.28	0.59	-17.18	-8.80	4.67	1.14
第三类	-2.08	-1.04	0.49	0.11	-9.96	-5.02	2.48	0.55	-18.73	-9.59	5.07	1.05

图5-9　不同政策情景下全球福利变化

五、对中国林产品加工企业的影响

中国出台木材合法性法规除了在宏观层面对全球和中国林产品贸易以及全球和中国的福利造成影响以外，还会对中国林产品企业产生影响，对企业的影响主要体现在以下几个方面。

（一）企业合规成本

我国加强进口木材合法性的管理，会给我国从事进口贸易和加工的企业带来额外的合规成本。合规成本的大小取决于很多复杂因素，如合法性管理制度是否强制，企业采用何种合规途径来保证其原材料合法，以及企业本身的生产规模等。

合规成本可分为直接成本和间接成本。直接成本包含采购符合木材合法性管理要求的木材所增加的成本以及必要时开展独立第三方进行认证的外部成本；间接成本包括在企业内部建立有关木材合法性管理体系和组织所产生的成本。从前文分析可以得知，若要满足中国有关进口木材合法性管理政策的合规性要求，根据来源国的风险以及企业所采取合规途径的不同，相关的合规成本也不相同。根据分析结论，进口和加工高风险国家木材及木制品的企业受到的影响更大。

从经济学的角度出发，合规成本也可以分为固定成本和可变成本。固定成本指的是与经营规模无关的费用，主要与为取得合法性证明所付出的初始投资；可变成本指的是由经营规模决定的费用。通常而言，中小企业在满足合法性要求时将承担更多的成本，这主要是因为中小企业规模较小，使得固定成本显得更加高昂，这将压缩中小企业的利润，不利于中小企业的发展。因此，总体来说，合法性管理政策的出台对相关中小型企业影响更大。

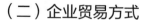

（二）企业贸易方式

我国木材加工企业的原材料来源主要有两个途径，一是来源于国内用材林，例如胶合板等板材企业采购国内杨树、桉树等速生林。二是依赖于进口。进口木材合法性管理政策的出台将迫使木材加工企业原材料采购方式发生转变。

我国企业进口原材料通常有4种采购方式：①直接从木材交易市场采购；②委托特定的原料进口商进口；③从特定的生产加工企业采购；④来自于自建的海外原料基地。目前中小企业主要以前三种方式为主，而在海外自建原材料基地对企业实力要求很高。中国加强进口木材合法性管理，一方面将使部分企业转向低风险国家进口木材；另一方面，也将推动我国部分有实力的木材企业走出去，在海外建立符合当地以及中国木材合法性管理要求的原材料基地，在降低合法性风险、控制原材料成本的同时，亦能保障原材料的稳定供应。

另外，热带材是我国林产品生产和贸易的重要原料，且替代来源很少。加强进口木材的合法性管理，将推动资源国对热带材资源的保护，确保热带材的持续稳定供应。

（三）企业国际竞争力

我国日益兴旺的木材加工业所需的很大部分木材来自于东南亚、非洲、东欧等森林资源富集却易被归为高风险的国家和地区，制成品则销往美国、欧洲及日本等对木材合法性有要求的大型消费市场国。中国企业及其产品在成为全球木材供应链上重要环节的同时，也受到了来自消费市场和国际社会的打压。2016年初方告结案的林木宝案件，涉案的中国企业正是因为在产品出口过程中疏于对木材合法性的管理，导致违反了《雷斯法案修正案》并被卷入案件起诉，严重削弱了我国地板类产品及其它关联产品在美国市场的竞争力，阻碍了出口渠道。在此形势下，如果政府层面能够在控制企业成本的前提下加强木材来源合法性管理，可一定程度上倒逼企业谋求适合自身可持续发展的产品合规途径，积极了解与适应国际市场相关标准与要求，采取措施积极改善原料来源和产品结构，逐步提高国际市场的竞争力，实现企业长远稳健发展。

六、其它层面影响

中国加强进口木材合法性管理产生的影响势必是多方面的，除了最直接的经济影响之外，政治、环境和社会层面同样会产生不同程度的深远影响。

（一）政治影响

近年来，国际社会已经采取积极措施打击木材非法采伐及其贸易，欧美等主要木材市场相继出台法案对木材合法性提出要求，众多国家和国际组织采用负责任和可持续采购政策等保证木材来源的合法性。中国作为全球最大的木材加工地，对全球木材贸易影响深远。加强进口木材合法性管理一定程度上可以顺应国际趋势，体现大国责任和担当。

1. 有助于顺应国际发展趋势

随着环境问题日益加剧，全球森林治理的步伐不断加快，满足木材合法性要求已经成为国际社会发展的大势所趋。美国、欧盟、澳大利亚和日本等国相继出台法案对木材合法性提出要求，世界各国的木材采购政策要求进口产品证明其木材的合法来源，FLEGT行动计划的稳步实施、自愿伙伴协议的不断签署、《森林公约》谈判的循序推进，CITES公约不断新增的管理物种附录等，都充分体现了国际社会加强森林经营管理及推进木材合法性进程的努力，这些无疑将对全球林产品贸易产生深远影响。中国是全球林产品生产和贸易大国，出口的主要木材产品集中在美国、欧洲、日本等市场，中国林产品的出口对美国等发达国家木材合法性政策敏感度很高。因此，积极应对木材合法性，顺应国际社会发展趋势，可以促进缓解中国林产品出口市场风险，更好地融入世界林产品贸易市场。

2. 有助于维护大国形象

木材非法采伐及其相关贸易问题是近年来国际社会热点之一，我国作为世界上木材产品生产和消费的贸易大国，在木材合法性问题上一直备受指责和批评，给我国林业产业和林产品贸易带来诸多负面影响。积极应对木材合法性要求是对国际社会打击非法采伐及相关贸易呼声的有力回应，也可满足国际社会对合法木材的需求。针对国际上对中国木材贸易合法性的质疑，中国在制度层面采取行动，加强木材合法管理，一方面可以规范企业行为，使国际社会看到中国在打击非法采伐及相关贸易方面作出的切实努力，有利于中国树立负责任大国形象；另一方面作为中国在打击非法采伐层面上的制度要求，加强木材合法性管理，更有助于"碳达峰"中国承诺的实现。

3. 有助于推动我国林业法制化发展进程

我国林业发展水平不高，森林施政水平仍有上升空间。2019年底新修订的《森林法》强调了对非法来源林木的管控，并通过新建台账制度加强对采购、生产与流通方面的合法性管理，但尚未有相关细化条例支持。木材合法性管理方面政策的专门制定和实施，一方面有助于和主流林产品贸易市场国法制接轨，另一方面可以弥补国内关于进口材及其贸易在合法性管理方面的空白，有助于完善林业产业和贸易的监管体制，推动我国林业法制化发展进程，促进行业持续稳健发展。

4. 有助于提高市场话语权

我国是林产品贸易大国，林产品出口市场中，美国、日本、英国、德国等发达国家占比靠前，然而，越来越多的发达国家逐步将木材合法性转化为非关税壁垒的一种新手段，除了欧洲各国要求产品合法性的政府采购政策外，欧美很多大型木材、家具公司为了承担社会责任或者避免公众舆论谴责，纷纷宣布优先购买满足木材合法性要求的林产品。面对日益增长的"绿色壁垒"要求，我国出口型木材加工业如不考虑采取措施应对木材合法性，就会逐步丧失在欧美木材市场上的份额。妥善解决木材合法性问题是我国出口型木材加工企业通向欧美市场的通行证，可以提高我国在世界林产品贸易中的话语权，是解决我国林产品在国际市场"准入"问题，化解发达国家将木材合法性作为WTO下一种非关税壁垒措施对中国林产品贸易冲击的有效方式。

（二）环境和社会影响

1. 促进全球和我国森林资源保护和可持续经营

非法采伐及其相关贸易的存在对全球的环境影响是多方面的。非法采伐的大量存在直接或间接的加剧了全球气候变暖，带来栖息地和生物多样性的损失，导致土壤和水资源的退化等。在全球生态问题严峻的背景下，我国也面临着严重的环境问题，治理措施之一必然是加强森林可持续经营管理，提高森林在环境治理和生态建设方面的作用。经过几十年的发展，我国已经形成了以林政管理为主体，以资源监测、资源监督为辅助的森林资源管理体系。在市场经济条件下，为推动现代林业的发展，在已有有效体系的基础上，进一步顺应国际趋势加强木材进口合法性的管理，在加速全球打击非法采伐进程，促进全球森林资源保护和生态环境改善的同时，对新形势下推进我国森林可持续经营，加强生态文明建设，应对气候变化，实现"碳达峰、碳中和"目标愿景等紧迫问题同样具有重要的现实意义。

2. 促进环保意识与绿色消费形成

我国加强进口木材合法性管理，通过法律法规来避免非法木材进入我国，有利于增强我国社会的环保意识，促进我国绿色消费需求的形成。国际贸易迅猛发展的同时，全球环境趋于恶化，生态环境遭到破坏，全球环境问题引起人们的广泛关注。发达国家的消费者对于环境保护和自身健康与安全的产品的偏好大幅增加，传统消费观念正在发生深刻变化，绿色消费心理逐渐形成，绿色消费正逐步成为世界性消费的主流形态。然而由于种种原因，我国在环保意识方面与发达国家存在差异，尤其在产品制造、环境管理与绿色消费方面形成巨大反差，这为发达国家设置绿色壁垒提供了舆论条件。我国加强进口木材合法性管理，通过法律手段减少非法木材进口的同时也以法律形式对我国绿色消费进行引导，推动扩大绿色木材的进口和绿色产品的生产，最终促进我国绿色消费的形成。

3. 对消费者福利造成影响

我国加强进口木材合法性管理将在一定程度上遏制高风险木材流入我国，同时高风险木材供给的减少意味着我国木材进口价格将会上升，我国木材消费价格和消费者福利都会因此而发生改变。对于我国进口商而言，进口木材的价格最终会上升，上升的幅度将取决于企业合规成本的大小以及需求供给曲线的弹性。研究表明，美国2008年《雷斯法案修正案》实施之后，来自热带国家的进口木材价格大幅上涨，远远超过其它国家同类产品的价格上涨。消费者福利方面，木材价格升高会使部分生产者有福利的增加，但这部分福利的增加是以消费者福利抵消为代价；另一方面，合法性要求的提出会使一些没有替代产品的热带木材供给锐减，这些商品种类和数量减少会对消费者福利产生影响。

七、小结

本研究利用全球贸易分析模型GTAP模拟了不同政策组合下我国及世界林产品贸易格局的变化，加强进口材合法性的管理将对中国和全球林产品贸易造成冲击和影响。总体来看，我国加强进口材合法性管理，一定程度会使我国木质林产品进口价格上升，贸易量减少，贸易结构发生改变，企业合规成本增加，且对我国福利产生一定的损失。另一方面中国加强进口木材合法性管理也将促使企业积极适应国际市场的变化，转变贸易模式，提升企业竞争力，并有利于我国木材的长期稳定的供应。政治促进方面，加强进口木材合法性管理能够树立我国负责任的大国形象，提升在国际林产品市场的话语权，同时能促进我国林业的法治化进程。环境和社会促进方面，将有利于促进全球和我国的森林可持续经营，同时有利于我国环保意识和绿色消费的形成。主要结论包括：

在企业合法性合规选项层面　自我申明的方式对我国贸易的影响较小，成本可控，而采取合法性验证或森林认证的影响较大。企业在选择合规途径时，需要考虑合法来源的风险和各种合规途径的可行性与适用性。对于合法性管理政策措施的出台，一方面应保证措施的有效性，另一方面则应该减少对企业成本的影响，防止由于成本过高影响合法木材贸易。我国在出台相关政策后，应加强与生产国的合作，确保资源国能为企业提供具有相关证据的合法性木材，防止合规成本的增加；并及时为企业出台国别木材合法采购指南，指导企业采用最经济有效的方式满足法规政策的要求。

在产品覆盖范围层面 随着产品覆盖范围的逐级增加，对行业的影响面也逐步扩大，并导致政府监管难度和执法成本的增加。因此，我国进口木材合法性管理可考虑分阶段、分类别实施，首先可限制高风险国家的原木、锯材等初加工产品流入我国，再逐步扩大至人造板、家具以及纸和纸张等深加工产品，先易后难，使企业逐步适应相关的要求。

在全球福利层面 中国行动将中国和高风险木材生产国造成较大的福利损失，而低风险国家将获得福利的提升。我国对进口木材依赖程度较高，木材供给缺乏弹性是我国遭受福利损失的最主要原因，未来需要进一步推进林业供给侧结构性改革，提高森林经营水平，不断调整和优化林业资源生产和进口结构，最大程度弥补国内木材供给不足，确保我国木材安全。

在全球打击非法采伐层面 中国单方面行动对全球打击非法采伐影响较小。中国的政策将使得中国同高风险国家的贸易量减少，但高风险国家木材生产总量变化很小。一方面我国需要与主要市场和加工国加强打击非法采伐的国际合作，包括欧洲、美国、澳大利亚、日本、韩国、印度、越南等，共同致力于负责任林产品市场和贸易规则的构建；另一方面我国也需加强与木材生产国的合作，着眼于高风险木材生产国的森林治理水平提升，注重加强源头管理。

第六章

中国出台木材合法性贸易法规的
企业需求与可行性分析

　　加强木材合法性管理有助于企业在把握木材来源合法和可持续方面更具主动性与能动性，通过规范木材贸易企业的负责任市场行为，更好地保障企业在林产品进出口贸易中的合法权益，推动和促进中国林产品贸易的稳健发展。本章主要围绕木材合法性管理制度的最主要利益方——企业，从企业对管理制度的需求角度展开调研分析，并在此基础上论述法规出台的可行性。

一、中国木材合法性贸易法规的企业需求

（一）研究方法

　　本部分针对从事木材进出口贸易的企业开展了包括问卷调查、实地调研及利益方访谈等调研活动，以期更好地跟踪和了解企业针对管理机构在木材管控制度建设方面所关注的重点问题及意见建议，以确保未来木材合法性管控制度的出台能相对准确而全面地反映各方关切，最大限度地尊重和保障企业诉求与权益。

1. 问卷调查

　　设计调查问卷，通过江苏省张家港市、邳州市以及山东省临沂市地方行业协会，同时结合互联网问卷工具，向从事木材对外贸易的企业发放调查问卷共计200份，回收有效问卷108份，有效回收率54%。如图6-1所示，企业问卷作答占比84.3%，其它科研机构和协会（7.5%）、非政府组织（4.7%）和政府机构（3.5%）总计占比15.7%。

2. 实地调研

　　选定江苏省张家港市作为实地调研地，走访了13家当地企业。张家港市是中国阔叶材进口最大集散地，有4000多家企业从事木材进口和加工，产品除供应国

内市场消费外还出口到欧盟和美国市场，对进出口政策较为敏感。

3. 利益方咨询

召开进口木材合法性管理制度企业咨询会，邀请来自江苏、上海、山东、满洲里和绥芬河等地区26家从事木材进口、生产和贸易的企业参与座谈，主要了解企业对进口材合法性管理制度出台的态度和观点，同时征询企业对制度构建的意见和建议。

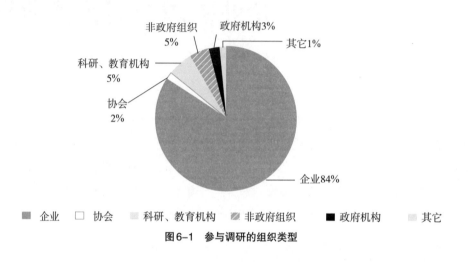

图6-1 参与调研的组织类型

（二）主要发现

（1）企业对木材合法性的认知程度不断提高

关于木材合法性管理制度的考量一直处于全球范围内木材合法性立法趋势的背景之下，我国木材合法性管理制度的构建与实施和企业对于国际木材合法性要求的理解与履行密切相关，因此，问卷针对企业对于国际市场木材合法性的了解情况进行了调研。此部分调研主要分为两个层面：一是从意识层面考察企业对于国际木材合法性的了解程度；二是从操作和实践层面考察企业在对外贸易中是否经常遇到客户提出木材来源合法或可持续的相关要求，了解企业在木材进出口贸易中面对合法性履行的现实状况。

如图6-2所示，根据调研结果，对木材合法性有不同程度了解的企业占比86.11%，表示不了解的企业占13.89%。2013年项目组做过关于尽职调查体系构建的问卷调查，同样涉及企业对于相关贸易法规合法性要求的了解程度，只有57%的企业对相关法规有不同程度的了解[①]。可见，近年来，随着各国木材法案陆

[①]详见《中国木材合法性供应链管理与尽职调查体系构建研究》(中国林业出版社，2017.) p54.

续出台以及我国在应对木材合法性挑战方面所做的努力对行业产生的影响已经逐步显现，企业对合法性要求的认知程度得到了较大提升。

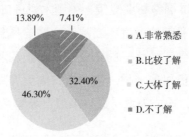

图6-2　企业对合法性的了解程度

　　调研结果显示（图6-3），经常和偶尔遇到国际市场木材合法性要求的企业占比85.87%，极少遇到和从未遇到的企业仅占14.13%。由此可见，绝大部分企业在对外贸易中都遭遇了木材来源合法或可持续的相关要求，出于保障贸易行为正常开展和维护自身利益的需要，企业主动或被动地采取措施满足相关要求，这一过程很大程度上促进了企业对木材合法性实践经验的积累。

　　总体来看，调研企业对木材合法性已经具有一定认知，在操作层面对合法性要求的履行也积累了一定的实践经验，企业对于合法性的认知和接受程度的提高一定程度上为中国木材合法性管理制度的出台和执行奠定了基础。

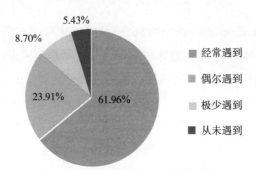

图6-3　市场提出合法性要求的比例

　　（2）原料来源地因素成为规范木材进口的重要动因

　　根据统计结果，如图6-4所示，受调研企业中以非洲材为主要原料来源的企业占比最大，达到35.22%，这其中重点调研地区之一张家港对非贸易企业较为集中这一因素会对数据产生一定影响。其次依次为欧美及澳新材31.52%、南美材20.65%、东南亚材19.57%、俄罗斯材16.3%、大洋洲岛国14.13%，各来源地占比落差不大。调研目标企业原料来源地分散以及原料来源高风险地区比例偏高这一特点决定了中国木材来源合法性管理制度出台具有其必要性。主要由于一方面，随着有关国家相继调整林业政策，中国木材进口日益朝着多元化方向发展，木材来源市场复杂程度和管控难度不断加大，需要从制度层面加以规范；另一方面，从调研结果看，不到三分之一的企业进口欧美及澳新等低风险来源国家和地区的木材，大部分企业仍以非洲材、俄罗斯、南美等高风险国家和地区木材进口为主并因此饱受质疑，这均成为木材进口来源市场需要规范的重要动因。

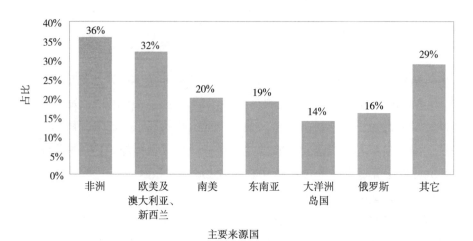

图6-4 企业木材原料主要来源国

（3）多方面需求促使企业对进口材合法性管理持积极态度

问卷针对中国是否有必要出台木材来源合法性管理制度进行了调研，根据调研结果，85.19%的调查对象认为有必要建立相关管理制度，9.26%和5.56%的企业认为没有必要或不关注（图6-5）。随着中国企业参与对外贸易与投资的程度越来越深，在保障木材来源合法和可持续的全球趋势影响下，企业在本国合法性制度保障方面的需求的也随之不断增长，大部分企业对于制度出台持有较为积极的态度。

而关于支持理由，排在前三位的分别是70家的企业认为制度出台可以最大限度地规范木材贸易行为，增强行业自律；62家企业认为可以维护市场公平竞争环境；61家企业认为国家层面出台管理制度可以有效加强木材，尤其是进口木材的管理。还有54家企业认为制度出台是全球负责任林产品市场与贸易发展的大势所趋，其将贡献于全球森林资源保护及治理的改善，并有助于提高我国国际形象，履行负责任大国责任；50家企业认为有助于打破贸易壁垒，增强行业国际竞争力（图6-6）。

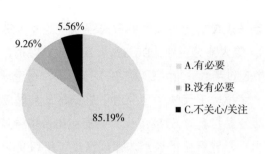

图6-5　进口材合法性管理制度的企业支持度

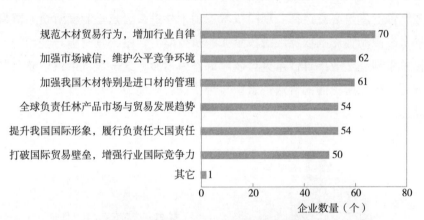

图6-6　支持出台木材进出口管理制度的理由

　　通过调研发现，随着可持续理念和合法性意识的深入人心，大部分从事木材进口的企业都在有意识地按照相关国家的政策法规要求以及我国海关进出口要求进行合法木材产品贸易，符合来源国和我国的法律程序，但是确实存在部分企业为追求成本利益，利用来源国的腐败或执法漏洞，低价采购不明来源木材，为维护公平竞争和良好市场环境，受访企业表示十分有必要对违规企业行为和相关产品进行规范。企业对于制度出台的上述支持理由说明从自身发展考虑，企业对于木材贸易市场规范、公平竞争和增强行业竞争力具有极大需求，对制度出台所发挥的规范性保障力量以及负责任大国形象的展示也有较高期待，森林资源可持续发展理念已经一定程度深入到了企业的意识和行为之中。

　　（4）政府主导是规范进口材来源的最有效途径

　　调研试图了解相关企业对于木材合法性管理制度层级定位的看法，以此了解在当前情况下对于制度出台企业的接受程度究竟在何种水平。结合国内外实践，我国进口材来源管理有通过制定行业标准的行业自我监管、政府提出指导意见与行业共同监管、制定法规或规范性文件的政府强制性监管等三种监管途径。根据调研结果（图6-7），绝大部分企业（96.3%）认可政府在进口材来源规范方面发挥的积极作用。其中超过半数企业（54.63%）认为进口材管理应走政府强制性监管途径，这一结果一定程度上反映了企业对于进口材及其供应链规范管理的较强诉求。还有相当一部分企业（41.67%）认为政府应出台指导意见与行业共同规范进口材来源，主要由于指导意见相较于法律规章规范手段更为温和，对于行业发展带来的变动性影响较为可控，对于市场主体而言接受度也更高。

在全球贸易合规立法趋势的影响下，从有效规范中国木材来源市场角度看，出台强制性制度是必然选择。现阶段考虑到木材进口合法性制度对企业贸易行为带来的潜在限制性影响以及现阶段企业的执行能力，推出具有指导性和行业约束力的相关管理办法或指导性意见可以考虑作为过渡，这一过程中供应链上各利益相关方逐步树立起稳健的合法性意识与合法性合规能力，在此基础上最终完善法规制度建设。

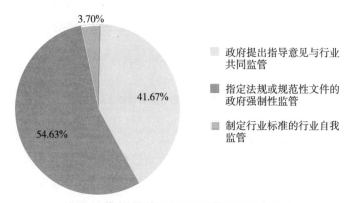

图6-7 管理制度等级定位及强制性法规出台层面

（5）管理制度应融入与国际市场接轨的合法性标准与要求

用于规范木材进口合法性的标准与要求是决定木材进口管控制度能否发挥切实效用的核心要素，同时决定相关制度能够多大程度上保证木材来源合法性，以及相关制度在保证合法性方面是否能够得到国际木材市场的广泛认可。

关于制度核心要求的调查，排在前三位的选项分别是针对进口木材来源和合法性的海关申报（84家）、木材及木制品的可追溯（76家）以及针对木材来源的尽职调查（70家），还有49家企业选择了通过企业自愿性产品注册来保证木材来源合法性，不到三分之一的企业认为强制性的木材合法性验证也是一种选择（图6-8）。

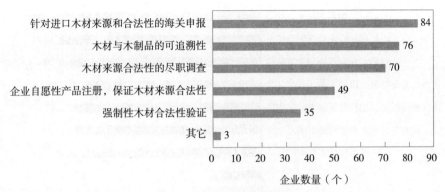

图6-8　管理制度的具体要求

可以看出，在合法性成为国际木材市场普遍要求的背景下，企业对包括《雷斯法案修正案》《欧盟木材法案》在内的主流木材贸易法规中所规定的，诸如海关申报、尽职调查以及来源追溯等合法性要求对木材合法性的验证作用具有较高认可度，认为相关要求融入进口材核查机制中，对规范进口材来源及其供应链管理，提升企业产品市场认可度，推动国际合法木材互认将产生积极推动作用。国内木材合法性管理制度如能融入这些在国际市场具有较高接受度的规范性要求，将会在提高制度国际认可度的同时使企业产品更易为国际市场所接受。当前，国家林草局林产品国际贸易研究中心和相关木业协会等机构在木材合法性尽职调查与来源追溯方面已初步建立了技术体系，并且开展了部分企业试点与应用，可为合法性标准与要求设计提供技术支撑。

（6）配套性保障措施是制度实施的切实保障

完善制度出台配套性保障措施是企业的重要诉求。根据调研结果，主要包括加强信息平台建设（67.59%）、建立企业信用评价体系（57.41%）、开展行业培训和政策解读（53.70%）、加强政府绿色采购或财税金融政策支持（51.85%）、建立负责任企业联盟（51.85%）、提供相关指南或工具（50.93%）、推动国际合法木材互认（48.15%）等（图6-9）。从对配套性措施的相关需求可以看出：一方面，企业在木材贸易合法、合规方面亟须解决包括信息不对称、能力建设不足等技术性问题；另一方面，在制度执行过程中，企业希望在信用评级、财税金融等方面得到鼓励和补偿性政策支持，以平衡制度合规成本，确保制度执行可以切实增强个体竞争力；此外，通过合法木材国际互认所实现的贸易便利与产品国际认可度提升同样受到企业关注。

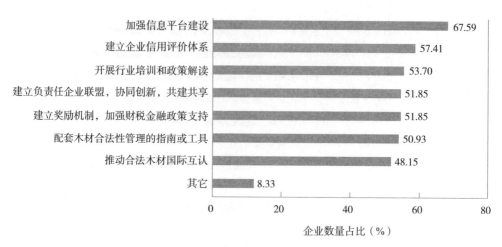

图6-9　管理制度的配套性措施

二、中国木材合法性贸易法规的SWOT分析

本部分用SWOT分析法简要分析了中国木材合法性贸易法规制定的可行性，SWOT分析法主要分析以下四个方面的内容：外部环境中的机会（opportunities）和威胁（threats）、内部环境的优势（strengths）和劣势（weakness）。

（一）优势

中国加强木材合法性管理具有以下几点优势：

1. 中国木材管理制度出台已经具备一定制度基础

从政府层面来看，中国一贯致力于加强对林业发展的执法力度和行政管理。在国内，建立健全相关的林业保证体系，严格执法，加强对木材采伐的监管，坚决打击木材非法采伐；在国际，强化与国际社会和组织的交流合作，严格遵守国际社会打击木材非法采伐的相关规章制度，积极参与推进合法性进程的国际交流与合作。中国在木材合法性管理方面已经具备一定制度基础，《中华人民共和国森林法》第65条明确规定："木材经营加工企业应当建立原料和产品出入库台账。任何单位和个人不得收购、加工、运输明知是盗伐、滥伐等非法来源的林木。"相关规定对木材来源的合法性及供应链上原料和产品的追溯提出了总体要求，为打击收购、加工、运输非法木材等行为提供了明确的法律依据，同时也为木材经营加工企业履行尽职调查、开展来源追溯提供了清晰的法律指引。此外《刑法》和《森林法》明确规定了非法采伐相关行为，要求贸易商遵守CITES公约相关规定，《对外贸易法》和《进出口货物原产地条例》等要求提供原产地证明等。中国完善的木材采伐、经营加工和贸易管理等制度，为进口材合法性管理铺垫了制度基础。

2. 中国企业不断提升的合法性意识为制度出台铺垫了执行基础

随着环境问题的日益加剧和全球森林治理步伐的不断加快，世界范围内都在倡导森林可持续经营与利用，在消费国积极推动木材贸易立法，资源国纷纷实施禁止非法原木出口等贸易政策推动下，企业的木材合法与可持续理念与认知水平不断提高。综合问卷调查和访谈发现，总体上，大部分企业对非法采伐与木材合法性均具有不同程度了解度和接受度，绝大部分企业对于我国加强木材来源合法性管理均持支持的态度。中国从2009年就开始积极探索发展木材合法性认定体系以及中国木材合法性尽职调查技术体系，国内主流行业协会和企业也在不断地探索包括建立木材合法性团体标准、开展森林认证和第三方验证以保证木材来源合法的措施与途径。无论从合法性意识的提升还是满足合法性要求的多方实践积累来看，中国木材来源管理制度已经具备了一定的执行基础。

（二）劣势

在制度建立方面，劣势主要有以下几点：

1. 进口木材合法性管理与中国推动贸易便利化进程有背离之处

通过贸易立法手段打击非法采伐及其相关贸易或将会对中国贸易自由化和便利化进程产生不利影响。党的十九届三中全会审议通过的《中共中央关于深化党和国家机构改革的决定》指出，要深入推进简政放权，提高资源配置效率和公平性，大幅降低制度性交易成本，营造良好营商环境。习近平总书记二十国集团峰会上强调建设开放型世界经济，继续推动贸易和投资自由化便利化。中央高频提出的简政放权与贸易便利化的提出一定程度上对制定和推行进口木材管理制度构成了挑战和风险。

2. 木材贸易涉及管理部门众多，法规制定和执法操作难以协调开展

规范木材供应链管理需要政府多部门联合行动，涉及的管理部门包括国家林草局、海关、商务部等多个部门。由于涉及部门众多，且各部门着眼目标不同，在权责不能清晰界定的情况下，法规制定和执法操作效率都将大打折扣。

3. 对进口材的约束和限制有可能对国家木材安全造成冲击

中国木材资源短缺，木材对外依存度在50%左右，国内巨大的加工和消费需求主要来源于进口，而部分从高风险国家进口的木材由于其特殊属性和用途，在短期内无法寻求替代。因此，相关管理制度一旦涉及对进口材的约束和限制，很有可能会对进口材市场和国家木材安全造成冲击。

4. 制度执行方面受限于企业的技术与能力水平

中国木材供应链冗长复杂，满足木材合法性要求需要一定的技术水平和操作成本。通过前期调研了解到，对于政府加强木材来源合法性管理，企业的担忧主要反映在，一是我国进口材来源地多元化，且供应链冗长，信息不对称等问题导致来源地信息确认、合法性证明材料获取等方面存在困难；二是我国林业企业以中小企业居多，满足法规要求所付出的技术成本如果过高，企业的制度履行成本可能对生产经营以及价格竞争产生制约性影响。

（三）机遇

基于国内外实践，中国木材合法性管理制度的构建主要有以下几方面机遇。

1. 多国立法实践为中国制度出台提供借鉴基础

中国应对木材合法性虽处于起步探索阶段，但有国际现行实践经验可循。如欧美和澳大利亚等发达国家通过颁布法案要求进口商履行尽职调查，相关国家通过与贸易国合作编写指南等方式帮助企业满足合法性要求；欧盟通过签订VPA以敦促实施木材合法性保障体系，保证企业开展木材合法生产与贸易；国外私营部门和行业协会也积极参与到满足合法性要求的各种活动中，包括制定负责任采购政策、绿色采购政策、开发合法性认定计划等具体措施；国际机构和非政府组织也拥有推行木材合法性的成熟机制和丰富经验。在国际木材合法性贸易法规对企业提出合法性要求的背景下，国际社会纷纷实践满足合法性要求的相关活动，为中国应对木材合法性提供了良好的思路与经验借鉴。

2. 欧美等敏感市场对合法木材的需求不断增加

西方国家打击非法采伐及相关贸易法规的施行，对我国合法木材的进口和消费产生了较大影响。进口层面，进口商开始逐步建立合法性可追溯机制，确保进口木材的来源合法，以规避巨额的违规处罚。消费层面，随着法规的宣传和教育作用，欧美市场消费者逐步倾向于购买合法木材产品，愿意为绿色林产品支付更高的价格。对进一步打开欧美等发达国家市场的强烈诉求将有效推动木材合法性管理制度的制定和实施。

（四）威胁

同样，中国木材合法性管理制度的构建也面临一些外部的威胁和挑战：

1. 非法木材源头管理难度很大

非法木材流入中国有几个主要途径，一是生产国木材商将非法木材办理合法手续后卖给不知情的采购方；二是采购方购买明知是非法来源的木材，并通过行贿行为取得合法手续；三是通过出关瞒报谎报。企业进口非法来源木材相当一部分原因应归咎于主要资源国普遍存在的执法与施政缺陷，在我国进口材来源管理制度的设计与制定过程中，如何协调与规避源头问题存在较大挑战。

2. 国际社会的严苛监督将成为新的压力

随着未来中国木材合法性管理制度的出台，进口木材的合法性管理将有法可依，但另一方面国际社会和相关民间团体针对新制度的监管内容、执法水平和实施效果的监督力度也将随之加强，有可能造成新的政策压力和风险。

通过以上分析得出中国加强木材合法性管理的SWOT分析战略组合矩阵，如表6-1所示。

表6-1　中国加强进口木材合法性管理SWOT战略组合矩阵

机会与威胁	优势（S）	劣势（W）
	a）中国进口木材管理制度出台已经具备一定制度基础 b）中国企业不断提升的合法性意识为制度出台铺垫了执行基础	a）与中国贸易自由化进程相背离 b）木材贸易涉及管理部门众多，行政操作难以协调开展 c）对进口材的约束和限制有可能冲击国家木材安全 d）制度执行方面受限于企业满足木材合法性要求的技术与能力水平
机会（O） a）多国立法实践为中国制度出台提供借鉴基础 b）欧美等敏感市场对合法木材的需求不断增加	SO战略方案：充分借鉴国外相关立法经验，结合中国现有相关法律制度，建立中国进口木材合法性法律体系。政府或行业帮助相关企业加强能力建设，重新打开欧盟等发达国家市场	WO战略方案：借鉴国外经验，分类型、分阶段实施合法性管理，寻找替代进口国家和产品，尽量减少对中国木材贸易的冲击。帮企业逐步建立相关技术和能力。明确相关管理部门的权利和责任，加强合作
威胁（T） a）企业满足合法性要求的经济成本过高 b）非法木材源头管理难度很大 c）国际社会的严苛监督将成为新的压力	ST战略方案：中国加强进口木材合法性管理应该结合中国相关法律及相关行业的实践经验，尽量避免过高的企业成本。同时加强与木材生产国的交流与合作	WT战略方案：降低企业成本，简化海关申报等程序

三、小结

2020年7月1日正式起施行的新《中华人民国和国森林法》第六十五条明确规定："木材经营加工企业应当建立原料和产品出入库台账。任何单位和个人不得收购、加工、运输明知是盗伐、滥伐等非法来源的林木。"强调了木材来源合法的重要性，也为进口材来源管理铺垫了法律基础。

为反映企业对相关政策制定的关切与诉求，推动和促进中国林产品贸易的稳健发展，本部分针对进口材合法性管理开展了企业意见与需求调研。调研发现，首先无论从意识层面还是从实践层面，企业对于木材合法性都有了相对丰富的经验积累；二是我国主要木材原料来源地的高风险成为规范和加强进口材来源管理的重要动因；三是相当一部分企业对进口材合法性管理持积极态度，且认可政府在进口材来源规范方面发挥的积极作用；四是在合法性标准与要求方面，企业对于海关申报、尽职调查以及来源追溯等合法性要求对木材合法性的验证作用具有较高认可度；五是企业认可在出台相关制度的同时，完善的配套性保障措施可以保障制度的有效执行。

通过SWOT分析，我国加强进口木材合法性管理具备可行性。首先中国进口木材管理制度出台已经具备一定制度基础；二是中国企业不断提升的合法性意识为制度出台铺垫了执行基础；三是多国立法实践为中国制度出台提供借鉴基础；四是欧美等敏感市场对合法木材的需求不断增加。此外，还需要重点关注来自贸易便利化、多部门执法难度、国家木材安全冲击、企业合规能力不足以及源头管理困难等方面的外部挑战与威胁，综合制定应对方案与策略。

第七章

中国木材合法性管理制度的可选途径与框架设计

结合前序研究并综合中国目前的制度与产业情况，本文将围绕制度构建基本原则以及监管途径、法规层次、覆盖范围、企业责任与执法主体与核查方法等五个层面的要素选项进行分析和探讨，在此基础上构建中国木材合法性管理制度的基本框架，并提出相关政策建议。

一、制度构建基本原则

（一）法制统一原则

中国木材合法性管理制度构建应以《森林法》和《森林法实施条例》为指导，以加强木材来源管理为重点，对接现行木材管理法规制度，进一步规范木材进口及相关贸易行为，健全监管手段，增强治理能力，使木材进口及相关贸易有章可循，有法可依，不断推动木材来源合法性管理制度化、规范化、科学化、国际化，全面保障木材进口安全。

（二）国家主权原则

中国木材合法性管理制度的构建对内应以维护国家利益、保障木材安全为根本遵循，独立自主制定相关制度文件，中国政府是制度制定和执行的主体，发挥主导作用；对外尊重各国对于木材采伐及相关贸易的法律规定，积极支持从源头上杜绝非法采伐和非法木材贸易。

（三）科学高效原则

在打击非法采伐及相关贸易全球性立法趋势下，中国木材合法性管理制度的构建应综合考量国际木材合法性的普遍要求，科学界定"合法性"定义及守法原则，同时兼顾我国现阶段林业产业和贸易的发展水平和现实需求，合理制定和执行相关制度。

（四）贸易便利原则

在加强木材来源合法性管理的同时，承诺不人为设置贸易壁垒，不违反市场规律，维护正常的木材贸易秩序，寻求贸易合法与贸易便利的有机统一，积极保护和促进正常国际贸易。

二、木材合法性管理的政策选项

本部分从监管途径、法规层次、覆盖范围、企业责任与执法主体与核查方法等五个层面探讨合法性贸易法规的可选途径，并给出结论性建议。

（一）监管途径选项

结合国内外实践，中国规范木材合法性管理有以下三种监管途径可选。

1. 行业自律与监管

政府不直接参与，通过行业监督与自律来实现木材来源管理是一种可选的监管途径。主要操作模式是由协会发起倡议或制定会员准则，要求会员开展负责任的采购，履行木材来源合法性的核查，必要时发展针对会员的核查制度，如英国、西班牙、荷兰、比利时等贸易协会都制定了类似的政策；会员或企业根据协会或行业标准建立木材合法性尽职调查体系，履行负责任采购政策，必要时开展第二方或第三方的木材合法性核查。需要注意的是这些协会是依据相关木材法案的要求来制定协会的会员准则，履行相关的责任。

中国目前已有木材合法性的协会团体标准，中国木材合法性验证体系也初具雏形；另一方面，近年来，由于非法采伐和相关贸易的影响引起了公众的广泛关注，包括美国、欧盟、澳大利亚、韩国等在内的木材进口商加大了采购合法木材和木制品的力度，为了使产品在满足来源合法的前提下顺利出口，越来越多的企业自发或在行业协会的带动下纷纷采取措施对其产品的合法性提供相关证据。中国在行业监督与自律方面已有一定基础。

该选项的优势在于自律动力完全来源于市场，企业通过自愿选择适合自身发展的市场合法性规范工具来达到国际市场合法性要求，灵活度较高。但此选项劣势也较为明显，首先行业监督与自律对于企业约束力太弱，在短期内企业木材来源合法性意识与相关能力建设无法显著提升的前提下，行业监督与自律很容易陷入空谈；另一方面，该途径很难得到国际社会对于中国木材合法来源管理方面的实际认可，目前中国所面临的国际社会舆论压力难以明显扭转。因此，该途径可作为现有合法性管理制度的一种市场工具，很难完全替代相关政策法规出台所产生的实际效果。

2. 政府提出指导性意见，与行业共同监管

政府出台指导性意见是行业规范较为常用的一种手段，是政府部门在其职权范围内就某些行政管理事项作出原则性的规定，是体现政府施政方向最为重要的形式之一。政府和行业共同监管通常是指由行业主导建立和实施相关体系来证明企业产品的合法性，同时政府提供指导性意见推动体系得以落地和实施。根据政府设定的政策目标，行业可以建立自己的行为规范，并监管实施。

在规范木材来源合法性方面可由政府出台指导性意见。该途径的优势在于在政府层面明确规范木材合法来源的纲领精神与总体线路图，给市场发出明确信号，对行业有规范和指导方面的引领作用；另一方面指导性意见相较于法律规章规范手段较为温和，给市场留有充分适应与缓冲余地，对于行业发展带来的变动影响较为稳妥可控。

该途径的劣势在于指导性意见不属于行政法规，不具有普遍约束力和强制执行力，不直接产生法律后果，其强制性与威慑性不足，不能完全界定企业的责任和法律后果，规范作用与效果有限；另一方面，指导性意见不能与国际木材贸易法规有效对接，与国际社会的合法性需求仍有较大差距。

3. 制定法规或规范性文件，明确政府监管

当前国际社会包括美国、欧盟、澳大利亚、日本、韩国等均通过制定法规打击非法采伐及相关贸易，禁止非法来源的木材流入本国市场。制定法规或出台规范性文件管控木材来源是一种明确的政府监管。中国目前在木材来源管理方面尚无针对性的法规制度。

制定具有强制性的法律规章或规范性文件来规范木材来源合法性管理，该途径的优势包括，一是在法规框架下的强制性和威慑力有利于制度的贯彻执行，有助于更加目标明确、有针对地解决来源合法的相关问题；二是与国际社会主要木材来源管理法规要求接轨，一定程度上顺应国际木材合法性立法趋势；三是木材来源合法性管理强制性规章的出台可以弥补中国林业监管制度的空白，在完善林业法规体系的同时进一步促进林业法治化与森林可持续发展。

该途径的劣势在于：一是鉴于中国法规制度制定与实施程序的复杂性，相关制度的出台会经历较为漫长的程序和繁复的过程；二是鉴于法规制度的强制性，其对行业与产业的短期影响有待评估，具有一定风险；三是林产品生产与贸易的法律规范涉及多个部门共同监管与执法，跨部门的监管及执法难度较大。

结论性建议：国家林业主管部门基于《森林法》和《森林法实施条例》出台具有强制性的法规文件可作为政策发展目标；如在不能完全控制风险的前提下，

中国木材合法性贸易
法规框架构建研究

指导性意见可作为过渡；合法性市场工具与行业自律的发展也需要在政策制定过程中不断推动与活跃，最终服务于相关政策的贯彻实施。

（二）法规层级选项

中国的法律法规在国家层面通常包括法律、法规、部门规章和部门规范性文件等不同的层级。政府对木材合法性进行监管，其制度层级的确定决定了法规的约束力和执行操作难度。

1. 制定法律法规

此选项涉及的法律法规包含两个层级：一是由全国人民代表大会制定的法律类，在林业法律体系中有如《森林法》《野生动物保护法》《草原法》等；二是由国务院制定或修改的行政法规类，是一种从属性、补充性、贯彻性的立法，根据宪法和法律依法制定和行使，由国务院制定，采用国务院令公布，实践成熟后可以上升为法律。现行林业行政法规有如《森林法实施条例》《濒危野生动植物进出口条例》等。

《森林法》的修订需要经国务院向全国人大常委会提出修改议案，并经由全国人大常委会审议，过程较为复杂。林业行政法规的修改由国务院常务会议通过，以国务院令发布实施。十三届全国人大常委会第十五次会议2019年12月28日表决通过了新修订的《森林法》，该法自2020年7月1日起施行。新《森林法》在第六十五条中明确了木材经营加工企业应当建立原料和产品出入库台账，任何单位和个人不得收购、加工、运输明知是盗伐、滥伐等非法来源的林木；第六十四条中明确了林业经营者可以自愿申请森林认证，促进森林经营水平提高和可持续经营。相关条款的增加在立法层面保障了合法和可持续林产品贸易的发展，《森林法实施条例》也将随之修订。新《森林法》对木材合法来源的强调为木材来源合法性管理的法治化发展铺垫了基础，但木材来源尤其是进口材的合法性管理及由此引发的相关贸易问题在国内林业问题中尚属于新兴矛盾，仍处于概念探索的立法起步阶段，木材合法性贸易法规作为单独行政法规出台尚需林业产业和市场的进一步成熟发展。

该途径的优势是：法律和行政法规由全国人大或国务院发布，立法层次高，权威性强，对行业影响大；另一方面，法律或行政法规中对于涉及多部门的职责配合有明确的规定，有利于促进协同操作，更具执法操作性。

该途径的不足是：首先立法层级高导致立法或修正过程繁复，立法和修订过程需经由多部门反复论证，并经由国务院审批或报全国人大审议通过，设立和修订较为慎重；其次无论是《森林法》抑或《森林法实施条例》对于林业问题的规定相对来说处于宏观层面，欠缺对细节和执行的详细规定，木材来源合法性管理更多地涉及林业行业操作层面的文件或技术性问题，很难作为法律法规层级立法；最后，如前文所述，由于木材合法性问题在国内刚刚兴起，其对保障木材安全所带来的潜在影响还有待论证，较难在短时间内作为单独性行政法规出台，该途径不具有现实操作性。

2. 发布部门规章

根据中国《立法法》第七十一条规定："国务院各部、委员会、中国人民银行、审计署和具有行政管理职能的直属机构，可以根据法律和国务院的行政法规、决定、命令，在本部门的权限范围内，制定规章。"现行的林业部门规章有《森林公园管理办法》《主要林木品种审定办法》《植物检疫条例实施细则（林业部分）》等，以原林业部/国家林业局令的形式发布，机构改革后取消由国家林业和草原局令的形式发布相关部门规章，权力划归自然资源部。

针对木材合法性的管理，可以由自然资源部作为发布主体，颁布关于木材合法性管理的相关部门规章，对木材合法性管理的实施事项进行细则规定。

该途径的优势是：由国务院组成部门和直属机构在权责范围内制定规章，制定和发布程序较相对简单，且在所辖领域内具权威性和影响力；《森林法》与《森林法实施条例》为木材合法性法规的出台提供了法律依据，可在此框架下针对如何满足合法性要求的细节事项进行规定，实践操作性强。

该途径的劣势是：规章效力等级低于法律与行政法规；就规范木材来源及相关贸易而言，涉及部门较多，国务院层面以下部门制定和颁布相关规章需协调各部门执法关系，对实操性有一定挑战。

3. 发布规范性文件

自然资源部或国家林草局可以单独出台或者根据实际需求联合相关部委共同出台规范木材来源的规范性文件。规范性文件是指国家行政机关为执行法律、法规和规章，对社会实施管理，依法定权限和法定程序发布的规范公民、法人和其它组织行为的具有普遍约束力的政令，一般是指法律范畴以外的其它具有约束力的非立法性文件。现行的林业相关规范性文件如《退化防护林修复技术规定（试行）》《林业植物新品种测试管理规定》《国家林业局关于加强"十三五"期间种用种子（苗）免税进口管理工作的通知》等。为综合各部门职能的需要，还有各部委联合制定的规范性文件，如《商务部国家林业局关于中俄森林采伐、更新及木材加工合作备案管理有关问题的通知》。

该途径的优势是：文件出台程序和要求相对较低，较易实现；该类文件在本行政区域或其管理范围内具有普遍约束力，在一定时间内相对稳定、能够反复使用；这类文件可单独发布也可联合各部门共同发布，可根据综合各部门职能等现实情况灵活考虑。

该途径的劣势是：非立法性文件，其威慑和影响力较法规与部门规章低；鉴于国际木材合法性贸易法规均为法律性文件，中国如果以规范性文件等非立法形式出台相关管理政策，可能导致国际市场对其监管效果认定的不充分，需待较长时间的实践验证。

规范性文件可考虑与海关、商务部、市场监管总局等相关部门协调共同发布或者单独发布，在文件制定与发布过程中与多部门共同协商，谋求多部门的配合与支持。规范性文件在所辖领域与行业同样具有较强的约束力和影响力。

结论性建议：在全球贸易立法趋势的影响下，从有效规范中国木材来源及相关贸易角度讲，加强木材来源合法性管理有其必然性。现阶段可考虑围绕《森林法》及后续修订的《森林法实施条例》中关于对木材来源合法的监管精神，明确相关核查机制和惩罚措施，在此基础上由林业主管部门适时出台木材合法性管理的部门规章或具有行业约束力的规范性文件，行业自律可作为一种市场工具或保障措施。

（三）覆盖范围

制度规范的产品范围可以分别针对国产木材及其制品、进口木材及其制品，也可以覆盖所有来源的木材及相关产品。

（1）国产材

针对国产材，我国具有严格而具体的依法凭证采伐林木的管理制度和体系、木材凭证加工管理制度，国产材在森林采伐源头管理和木材流通环节管理方面具有一体化的监管体系，无须专门进行规定。

（2）进口材

对于进口木材，目前中国进口木材合法来源管理规定尚为空白，为限制非法采伐木材的进口，有必要针对进口材开展合法来源及贸易的规范化管理。目前国际社会现有木材贸易法案大部分涵盖所有来源木材，日韩等国对进口材和国产材加以区分，针对性较强，也可作为借鉴。

结论性建议：中国可对国产材与进口材的进行区分化管理，国产材依据现有法律规章进行管理，针对进口材制定专门的部门规章或规范类文件进行管理。此外，所涵盖的具体林木产品，美国《雷斯法案修正案》示范了如何分阶段引入产品覆盖范围，以使进口商及其供应商能够遵守新的法规要求。中国制度出台可综合考虑相关产品进口量、进口需求、供应链复杂程度对林产品进行划分，现阶段可针对高风险比例高的原木、锯材等原材料产品进行规范，未来视需求逐步扩大到纸张、人造板等高风险深加工类产品。

（四）企业责任选项

对企业责任的规定是决定制度能否发挥切实效用的核心要素之一，同时决定相关制度能够多大程度上保证木材来源合法，以及相关制度在保证合法性方面是否能够得到国际木材市场的广泛认可。从国际实践来看，对企业责任的界定主要有五方面可选项，包括海关申报、尽职调查、产品的可追溯要求、企业自愿产品注册、强制性木材合法性验证。

1. 海关申报

国际社会包括美国、澳大利亚、韩国等国家均在其木材合法性贸易法规中引入了海关申报手段，配合其它必要核查以保障木材产品来源合法。中国已有完备的《海关法》，所有商品进口都需要填写海关进口货物报关单，海关报关单目前已涵盖木材产品相关必要信息，可考虑在此基础上对其它有利于证明木材合法性的必要信息进行进一步收集，配合执法部门全面掌握木材来源合法的必要信息，同时作为企业产品合法性证据之一。这一手段在具有法律威慑效果的同时，易于执法操作且成本较低，可促使进口报关成为木材合法来源的执法体系中的重要环节。

2. 尽职调查

木材来源合法性尽职调查在证明木材来源合法方面认可度较高，是目前国际主要木材合法性贸易法规的核心要求。对中国而言，木材合法性尽职调查在我国已有一定的应用基础，部分出口企业已按国际市场要求开展尽职调查，因此可考虑在制度中引入尽职调查的核心内容，要求进口企业收集木材合法来源的证据，并履行必要的核查；同时制度还应明确尽职调查所需的文件证据类型，便于企业和管理部门操作。该途径同样具有一定劣势，包括国内木材合法性尽职调查概念接受度有限、受供应链复杂程度影响尽职调查技术要求和操作难度较高、需要一定的企业实施成本与政府执法成本等，应对这一劣势有必要通过采取技术培训、宣传推广等必要的配套措施以保障尽职调查手段的积极效用。

3. 产品可追溯性要求

木材及木制品的可追溯要求同样是企业责任方面的核心要求，目前欧洲、澳大利亚、日本等国家和地区的木材贸易法案均要求贸易商对木材来源进行追溯，对买卖双方信息进行登记与保留。新《森林法》中也规定了"木材经营加工企业应当建立原料和产品出入库台账"，实际上也是针对企业产品追溯方面提出了要

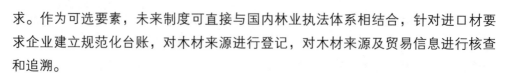

求。作为可选要素，未来制度可直接与国内林业执法体系相结合，针对进口材要求企业建立规范化台账，对木材来源进行登记，对木材来源及贸易信息进行核查和追溯。

4. 自愿性产品注册

企业自愿性产品注册是目前日本法案采取的一种合法性保障措施，中国目前已初步建立起木材合法性验证体系以及相关行业标准，实施自愿性产品注册是一种可选途径。然而，中国目前的行业规范度与消费者意识相对较低，自愿性手段对于企业的约束力有限，或可导致国际市场认可度低等问题。

5. 强制性的木材合法性验证

强制性木材合法性验证是大多数非法采伐风险较高的资源国对企业的要求，具有供应链覆盖范围广，合法性保障力度强的优势，且欧盟的森林执法与施政（FLEGT）进程及资源伙伴协议框架下的合法性验证体系已在国际上取得较快进展。在我国，国产材的合法性风险较低，如果所有进出口产品均要通过体系验证，会导致企业成本居高不下；另一方面该途径主要适用于森林治理能力弱、木材合法性风险高的木材生产国，中国并不作为欧盟自愿伙伴协议的目标国家，因此该途径可行性较低，可作为企业作为满足法规要求，规避非法采伐风险的一种市场工具。

结论性建议：可将几种途径结合使用，全面保障木材产品合法性。一是企业根据制度要求，针对木材及其产品详细信息进行如实的海关申报；二是在履行必要的尽职调查基础上收集官方认可的木材合法来源证据；三是与国内现有林业执法体系结合，企业建立规范化台账，保证产品可追溯性。有关木材合法性验证和企业自愿产品注册可作为企业开展木材合法性尽职调查，采取风险规避措施的一种自愿性市场工具。

（五）执法主体与核查方法选项

合法性核查机制是制度体现其实际效力的核心内容。合法性核查可包括海关核查、林业部门木材来源核查、设立专门的核查机构进行合法性验证三种可选途径。

1. 海关核查

要求企业在办理入关手续时填报备注信息详尽的海关申报单，或可要求同时提交其它合法性证明文件。中国针对进口商品需要填报海关进口货物报关单，当前海关报关单中基本涵盖了实现木材产品可追溯性的基本信息，包括商品名称、树种、数量单位、原产国、供货商等必要信息，可考虑在此基础上进行细化备注，进一步追溯可证明木材产品来源合法的其它必要信息。海关核查可在第一时间禁止非法采伐的木材进入国内，时效性强，核查面比较广。但单独的海关核查有其不足之处，一是海关核查合法性文件的专业性能力不足；二是中国进口体量巨大，在海关层面增加对木材产品的额外合法性核查具有一定难度，增加执法成本，一定程度上影响海关通关效率。因此，可考虑一是在制度框架下确定对木材产品的海关进口货物报关单相关备注信息进行规范性要求；二是海关在权责范围内对基本产品信息进行核查，载有合法性备注信息的海关申报单作为产品开展了尽职调查的证据供林业部门开展木材合法性核查和产品追溯时调用。

2. 林业主管部门合法来源核查

林业部门对企业木材来源合法性开展核查是《森林法》对林业部门赋予的重要职责。可考虑由当地林业主管部门对企业木材来源合法性进行抽查，明确对国产材和进口材的核查重点与要求，要求企业提交台账以及其它可证明来源合法的证据文件。该途径的优势在于新《森林法》对于企业台账的建立以及强化林业部门执法权力已经有了明确规定，对于收购、加工、运输明知是盗伐、滥伐等非法来源的林木的，"由县级以上人民政府林业主管部门责令停止违法行为，没收违法收购、加工、运输的林木或者变卖所得，可以处违法收购、加工、运输林木价款三倍以下的罚款"。且2017年国务院取消在林区经营（含加工）木材审批许可后，为加强事中事后监督，国家林草局规定县级林业主管部门需每年对木材加工企业进行抽查，抽查比例不低于20%，这一途径可与国家现有行政管理手段有效衔接，不需要增加额外执法成本。该途径的不足在于目前地方林业主管部门鉴于人力有限对木材加工企业的核查比较弱，且合法性核查专业能力有待加强。

3. 专门核查机构合法性核查

第三种可选途径为设立专门机构对企业开展合法性验证，主要方法为成立经过政府授权的验证机构，对进出口企业开展木材来源合法性验证，并颁发核查结果证明。该途径可在较广范围实现核查，且依托专业机构验证效果较好，然而机制建立与操作过程中会产生较高成本，操作过程较为复杂。此途径可作为一种辅助性市场工具，未来考虑由政府认可，依托市场机制成立相关机构，企业自愿选择是否验证。同时，作为一种补充性、自愿性、激励性的选择，验证结果可作为证明来源合法的直接依据以免于合法性的行政核查。

结论性建议：有关木材合法性的核查应结合国家现有的执法体系，建立以林业部门针对林业企业木材来源合法性核查为主，海关申报作为合法性核查重要参考，第三方机构提供技术支持和监督作为补充的综合性执法核查体系。

三、合法性框架

上文通过确定监管途径、法规层次、覆盖范围、企业责任与执法主体与核查方法等五个层面的法规构成要素，在优劣势比较的基础上确定各要素选项，得出最终的结论性建议，本部分内容结合以上结论性建议设计了中国木材合法性贸易法规的主体框架，并以此为依据草拟了《进口木材合法来源核查管理办法》建议稿（详见附件2）。

（一）法律依据

文件根据《中华人民共和国森林法》《中华人民共和国海关法》《中华人民共和国森林法实施条例》《中华人民共和国濒危野生动植物进出口管理条例》等法规制定。

（二）范围

针对进口木材，包括原木、锯材等原材料产品，未来分阶段涵盖人造板、地板、木制家具、纸和纸浆以及其它木制品等。

（三）合法来源定义

对木材来源的合法性进行界定，指出违反木材合法来源的行为即木材收购单位和个人收购没有林木采伐许可证或其它合法来源证明的木材。进口来源的木材合法性定义应根据我国对于非法采伐及相关贸易的基本立场，需要强调符合木材生产国有关采伐和贸易方面的法规制度，合法与非法的界定应符合国家主权原则，即应由所在国的政府进行界定，注重源头管理。

（四）总体要求

主要目标是禁止非法来源的进口木材进入国内市场，任何企业和个人不得收购、生产和加工非法来源的进口木材。

（五）核查对象

由于木材进口商和贸易商在保证木材来源合法性方面所需履行的责任差异较大，本着源头治理原则，在核查木材合法性方面，有必要对木材企业进行划分，并依次规定有区别的企业要求。进口木材合法来源的核查对象是从事进口木材贸易和加工的企业，包括直接进口木材进行分销或加工再销售的企业和在国内市场采购、加工或销售进口木材的企业两种。

（六）企业责任

分别针对直接进口企业与加工贸易企业划分企业责任。直接进口企业在木材及木材产品进口前应对所进口木材及木材产品的来源进行追溯，在此基础上向海关提交进口货物报关单，并收集进口木材合法来源证明文件，履行必要的核查。进口货物报关单中如实申报和备注进口木材的详细产品信息，进口木材合法来源证明文件可包括多种国际通用和认可的可选项，比如木材原产国签发的采伐许可证或其它官方认可的合法证明、森林认证证书、CITES证书等。生产贸易企业只需要收集和保留其供方和买方的基本信息，保障产品可追溯性即可。

（七）合法性核查

建立以林业部门针对林业企业木材来源合法性核查为主，海关申报核查为辅，第三方机构提供技术支持和监管作为补充的综合性执法核查体系。海关在职责范围内对申报的木材种类和信息进行核查，海关申报单作为木材产品开展尽职调查的必要证据，林业主管部门每年对木材加工企业木材来源合法性进行抽查，抽查重点是企业原料和产品入库出库台账，以及企业报关单、木材合法来源证明及文件，企业合法性追溯文件等证据。

（八）配套性保障措施

配套性保障措施是保障制度实施的重要内容，主要包括以下几个方面。

1. 技术服务

由国家林业主管部门指定专门机构，为企业提供木材来源合法性的尽职调查体系构建和监督审核服务，并核发木材合法性尽职调查合格评定证书，促进尽职调查履行的同时作为企业合法性免检凭证。

2. 信息平台构建

推动尽职调查企业注册与合法性信息共享，构建起能够影响行业的负责任林产品贸易交流平台，推进木材合法性尽职调查合格评定企业注册，辅助企业产品通关或免于抽查，利用信息平台对各地林业主管部门的核查在线实施监督和指导。

3. 建立完善的多部门协调机制

建立进口木材合法性核验工作的部际协调机制，支持木材进口规章制度的执行，加强国家林业和草原局与地方各级林业主管部门的协同联动，实现横向联动与协同联动。

4. 推动国际合作和木材合法性互认

充分利用已有的中美、中欧、中澳、中日韩、中印等打击非法采伐及相关贸易双边机制和APEC多边协调机制，推动合法木材产品的国际互认，为进口合法木材提供便利，促进两国间或区域内贸易合法性和便利化。

5. 加强宣传推广与社会监督

通过新闻媒体和互联网等渠道，加强木材合法进口相关政策解读和宣传推广，

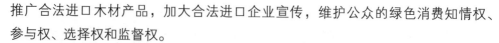
推广合法进口木材产品，加大合法进口企业宣传，维护公众的绿色消费知情权、参与权、选择权和监督权。

（九）处罚机制

鉴于海关与林业部门联合核查的合法性验证机制，依据上位法原则，对于违反政府监管的行为，相关处罚措施可根据《海关法》《森林法》及《森林法实施条例》相关规定进行处罚。

四、政策建议

为推动我国木材合法性管理制度的出台与实施，提出以下建议。

（一）在木材合法性制度建设方面政府需要加强顶层设计

在当前，无论是木材消费国还是生产国，木材合法性已然成为全球性的立法趋势，未来我国出台规范木材进口的合法性管理制度是促进贸易蓬勃有序发展的必然性选择。新《森林法》的修订在杜绝非法来源林木、鼓励开展森林认证等方面作出了明确规定，为国内木材合法性制度出台奠定了立法基础。为确保制度顺利出台与有效执行，政府层面需要加强顶层设计，统筹考虑。一是要深刻把握新《森林法》保障木材来源合法的法律纲领与立意，积极推进中国进口木材合法性管理办法的出台，以修订后的《森林法》第65条为基础，结合《森林法实施条例》的修订进程，明确将进口木材纳入规范范围内，同时积极研究国际相关立法趋势与基本动向，使制度设计既巩固和强化基本法关于杜绝非法来源林木的法律精神，又一定程度上兼容国际社会关于合法性的普遍认同。二是要尽可能考虑现实国情以及企业等直接利益相关方的接受能力。制度推进方面，分阶段、分步骤循序渐进加以推进，以自愿性指南和标准的试点和应用为基础，逐步出台具有行业约束力的管理规章；产品范围方面，考虑到不同产品范围对企业的影响和成本问题，首先可限制高风险国家的原木、锯材等初加工产品流入中国，再逐步扩大至人造板、家具以及纸和纸张等深加工产品，使企业能逐步提升能力，适应新管理规定的要求。三是制度设计阶段要充分考虑企业诉求，相较于管理制度所能带来的远期可持续前景，企业更加忧虑制度出台后原材料交易量减少以及运营成本、合法性合规成本增加等问题，在保障制度有效性同时需要尽量精简合规程序，减少制度成本。四是积极出台相关的配套性保障措施推进制度实施，在弥补企业合规成本的同时提高合规积极性，包括加强木材合法性管理工具的开发和平台建设，为企业提供培训和技术服务；加强核查主体的培训和能力建设，提升执法能力；创建企业信用评价体系，严格落实企业主体责任；建立奖励机制，加强政府绿色采

购和财税金融政策的支持。

（二）加强进口企业责任意识与能力建设，为制度实施铺垫坚实基础

中国木材供应链很长，相较于出口导向型企业，在供应链前端的进口企业对于木材合法性敏感度较低，需要进一步提高企业合法性的意识和能力建设，为制度出台和实施奠定更为坚实的基础。一是重视自愿性指南在制度出台和执行进程中的引导性作用，不断推进《中国企业境外森林可持续经营利用指南》《中国企业境外可持续林产品贸易与投资指南》等指南的应用和推广，指导中国企业的可持续投资与贸易活动。二是加强进口集散地区的合法性宣传，通过与当地政府或行业协会开展合作，召集企业开展交流与宣传，提高企业合法性自律意识。三是不断增强企业合法性合规能力建设，针对企业在来源追溯、尽职调查等方面技术能力的匮乏，积极开展合法和可持续活动设计，包括政策研讨、培训、指南和技术试点等。

（三）加强与木材来源国合作，提高木材来源国提供合法木材的能力

一般意义上来讲，非法采伐违反的是木材生产国有关采伐、运输和买卖过程中的法律，某些木材生产国林业立法不健全，执法能力低，为非法采伐提供了空间，也为木材的原产地管理带来很大困难。木材进口国的制度无法直接施行于木材生产国，但是可以通过加强与木材来源国的合作，逐步减少由原产地管理能力不足所带来的合法性挑战，进一步给中国的木材进口管理制度执行扫清障碍。具体可在以下几方面加强合作：一是与资源国及木材生产国建立政府间与非政府间非法采伐及相关贸易对话机制，定期就木材进出口交易问题进行磋商，加强国家海关之间的密切合作，增加海关数据的交流和透明度，共建源头管理的监管体系。二是充分利用援非机制和"一带一路"倡议为木材来源国提供人员培训，加强森林资源管理者的执法能力和管理水平。三是加强对重要资源国企业的"走出去"引导，不断提高境外森林资源合作与可持续利用水平，拓展合法林产品进口空间，保证合法木材产品的稳定供应。四是可考虑在部分重要木材来源国的中国使馆，设立驻外木材产品专员，监督和协调合法性贸易相关事宜。

主要参考文献

A Farrow. 2008. Animal&Plant Health Inspection Service:Draft Declaration for LAA Russell[J].Economics and Policies Issues,2(6):5-9.

Bosello F, Parrado R, Rosa R. 2013. The economic and environmental effects of an EU ban on Illegal logging imports.Insights from a CGE assessment [J]. Environment and Development Economics，（2）.

Canberra & Sydney. 2010. A Final Report to inform a Regulation Impact Statement for the proposed new policy on illegally logged timber [R]. Centre for International Economics. www.TheCIE.com.au.

Canberra & Sydney. 2010. Proposed new policy on illegally logged timber [R]. Centre for International Economics. www.TheCIE.com.au.

Chatham House.2015. Tackling Illegal Logging and the Related Trade What Progress and Where Next? [R]. The Royal Institute of International Affairs.

Department of Agriculture, Fisheries and Forestry. 2010. Final Report：legal forest products assurance-a risk assessment framework for assessing the legality of timber and wood products imported into Australia[R].

Department of Agriculture, Fisheries and Forestry. 2010. Final Regulation Impact Statement：Australian Government policy on illegally logged timber[R].

Dieudonne Alemagi, Robert A.Kozak. 2010. Illegal logging in Cameroon: Causes and the path forward [J]. Forest Policy and Economics, 12:554-561.

Duncan Brack. 2007. Action against illegal logging : interaction with international trade agreements[R]. Chatham House.

EFI. 2011. Support study for development of the non-legislative acts provided for in the Regulation of the European Parliament and of the Council laying down the obligations of operators who place timber and timber products on the market[R].

EU.2007. Impact Assessment：Report on additional options to combat illegal logging[R].

Francesco Bosello , Ramiro Parrado, Renato Rosa. 2010. The economic and environmental effects of an EU ban on illegal logging imports. Insights from a CGE assessment [J]. SSRN Electronic Journal.

Helsinki. 2008. Assessment of the Impact of Potential Further Measures to Prevent the Importation or Placing on the Market of Illegally Harvested Timber or Products Derived from Such Timber[R]. INDUFOR.

Hoare A. 2015. Tackling Illegal logging and the related trade what progress and where next[R].Chatham House Report.

Jing qian, Bin xu, et al. 2016. Illegal logging and related trade: who combat it as legal subjects? [J]. Open Journal of Forestry, (6).

Jon Buckrell, Alison Hoare. 2011. Controlling Illegal Logging: Implementation of the EU Timber Regulation[R]. Chatham House.

Marigold Norman, Jade Saunders. 2017. Regulating the trade in illegal timber: Asian Approaches[R]. Forest trends report series.

Mattew Linkie, Sean Sloan. 2014. Breaking the vicious circle of illegal logging in Indonesia[J].Conservation Biology. 4 (28) : 99–101.

Matthias Dieter. 2009. Analysis of trade in illegally harvested timber: accounting for trade via thired party countries[J].Forest policy and economics, 38 (11): 56–59, 600–607.

Prestemon J P. 2015. The impacts of the Lacey Act Amendment of 2008 on U.S.hardwood lumber and hardwood plywood imports[J].Forest Policy and Economics, 50 (1).

Putz F E, Sist P, Fredericksen T, et al. 2008. Reduced–impact logging: Challenges and Opportunities [J].Forest Ecology and Management.

Raymond Mi, Todd Mc Innis, Edwina Heyhoe. 2010. The economic consequences of restricting the import of illegally logged timber [R]. Australian Bureau of Agricultural and Resource Economics.

Ruhong Li, et al. 2008. Long–term effects of eliminating illegal logging on the world forest industries, trade, and inventory[J]. Forest Policy and Economics, 10:480–490.

Seneca Creek Associates. 2004. "illegal" Logging and Global Wood Markets:The Competive Impacts on the U.S. Wood Products[R]. Industry.Wood Resources International, LLC.

Tacconi L, Cerutti P O. 2016. Defining Illegal Forest Activities and Illegal Logging[R]. International Union of Forest Research Organizations (IUFRO), Vienna, Austria,1016–3263.

Timber Regulation Enforcement Exchange Newsletter Fall 2016. Available at http://www.forest–trends.org/documents/files/doc_5494.pdf

Victor Hugo Gutierrez–Velez, Kenneth MacDicken. 2008. Quantifying the direct social and governmental costs of illegal logging in the Bolivian, Brazilian, and Peruvian Amazon [J]. Forest Policy and Economics, 10:248–256

Vincent Van denberk. 2009. Controlling illegal logging and the trade in illegally harvested timber[J]. Review of European community&International environment law.14(1):28–38.

Xiaobiao Zhang, et al. 2016. Eliminating Illegal Timber Consumption or Production: Which Is the More Economical Means to Reduce Illegal Logging? [J]. Forests, (9). DOI:10. 3390/f7090191

陈积敏，钱静，贺祥瑞 .2014.打击木材非法采伐与贸易的执法困境探析 [J].林业经济，36（07）: 68–71.

陈积敏，钱静 .2016.打击非法采伐与贸易的国际合作机制研究 [J].林业经济，38（08）: 41–45.

陈积敏，杨红强 .2014.木材非法采伐影响机理研究 [J].林业经济，36（02）: 110–114.

陈积敏 .2013.木材非法采伐行为方式定性研究 [J].林业经济，36（11）: 118–123.

陈洁，徐斌，刘小丽，等 .2014.中国木材合法性认定体系路径选择 [J].世界林业研究，27（5）

陈绍志，李剑泉，徐斌 .2013.中国应对木材非法采伐的法规及制度 [J].国际木业，

43（02）：2-3.

程宝栋，翟瑞一.2013.应对非法采伐与相关贸易的国际行动及启示[J].对外经贸实务，（06）：22-24.

程宝栋，李凌超.2016.非法采伐、跨国木材合法性保障制度与相关贸易：进展、挑战和对策，国际贸易，（7）.

程宝栋，宋维明.2008.中国应对国际木材非法采伐问题的思考[J].国际贸易，（03）：50-53.

崔玉倩.2016.构建中国木材合法性尽职调查体系框架研究[D].中国林业科学研究院.

付建全.2010.国际木材非法采伐及相关贸易对策研究[D].中国林业科学研究院.

管志杰.2016.全球治理非法采伐的贸易影响及对策研究[M].经济科学出版社.

韩沐洵，等.2013.中国木质林产品贸易与国际非法采伐相关性分析[J].林业经济，（09）：75-82，101.

胡杨.2010.日本木材及木制品合法性、可持续性证明方法指南[J].中国人造板，（4）：13-16.

黄山青，管志杰.2015.中国非法采伐的研究综述——基于中国知网期刊数据[J].滁州学院学报，17（04）：43-46.

姜凤萍.2013.中欧国际合作框架下的非法采伐相应对策研究[D].中国林业科学研究院.

蒋兰香.2010.刑事违法抑或行政违法[J].北京林业大学学报（社科），9（1）.

金普春.2005.关于非法采伐和贸易问题的思考[J].绿色中国，（08）：21-23.

李剑泉，陈绍志，陈洁.2013.木材合法性认定与森林认证的比较优势及影响研究[J].林业经济，（09）：47-54.

李剑泉，陈绍志，徐斌.2014.中国应对木材非法采伐相关贸易法规的对策建议[J].国际木业，（6）.

刘金龙，龙贺兴，涂成悦.2014.非法采伐语境下利益攸关方的行动分析[J].林业经济，36（03）：83-89.

刘金龙，龙贺兴.2014.非法采伐语境下利益攸关方的行动分析[J].林业经济，（3）.

陆文明，孙久灵．2008.非法采伐及国际上打击非法采伐的努力 [J].中国林业经济，（05）：49–52.

缪东玲，程宝栋.2014.打击木材非法采伐及其相关贸易的立法现状和影响研究[J].林业经济评论，4（02）：19–28.

缪东玲．2011.打击木材非法采伐及其相关贸易的全球治理分析[J].国际经贸探索，27（09）：72–78.

缪东玲．2018.非法采伐及相关贸易研究综述[J].世界林业研究，31（03）：1–8.

钱静，徐斌，陈积敏，等.2015.打击非法采伐与贸易：国际法主体功能定位分析[J].林业经济，37（12）：48–53.

宿海颖，李茗，陈勇.2012.雷斯法案修正案与欧盟木材法案比较研究及中国应对策略[J].林业经济问题，32（04）：364–368.

孙久灵．2011.中国判断木材非法采伐的法律依据研究[D].中国林业科学研究院．

王清军.2010.集体林权制度改革背景下森林采伐管理体制变革研究—兼论森林法的完善[J].东南学术，（5）．

王邱文，陈积敏，钱静.2015.木材非法采伐及相关贸易的监管框架构建[J].林业经济，37（11）：44–47.

徐斌，陈洁，李静．2017.中国木材合法性尽职调查体系构建研究与技术指南 [M].中国林业出版社．

徐斌，陈绍志，陈勇．2014. 应对非法采伐与相关贸易策略研究 [M].中国林业出版社．

赵良听.2011.国际打击非法采伐对中国木材资源进口的影响[D].南京林业大学．

附件1 国际木材合法性贸易法规要素比较

要素	《雷斯法案修正案》	《欧盟木材法案》	《禁止非法采伐木材法案》	《清洁木材法案》	《可持续利用法案修正案》	《木材进口条例》	要点比较
生效和实施	2008年5月修订生效，2008年12月起分四个阶段逐步实施，2010年10月全面实施，2015年开始第五阶段申报计划实施。法案为该国农业法案一部分，由国家通过	2010年12月生效，2013年3月3日起全面实施。由欧盟委员会通过，所有成员国适用	2012年11月30日生效，2014年11月30日全面实施。由农林水产部、渔业和水产理事会(MCFFA)和澳大利亚政府委员会(COAG)制定颁布，国会通过	2017年2月发布草案，5月20日正式生效实施。由农林水产部、经济产业部及国土交通部共同制定并颁布	2017年3月21日颁布，2018年3月22日正式实施。由山林厅制定和颁布	2014年颁布，2016年1月正式实施。印度尼西亚贸易部颁布，环境与森林部制定发布法案所使用的尽职调查指南	生效到实施基本都有缓冲期；美国分阶段实施，韩国根据产品不同实施日期也不同；印度尼西亚法案服务于合法性保障体系，属于一种配套法
自愿/强制	强制	强制	强制	自愿。符合规定的运营商自愿向政府注册为负责任运营商，一旦注册则必须遵守	强制	强制	除了日本，均是强制性法规。日本法案在自愿注册后也具有强制性。相比欧美及澳大利亚木材法案，亚洲法案合规标准较为温和，从企业合规难度角度作出考量，并在一定程度上保留了宽松的执行空间

续表

要素	《雷斯法案修正案》	《欧盟木材法案》	《禁止非法采伐木材法案》	《清洁木材法案》	《可持续利用法案修正案》	《木材进口条例》	要点比较
规定的主要义务	做到"应尽的关注",并提交海关申报表。海关申报表必须包括进口木材每个材种的拉丁名、进口货值、进口木材原产国的信息,如木材数量、木材原产国,则要填写可能的原产国	一是禁止非法木材及其木质品的投放;二是要求对欧盟市场首次投放木质品的运营商进行"尽职调查";三是保留其供货商以及客户的文件和相关记录至少5年	澳大利亚进口商和国内生产者需开展尽职调查,并需在边境进行申报	1. 对于进口木材,经营者需要证实木材产品是否符合来源国的法律,是否通过了来源国的合法性认证 2. 自愿向政府登记成为注册经营者及木制品经营者的企业需要核实其所使用木材的合法性 3. 法案规定,可以采用3种方法证明木材的合法性	1. 国内材部分:木材生产者向区域管理部门提交经营报告,经审核满足生态安全及可持续经营要求的方可持续森林管理要求获取采伐许可 2. 进口材部分:相关企业必须向有关部门提交木材的种类、配额及采伐许可证及书等等方面的材料,并清楚记录木材种类、流通量等账簿。相关包含以下任一项:①依据原产国法令发放产地的采伐许可	1. 进口商进口前需开展尽职调查以获得进口许可 2. 印度尼西亚环境与森林部颁布的尽职调查指南要求所有进出口企业及其中所有产业链中的贸易与加工企业开展尽职调查,在产品进口计划及相关进口之前提交进口计划及相关详细信息,以满足印度尼西亚贸易部对进口产品要求,并获得进口许可	美、澳、韩三国均需要海关作申报,它三国未作要求;与欧盟和澳大利亚法案比较而言,日本、韩国要求企业建立合法性文件的档案,但相关规定并不相同,但以企业积极规避"风险"作为强制实施的核心要求;相比欧盟、澳大利亚,日本与印度尼西亚、韩国明确企业开展尽职调查,而仅要求提供文件性质的合法性"声明"

续表

要素	《雷斯法案修正案》	《欧盟木材法案》	《禁止非法采伐木材法案》	《清洁木材法案》	《可持续利用法案修正案》	《木材进口条例》	要点比较
					书；②韩国国林务局公布的国际认可的第三方合法性证明（如FSC，PEFC）；③韩国的与相关木材原产国互认的文件；④由韩国林务局签发的木材和木材产品合法采伐的证明文件。所有验证木材或木材产品合法采伐的文件应保存五年		

续表

要素	《雷斯法案修正案》	《欧盟木材法案》	《禁止非法采伐木材法案》	《清洁木材法案》	《可持续利用法案修正案》	《木材进口案例》	要点比较
适用对象	适用木材供应链上的任何人，包括进口商、制造商、零售商，尤其美国国内林产品经销商	适用于向欧盟市场首次投放木材制品的运营商和贸易商，涉及供应链的整个环节	适用于本国进口木材和加工非木材的法人和自然人	适用于注册成为负责任运营商的企业，涵盖整个产品供应链个环节	国内木材生产者以及进口木材和木制品的经营者	适用于第一批将产品投放市场的企业及寻求出口的相关企业，适用于所有进口木材的运营商	从法案的施行对象分析，美、欧盟、澳大利亚基本实现了供应链覆盖，日本、印度尼西亚木材法案有一定的相近之处，如把林产品初次投入市场的企业归为主要的监管对象，整体趋势将从实现了产品合法性生产、进口源头开展管控的重要性

续表

要素	《雷斯法案修正案》	《欧盟木材法案》	《禁止非法采伐木材法案》	《清洁木材法案》	《可持续利用法案修正案》	《木材进口条例》	要点比较
主管部门及职责	美国内政部渔业和野生动物服务局以及美国农业部动植物检疫局在处理非法来源木材进口中具有主要作用。海关和边境的美国国土安全局参与法案实施。如果联邦检察院发现或收到犯罪活动的证据，就会进行进一步调查。如果有充足证据证明产品是非法来源的，案件将被移交给美国司法部，并启动没收、罚款程序	欧盟各国政府指定1个或多个主管部门对法案执行行管理。主管当局还负责监督监管机构进行检查，以核实他们是否履行其职能	法案的主管机构是澳大利亚主管林业的农渔业部（DAFF），农渔业部负责协调本法案的执行并按规定实施处罚。主要负责：基于风险开展检查；设置合规期；与主要贸易伙伴一起制定国家特定指南；支持进口商开展尽职调查	农林水产部、经济产业部及国土交通部为主管部门。农林水产部负责指南和建议的制定、收集报告并开展现场审查。主管当局授权给当地分支机构或部门执行法案	韩国山林厅负责制定并执行相关政策，促进木材的可持续生产与其供应的稳定性。同时指定监督机构对相关材料进行审核	主管机构主要包括贸易部（MOT）与环境与森林部（MOEF）。印度尼西亚贸易部（MOT）负责向企业颁发或撤销进口许可；环境与林业部（MOEF）负责管理尽职调查电子系统，向贸易部发布进口建议，并针对可疑案例开展调查	主管部门均是政府部门，其中澳大利亚和韩国属于单一主管部门；美国、欧盟、日本及印度尼西亚均是法律规定的多部门联动

要素	《雷斯法案修正案》	《欧盟木材法案》	《禁止非法采伐木材法案》	《清洁木材法案》	《可持续利用法案修正案》	《木材进口条例》	要点比较
涉及产品	美国《雷斯法案》修订案规定，除了具有CITES证书的木材和木材制品外，几乎所有林产品，没有在贸易中可以免于法案的管辖	除了有FLEGT证书和CITES证书的木材及制品外，明确了免除尽职调查的产品，如可回收产品。回收的产品、竹藤、印刷品（例如书籍、杂志、报纸）不在涵盖范围内	除了具有CITES证书的木材和木材制品外，明确了免除尽职调查的产品，如可回收材料制成的产品以及产品的任何一部分是回收材料可免除尽职调查	所涵盖的林产品范围包括(1)原木及木方；(2)锯木及大方；(3)饰面板、(4)胶合板，层压单板和层压木；(5)木球，木片和木质颗粒。此外及其它木质加工张及产品包括(1)椅子、桌子、书架、收纳用器、衣架、立伞架、布告牌、黑板、白板，以及床架内部主要使用木材的构件；(2)木材纸浆；(3)咖啡用纸、表格用纸、彩色喷墨印刷纸、未敷涂布的印刷用纸、被敷布的印刷用纸、涂布的印刷用纸、	韩国《木材可持续利用法案》覆盖的木材及其制品共15类，包括原木、锯木、防腐木、防火木、木塑复合木、层压木材、胶合板、纤维板、刨花板、木地板、定向刨花板、模型木炭屑、木炭（HSK海关编码：4403、4408、4407、4409、4412）。从韩国近年来的进口产品类别来看，2016年薪材、纸浆、锯材、	根据印度尼西亚贸易部（MOT）第97/M-DAG/PER/11/2015的规定，覆盖的产品范围包括原木、锯材、木屑、颗粒木、家具；原木、木片、刨花板、地板、木箱、建筑木材等（HS4407、4409、4412、4415以及4418），涉及范围较广，但不适用于竹藤进口的纸浆也占进口量比重最大的纸浆未在规定范围中	从产品范围来看，欧美和澳大利亚涵盖最为广泛，印度尼西亚、日本次之；韩国木材法案涵盖的产品范围仅15项，木产品类别，规模中等

续表

要素	《雷斯法案修正案》	《欧盟木材法案》	《禁止非法采伐木材法案》	《清洁木材法案》	《可持续利用法案修正案》	《木材进口条例》	要点比较
				餐巾纸和卫生纸、使用木材纸浆的物品；(4) 木地板材料；(5) 木质纤维板；(6) 用于外墙板的木材；(7) 在从以上物品制造或加工过程中的产品，在以后的制造中使用木材或木材纸浆的物品。总体看来，法案涵盖了以薪材、纸浆、锯材、原木以及胶合板等几项主要进口木制品	原木以及胶合板是韩国主要进口木质林产品，进口家具所占比重不足10%，而进口纸浆比重高达22%，但未被列入		

中国木材合法性贸易
法规框架构建研究

要素	《雷斯法案（修正案）》	《欧盟木材法案》	《禁止非法采伐木材法案》	《清洁木材法案》	《可持续利用法案修正案》	《木材进口条例》	要点比较
海关申报	进口商需填报"植物及产品申报单"，申报拉丁学名、货值、数量、产地、来源国等信息	没有明确规定边境申报	需要进口边境申报，向海关提供尽职调查声明	未提及边境申报	需要提供进口声明，海关进行文件审核。在登记进口的木材或者木材产品完成通关程序前，相关生产商必须向海关部门提交木材材料、配额及采伐许可证书等书面材料，并清楚记录木材种类、流通量等的账簿	无须单独海关申报	美国和澳大利亚明确了进口前需要进行海关申报或需声明；韩国对企业进口进行文件审核，在海关方面设置了联动的审核机制；印度尼西亚和日本对文件审核行为处于企业进口行为之前，无海关方面要求

要素	《雷斯法案（修正案）》	《欧盟木材法案》	《禁止非法采伐木材法案》	《清洁木材法案》	《可持续利用法案修正案》	《木材进口案例》	要点比较
惩罚	包括行政处罚、没收，被指控为走私和洗钱犯罪，设置5年最高监禁年限。50万美元处罚上限。法案依据是相关公司或个人对其违法行为的了解程度，以及所涉及货物以及案值	处罚的细节由欧盟各成员国具体确定，各国间存在差异	处罚包括：入狱5年/个人，5.5万澳元，企业27.5万澳元的罚款。2014年11月后，如果企业违反建立的"尽责调查"的相关要求被起诉，将处个人最高3.3万澳元，公司16.5万澳元的罚款。处罚也包括没收货物	《洁净木材法案》在处罚措施方面对非法采伐木材的生产与贸易主体并无罚款措施。但针对违反法案中注册条例及条例提供信息者，设立了惩罚条件：注册机构被处以1年以内有期徒刑或不高于50万日元的罚款。对于冒用"注册木材及木制品经营者"头衔的企业、注册条例要求申请延期或建立账目，处以30万日元以下的罚款；未按照规定	韩国针对非法采伐木材的生产与贸易相关措施要有：（1）未经审核的木材不得在市场中进行销售，丢失或在造假、进行销售，须予以退回或销毁；（2）违反法案的林产品临木材业生产格注销其进口许可，并禁止该进口商于12个月内再次进口；（3）对于不遵照执行的企业将整顿停业3000万韩元以下的罚款或三年以下监禁	印度尼西亚在处罚方面没有设立刑事处罚，处立刑事处罚，处罚手段相对温和。对于运营商和。对于运营商在尽职调查中存在造假，丢失SVLK许可证或是加工企业未按照规范进口的履约行为者，环境和林业部经过审核可撤销其进口许可，	欧美与澳大利亚在处罚力度上较重，处罚措施均涉及了没收、罚款甚至其它刑事处罚；日本和印度尼西亚对于非法采伐贸易本身处罚较为温和，仅是撤销资格或者暂停进口，其中日本对于注册后的履约行为较为看重，相应的处罚措施，但仍很轻量，各国在处罚措施的判别准则和执行上存在不同侧重

续表

要素	《雷斯法案修正案》	《欧盟木材法案》	《禁止非法采伐木材法案》	《清洁木材法案》	《可持续利用法案修正案》	《木材进口条例》	要点比较
				提交报告或进行现场审核,财务造假及上报虚假信息者处以20万日元以下的罚款。对于违反《法案》的注册企业、将吊销其"注册木材及木制品经营者"资格			
尽职调查	法案要求企业做出"应有的关注",一定程度上需要依据实际情况开展尽职调查,具体措施法案没有明确	对尽职调查有明确规定。一是收集信息;二是风险评估;三是风险规避。通过三个步骤的"尽职调查"体系,将向欧盟市场投放非法木材以及其木质产品的风险降到最低	对尽职调查有明确规定。该"尽职调查"与欧盟法案有关"尽职调查"所包含的内容基本一致,包括:信息收集和风险评估、风险规避,此外,进口商还必须填写一份尽职调查的声明表。法案	对尽职调查有明确规定。法案将木材及木制品经营者划分为将产品投入市场的一类企业和二类企业两个类别。一类企业首先应收集和提供产品信息,产品信息和欧盟和澳大利亚类似,如企业无法确认其木材及木制品	对尽职调查无明确规定。仅依照法案进行文件审核	对尽职调查有明确规定。环境和森林部评估和注册运营商在SILK门户上传的信息,包括有关进口产品的国家、品种,产品和HS编码)以及将尽职调查作为进口商和出口商之间流通木	除了韩国以外,其它国家法规均对尽职调查有所要求,美国的应有关注实际和尽职调查相对,只是未对如何开展尽职调查作明确规定。欧盟、澳大利亚和日本所规定的尽职调查步骤更为类似,澳大利亚和日本对于不同的适用情况或适用企业

要素	《雷斯法案》修正案	《欧盟木材法案》	《禁止非法采伐木材法案》	《清洁木材法案》	《可持续利用法案修正案》	《木材进口案例》	要点比较
尽职调查			针对 FSC/PEFC 的尽职调查要求，针对国别指导方针的尽职调查要求和针对其余适用产品的尽职调查要求均有明确规定	合法性，则应继续收集其它信息或者放弃使用。二类企业无须了解原材料的树种以及他们原产国家/地区，但需提供货运单等信息，并对上游企业所提供的信息进行核实。无须提供货源企业的信息。两类企业对于所要求的信息及证据均须留存 5 年		材合法性的文件证据，文件证据必须包括：a）FLECT 许可证；和/或 b）MRA（相互承认协议）和/或 c）由出口国管制的国别产品合法性准则（CSG）等；和/或 d）来自认证机构的证书，和/或 e）关于森林产品的采伐国或原产国当局关于森林产品合法性或可持续性的推荐信	在尽职调查履行上有所区分；印度尼西亚的尽职调查更多在文件评估上投入力量更多

续表

要素	《雷斯法案修正案》	《欧盟木材法案》	《禁止非法采伐木材法案》	《清洁木材法案》	《可持续利用法案修正案》	《木材进口条例》	要点比较
监督机关	《雷斯法案修正案》并没有设置专门的监督机构，而是由长期从事野生动物进口和走私案件调查的私人机构专家、美国国内政部鱼和野生动物服务局，以及美国农业部动植物检疫局共同处理申报和调查非法来源木材的进口	《欧盟木材法案》专门设置监督机构，监督机构必须是欧盟内依法成立的私人机构，拥有必要的专业知识和能力。监督机构的职能包括开发实用的"尽职调查"体系；验证运营商正确使用"尽职调查"体系；在运营商不能正确使用调查体系时，采取适当行动	澳大利亚通过任命检查员来行使监督检查权力，检查员监督本法案的规定条款是否已经或者正在被执行和遵守	没有设立监督机构	没有设立独立监督机构。支持社会监督，对于社会上举报违反本法律法规行为者，可获得一定金额的奖励	主要依靠有两个独立监督体系发挥作用。一是木材合法性监管体系发挥着主要的监督作用；二是民间社会可以作为 TLAS 中规定的独立监督者，包括民间社会可要求企业提供有关木材合法性的文件	欧盟专门设置了监督机构；美国虽然没有设置专门的监督机构，但是法案规定了多部门的联动，执法环环相扣；澳大利亚设置了专门的职位对法案执行进行监督和检查；印度尼西亚设立了独立的监督系统；韩国政府部门有监督职责，此外支持民间举报。总体来看，目前日韩及印度尼西亚木材合法性保障体系从机制相比较弱，欧盟、美国等法律机制相比较完善，在非法采伐及供应链风险信息方面与非政府组织缺乏信息共享，既有的信息披露渠道未经实际检验

续表

要素	《雷斯法案修正案》	《欧盟木材法案》	《禁止非法采伐木材法案》	《清洁木材法案》	《可持续利用法案修正案》	《木材进口条例》	要点比较
非法定义	美国目前并没有制定关于进口木材制品合法性的定义或标准。根据《雷斯法案修正案》，非法是指，该产品所含的木材在取材、占有、运输或销售的任一环节中违反了美国（即联邦国）、任何一州或任何外国关于保护植物或规制各种明列的涉及植物的违法行为的法律法规	欧盟《木材法》中对于木材合法性的界定是基于木材生产国立法的，包括：1）在合法确定边界内的采伐权；2）对采伐权和木材支付相应的费用，包括与采伐有关的税费；3）木材采伐，包括符合环境和林业部门的立法；4）确保受木材采伐影响的第三方有关使用和权属的合法权力；5）遵守林业部门有关贸易，海关的法律	对木材合法性的界定也是要求遵守采伐国的相关法律和法规	《清洁木材法案》中对非法采伐进行了定义，即"木材收获违反采伐所所在国的法律"	韩国未对木材的合法采伐或非法采伐作出定义，主要强调了木材可持续利用，是指振兴木材文化，搞活木材教育，使其不仅能为现代社会提供木材产品也能稳定地提供木材产品也能稳定未来时代满足未来的社会、经济、文化精神面的多种多样的木材需求	印度尼西亚的合法性定义借鉴了印度尼西亚有关林业、贸易、环境、农业和土地所有权的法律法规以及印度尼西亚签署和批准的国际条约。合法性定义于2009年由林业部长和印别正式确定。印度尼西亚的合法性定义围绕若干关键原则制定，涵盖森林生产和加工的基本方面，具体取决于森林的类型	各国合法性定义不统一；美国、澳大利亚和日本对合法性的标准类似，丁遵守采伐国的相关法律法规；欧盟和印度西亚对于合法性的标准类似，合法性涵盖合法性的广泛，木材合法性涵盖采伐权，包括收获权，税收和费用，采伐活动、第三方权利以及遵守贸易，运输和海关规定等；韩国主要强调遵守贸易、概念较为模糊，概念可持续

附件2 《进口木材合法来源核查管理办法》建议稿

进口木材合法来源核查管理办法

（建议稿）

第一章 总 则

第一条【目的及依据】为规范进口木材的合法性管理，加强对进口木材合法来源的核查，禁止非法来源的进口木材进入中国市场，根据《中华人民共和国森林法》《中华人民共和国海关法》《中华人民共和国森林法实施条例》《中华人民共和国濒危野生动植物进出口管理条例》以及有关法律、行政法规，制定本办法。

第二条【定义】本办法所称进口木材，是指进口的原木和锯材。

本办法所称进口木材合法来源的标准为：木材的加工、运输和贸易符合木材原产国（地区）相关法律、法规，且符合中华人民共和国缔结或者参加的国际条约。

第三条【适用】中华人民共和国进口木材的合法来源核查管理适用本办法。

第四条【原则】进口木材合理来源核查管理应遵循以下原则：

（一）尊重木材原产国（地区）的国家主权和属地管辖原则。进口木材的采伐、加工、运输和贸易应符合原产国（地区）的法律法规。

（二）符合国际条约原则。进口木材的采伐、加工、运输和贸易应符合中华人民共和国加入的各类国际公约、与有关国家和地区缔结的双边或多边协议（协定）。

（三）规避非法来源风险原则。以禁止非法来源木材进入中国市场为出发点，加强对进口木材来源合法性的核查，维护木材贸易的可持续发展，推动全球生态安全。

（四）维护贸易便利原则。进口木材合法来源核查过程应当科学、高效、便捷，风险可控，且尽可能不增加贸易成本，维护木材国际贸易的便利性。

第二章 核查对象与责任

第五条【总体要求】禁止非法来源的进口木材进入中国市场，任何企业不得收购和加工非法来源的进口木材。

第六条【核查对象】进口木材合法来源的核查对象是从事进口木材贸易和加

工的企业，包括直接进口木材进行分销或加工再销售的企业（以下简称为I类企业）和在国内市场采购、加工或销售进口木材的企业（以下简称II类企业）。

第七条【I类企业责任】I类企业应对拟进口木材的来源进行追溯，在此基础上向海关提交进口货物报关单，并收集进口木材合法来源证明文件，履行必要的尽职调查义务。

进口货物报关单需如实申报进口木材信息，包括：

（一）进口木材的名称、种类；

（二）进口木材所涉及树种的常用名称和拉丁名；

（三）进口木材所涉及木材的原产国（地区）信息；

（四）进口木材的数量及单位；

（五）标注供货商和采购商的名称和地址。

进口木材合法来源证明文件至少包括以下证明文件之一：

（一）木材原产国（地区）签发的对拟进口木材的采伐许可或其它官方签发或认可的合法证明文件；

（二）中华人民共和国国家主管部门认可的证明木材合法或可持续的第三方风险管控证书（如森林认证证书、木材合法性验证体系证书或主管部门委托相关机构核发的木材合法性尽职调查合格评定证书等）；

（三）中华人民共和国及木材原产国（地区）签发的CITES证书；

（四）中华人民共和国与木材原产国（地区）签署的木材产品合法性互认协议文件。

第八条【II类企业责任】II类企业应收集和保留相关进口木材供方和买方的基本信息，从而保证木材来源的可追溯性，必要时从上一级木材供应商收集和核查木材来源合法性证据。

第九条【时间期限】I、II类企业均应建立企业进口木材入库出库台账，以备核查，所要求的相关信息及证据须留存5年以上。

第三章　核查组织与机制构建

第十条【海关核查】海关重点查验第七条中所列进口木材的报关信息，并针对林业主管部门通报的进口来源可疑企业及其进口木材开展重点核查，包括现场查验、复验或者提取货样。

第十一条【行业核查】进口木材企业注册地或木材进口报关所在地（县级/市级）林业主管部门对经工商登记的I类和II类企业进行抽查。抽查重点是企业进口木材入库出库台账。此外，I类企业重点核查企业报关单、库存以及第七条中所列进口木材合法来源证明文件，II类企业重点核查企业及供货方基本信息及相关合法性证明材料。

第十二条【技术服务】国家林业主管部门可指定专门机构，作为第三方为企业提供木材来源合法性的尽职调查体系构建和监督审核服务，并核发木材来源合法性尽职调查合格评定证书。

第十三条【信息系统】加强合法木材贸易信息系统和企业注册平台建设，推进木材合法贸易信息交换与资源共享；推进木材来源合法性尽职调查合格评定的企业注册，辅助企业的进口木材通关或免于抽查；利用信息平台对各地行业主管部门的核查在线实施监督和指导。

第十四条【横向联动】建立横向联动工作机制。各级林业主管部门与海关部门建立进口木材违规企业定期通报机制，加强沟通协商，形成监管合力，提高监管水平。

第十五条【协同联动】加强国家林业主管部门与地方各级林业主管部门的协同联动，为地方林业主管部门提供进口木材来源国别（地区）核查指南、能力建设与技术支持，并开展监督检查。

第十六条【国际协作】推进与进口木材原产国（地区）有关木材合法来源的国际合作，达成木材产品合法性互认协议，辅助进口木材通关与林业核查。

第十七条【社会监督】鼓励社会各方对进口非法来源木材的企业进行监督和举报。

第四章　有关责任

第十八条【处罚】凡违反本办法规定的行为，依据《森林法》《森林法实施条例》《海关法》等有关规定处理。

第十九条【失信名单】对于违反本办法规定的企业，由主管部门根据情节认定为失信企业，并向社会公布。

第五章　附　则

第二十条【解释】本办法由国家林业和草原局会同海关总署负责解释。

第二十一条【发布】本办法自印发之日起施行。

附件3 雷斯法案修正案（美国）

雷斯法案修正案条文[①]

——《美国法典》第 16 卷第 3371 至 3378 节：雷斯法案 2008 年 5 月 22 日通过修订

第一条 [美国法典第16卷第3371节]定义

根据本法案立法目的：

（a）"鱼或野生动物"是指任何野生动物，不管是活着还是死的，包含但是不限于任何野生哺乳类、鸟类、爬行类、两栖类、鱼类、软体类、甲壳类、节肢类、腔肠类和其它无脊椎动物，不管是否有能力呼吸、孵化或者生产，同时也包括任何切部、产品、卵或者相应孳息。

（b）"进口"是指着陆、携带、引进美国管辖的任何地方，不管这些着陆、携带、引进等行为是否符合美国海关法的进口。

（c）"印第安部落法"是指印第安部落或者联合部落——仅仅限于美国法典第 18 卷第 1151 节所界定的印第安地区——的所有规章或者行为规范。

（d）"法律"、"公约"、"规章"和"印第安法"是指有关规范取得、拥有、进口、出口、运输或者出售鱼类、野生动物和植物的法律、公约、规章和印第安部落法。

（e）"人"包括自然人、合伙、协会、公司、信托，或者联邦政府、各州或者其相应的政治机构里的任何官员、雇员、机构、部门或者任何组成成分，或者其它受到美国法律管辖的实体。

（f）植物：

（1）一般而言，"植物"或者"植物群落"包括植物界所有野生组成部分，包括根茎、种子、切部和相应制品，包括所有不管是天然起源还是人工起源的林木。

（2）例外。"植物"或者"植物群落"概念不包括：

（A）普通培育林（除了林木）和农作物（包括根茎、种子、切部、或者产品本身）；

（B）不包括用于实验室或田间研究的基因种质资源的科学标本；

（C）移植或者更新的植物。

---

①本法案中文翻译由森林趋势和大自然保护协会共同完成。

（3）不适用例外的情况。（2）段中（A）、（B）两段不适用，如果涉及的植物被列入：

（A）《濒危野生动植物种国际贸易公约》（CITES）的名录；

（B）《濒危物种法》所规定的濒危或者受到威胁的物种（1973年（美国法典第16卷第153节起））；或者

（C）依据任何一州法律属于受保护且濒临灭绝的本土物种。

（g）禁止的野生动物物种是指狮子、老虎、美洲豹、猎豹、美国虎、美洲狮的活体，或上述物种杂交所得的活体。

（h）"部长"是指，除了本法案所注明之外，根据《机构重组方案（84 Stat.2090）》1970 第4 条确定其职责的内务部部长或者商务部部长，以及在涉及到植物进出口时，也指农业部部长。

（i）"州"是指各州，哥伦比亚特区，波特黎哥，维京岛，关岛，北马里亚纳群岛，美属萨摩亚，以及属于美国的所有其它领土、邦联、占据的地方。

（j）取得和取得行为：

（1）取得。是指捕猎，捕杀，或采集，针对植物而言，还包括收割、采摘、采伐、搬运等。

（2）取得行为。是指"取得"鱼类、野生动物或者植物的所有行为。

（k）"运输"是指所有方式的搬运、传带、携带或者航运，或者为了搬运、传带、携带或者航运为目的的交付或者接收。

第二条　［美国法典第16卷第3372节］禁止的行为

（a）标识之外的违法犯罪行为

任何人实施下列行为均为违法犯罪：

（1）进口，出口，运输，销售，接收，获得或者出售任何鱼类、野生动物或者植物，而之前这些鱼类、野生动物或者植物的取得、持有、运输、出售违反了美国法律、规章、公约或者违反任何印第安部落法。

（2）在州际或者涉外商务中进口，出口，运输，销售，接收，获得或者出售：

（A）任何鱼类或者野生动物，而之前这些鱼类、野生动物或者植物的取得、持有、运输、出售违反了美国法律、规章或者违反任何外国法；

（B）任何植物

（i）其取得、持有、运输、出售违反美国各州法律或者规章，或者任何外国法，这些法律是保护植物或者规范下列行为的：

（Ⅰ）盗窃植物；

（Ⅱ）从公园、森林保护区或其它官方保护区取得植物；

（Ⅲ）从官方指定地区取得植物；

（Ⅳ）没有获得官方许可或者与官方许可相背而取得植物。

（ii）取得、持有、运输，或出售植物活动没有按照美国各州法律

规章或者外国法缴付税费等；

（iii）取得、持有、运输，或出售植物活动违反了美国各州或者其

它国家关于出口或者转运植物的法律。或者

（C）任何禁止的野生动物种类（根据本节（e）款）

（3）美国有权管辖的陆地和海洋物种管辖范围里（美国法典第18卷第7节）：

（A）获得任何鱼类或者野生动物，而之前这些鱼类、野生动物或者植物的取

得、持有、运输、出售违反了美国各州法律、规章或者违反任何外国法或者印第

安部落法；

（B）占有下列植物—

（i）其取得、持有、运输、出售违反美国各州法律或者规章，或者任何外国

法，这些法律是保护植物或者规范下列行为的：

（Ⅰ）盗窃植物；

（Ⅱ）从公园、森林保护区或其它官方保护区取得（"taking"）

植物；

（Ⅲ）从官方指定地区取得植物；

（Ⅳ）没有获得官方许可或者与官方许可相背而取得植物。

（ii）取得、持有、运输、出售，没有按照美国各州法律规章或者外国法，缴

付税费等；

（iii）取得、持有、运输、出售，违反美国各州法律规章或者外国法关于出口

或者转运植物的法律。或者

（4）试图实施（1）至（3）所界定的行为

（b）标识犯罪

任何人在州际贸易中，进口、出口或者运输装载鱼类或者野生动物的集装

箱或者包装，均属犯罪行为，除非这些集装箱或者包装事先已经按照本法案第

33767（a）节中的第（2）款的规定明确了标识、加贴了商标或标签。

（c）出售或者购买引导、装备或其它服务，无效执照和许可证

（1）出售。任何人如果为了牟利或其它目的，即为了非法取得，获得，接收，

运输或者持有鱼类或者野生动物，而实施下列行为，则将视为违反本法案出售鱼
类或者野生动物：

（Ａ）提供或试图提供引导、装备或其它服务；或者

（Ｂ）捕猎或者捕捞执照或者许可证。

（2）购买。任何人如果为了牟利或其它目的，即为了非法取得，获得，接收，
运输或者持有鱼类或者野生动物，而实施下列行为，则将视为违反本法案收购鱼
类或者野生动物：

（Ａ）提供或试图提供引导、装备或其它服务；或者

（Ｂ）捕猎或者捕捞执照或者许可证。

（ｄ）虚假标识行为

任何人只要制造或递交有关鱼类、野生动物或者植物的虚假记录、报告或者
标签，或者任何虚假确认证明，或者预备实施下列行为，将属于违法犯罪行为：

（1）已经或计划从国外进口，出口，运输，销售，购买，或接收的鱼类、野
生生物或植物；或

（2）在州际或对外贸易中运输的鱼类、野生生物、植物。

（ｅ）禁止野生物种违反犯罪的例外

（1）一般而言，本节（ａ）2（ｃ）不适用于第（2）段中描述的"个人"进行
进口，出口，运输，销售，接收，获得，或购买违禁野生生物种中的动物，这些
违禁野生生物种在第（3）段中给予规定。

（2）"人"的界定。在本段中所说的"人"是指：

（Ａ）获得动植物检疫局或者相关物种管理部门的许可、登记注册或检查；

（Ｂ）州学院、大学或者机构，或者获得州许可的野生动物收容者或者兽医。

（Ｃ）被认可的照顾禁止野生物种的野生动物收容所，而且属于：

（ⅰ）根据26卷第501（ａ）条，第501（ｃ）（3）和第170（ｂ）（1）（Ａ）（ⅵ）
条描述的免税公司；

（ⅱ）不从事本卷第3371（ｇ）条列出动物的商业贸易，包括上述动物的后代、
部分及副产品；

（ⅲ）不繁殖本卷第3371（ｇ）条列出的动物；

（ⅳ）不允许公众与动物直接接触；或

（Ｄ）监管动物，纯粹是为了将其尽快运送给本条所描述的个人。

（3）法规

2003年12月19日之后的180天内，部长应与动植物卫生检验局局长一起颁

布描述第（2）条中"个人"的法规。

（4）州的权力

本条中的规定并不能优先于或取代州主管部门管理本州内野生生物物种。

（5）拨款授权

2004 年到2008 年，经授权每个财政年度拨款300 万美元执行本节中（a）（2）（c）规定。

（f）植物报关

（1）进口申报

除本小节第（3）条规定外，自本款公布之日起180 天内有效，任何人未在进口时提交包括下列信息的申报进口植物属于违法行为。

（A）进口植物的学名（包括植物的属和种）；

（B）对以下几项描述—

（i）进口货值；

（ii）进口植物数量，包括计量单位；

（C）植物来源国家

（2）相关植物产品的申报

在部长根据第（6）条制定具体法规之日前，相关植物制品的申报应：

（A）在有超过一种的植物物种被用于生产进口植物产品，以及不知道何种植物被用于生产有关植物产品的情况下，申报应包括可能用于生产植物产品的所有植物物种名称；

（B）在被用于生产进口植物产品的植物物种来自一个以上国家，以及用于生产植物产品的植物来源国未知的情况下，申报应包括植物所有可能来源国名称；

（C）在纸张或纸板植物产品包括再生植物产品的情况下，申报应包括再生成分的平均百分比，以及非再生植物成分的信息，而不管再生成分所应用的植物种类和来源国。

（3）例外条款

第（1）条和第（2）条不适用于作为包装材料用以包装、保护或承载其它产品的植物，除非包装材料本身为进口产品。

（4）审核

本条规定执行后2 年内，部长应审核第（1）与第（2）条要求的实施情况，以及第（3）条"排除"的效果。在审核过程中，部长应发布公告，并征求公众意见。

（5）报告

部长在结束第（4）条规定的检查后180日内，应向相应的国会委员会提交一份报告，包括以下内容：

（A）评估

（i）在协助本条规定实施中，第（1）条与第（2）条规定的各种信息的有效性；

（ii）到报告日期为止，将第（1）条与第（2）条描述的要求与其它适用的进口法规合并的可能性；

（B）推荐部长认为能够帮助识别违反本条规定进口到美国的植物的法律；

（C）对第（a）小节及本小节作用的分析——

（i）合法植物进口的成本；

（ii）非法采伐与贸易的范围与途径；

（6）法规的颁布

部长完成第（4）条中规定的检查后180日内，可颁布法规——

（A）限定第（2）条对具体植物产品要求的适用。

（B）按照部长决定，根据检查情况，对第（2）条的要求进行必要的修改；

（C）如果作为检查的结果，限制范围已经批准，则限制第（3）条中"排除"的范围。

第三条　[美国法典第16卷第3373节] 处罚与制裁

（a）民事处罚

（1）任何人从事本章规定的禁止行为（除本卷第3372节中（b），（d）及（f）三小节），且被赋予了"应有的注意"责任的时候，应了解鱼类或野生生物或植物的取得、占有、运输或销售违反了法律或违反间接法律、条约或规定，任何人故意违反本章第3372（d）或（f）条，由部长酌情对各项违法处以最高10，000 美元的民事处罚：如违法行为涉及市场价值不超过350 美元的鱼类或野生生物或植物，或只涉及违反法律、条约或美国法规、印第安部落法、国外法律以及州法规取得或占有的鱼类或野生生物或植物的运输、取得或接收，处罚不应超过上述法律、条约或法规的最高处罚金额，即10，000 美元，或更低。

（2）除第（1）款规定外，任何违反3372 节中（b）或（f）款的个人应由部长酌情处以不超过250 美元的罚款。

（3）为达到第（1）及第（2）款规定的目的，提到本章任一规定或本章任一条款应包括为执行上述规定或章节颁布的任何规定。

（4）除被控违法的个人得到通知或有机会召开关于违法的听证会，根据本条款不得进行民事处罚评估。每次违法应为独立的违法行为，违法的地理区域不仅包括在首先发现违法行为的区域，并且包括取得或占有上述鱼类或野生生物或植物的行为可能发生的任何区域。

（5）根据本条款酌情处以的民事处罚可由部长进行豁免或减轻。

（6）在根据第（1）段和第（2）段规定确定处罚金额时，部长应考虑违法行为的性质、情况、程度及严重性，就违法者而言，要考虑过失程度、支付能力以及司法要求的其它事项。

（b）听证

在评估民事处罚过程中，应根据《美国法典》第5卷第554节召开听证会。行政法官会为出席者签发传票，证人证词，以及相关论文、书籍或文件的出版，并主持宣誓。应给召集的证人支付与美国法庭证人相同的费用及路费。如拒不服从或拒绝遵照根据本款签发的传票或签发给任何人的传票，在发现上述个人，或其居住或从事交易的区法院根据美国要求或向上述个人发布通知后，有权签发命令，要求上述个人出席并在行政法官面前提供证词，或出席并在行政法官面前提交有关文件，或要求其进行上述两项工作，不服从上述法庭命令可由该法庭以藐视法庭罪对其进行处罚。

（c）民事处罚复议

在判决作出之日起30日内，被判处民事处罚的任何人可根据本段向适当的美国地区法院提起复议，同时复议申请将送达以挂号邮件向部长、检察长及适当的美国检察官。根据美国法典第28卷2112节，部长应及时将有关违法犯罪行为的发现或者相关处罚的做出等证据资料记录提交给法院。在终审而且不可上诉的判决作出之后，或者适当的地区法院已经得出了部长赞同的最终判决后，任何人拒不支付罚款的，部长将要求检察长向适当的美国区法院提出民事强制执行，该法院有权采取听证或者决定是否执行。听证时，法院有权对此违反犯罪行为及相关民事处罚进行复议审查。

（d）刑事处罚

（1）以下个人——

（A）故意违反本章规定进口或出口任何鱼类或野生生物或植物（除本卷第3372节（b）、（d）及（f）小节外），

（B）故意从事涉及鱼类或野生生物或植物市场价值超过350美元的销售与采购，或提供上述物种销售与采购，或企图销售或购买上述物种，违反本章规定

（除本卷第3372节（b）、（d）及（f）小节外）的行为并且明知鱼类或野生生物或植物的取得、占有、运输或销售直接或间接地违反了法律、条约或规定，应被处以20，000美元以下罚款，或处以五年以下监禁，或上述两项处罚。每次违法行为应为独立违法，违法所属的区域范围不仅包括违法行为最先出现的区域，还包括被告取得或占有上述鱼类或野生生物或植物的区域。

（2）任何人故意从事本章禁止的任何行为（除本卷第3372节（b）、（d）及（f）小节外），且在履行"应有的注意"情况下，应了解鱼类或野生生物或植物的取得、占有、运输或销售违反了法律或违反间接法律、条约或规定，应被处以10，000美元以下罚款或一年以下监禁，或上述两项处罚。

每次违法行为应为独立违法，违法所属的区域范围不仅包括违法行为最先出现的区域，还包括被告可能取得或占有上述鱼类或野生生物或植物的所有区域。

（3）故意违反本卷第3372节（d）或（f）小节规定的个人——

（A）如违法涉及以下行为，则上述个人应被处以《美国法典》第18卷规定的罚款或5年以下监禁，或处以上述两项处罚——

（i）鱼类或野生生物或植物的进口或出口；

（ii）销售或购买、提供销售或购买，或委托销售或购买市场价值超过350美元的鱼类或野生生物或植物；

（B）如违法行为不涉及（A）段描述的行为，应根据《美国法典》第18卷处以罚款或1年以下监禁，或上述两项处罚。

（e）撤销许可

部长还可以中止、变更或取消签发给违反本章规定或颁布的任何法规、构成刑事违法的个人的联邦打猎或捕鱼执照、许可或官方印鉴，或授权个人进出口鱼类或野生生物或植物的执照或许可（除根据《马格努森－史蒂芬斯渔业保护和管理法案》办法的许可或执照外[美国法典第16卷第1801节起.]），或经营进口野生生物或植物检疫站或援救中心的执照或许可。依据本条规定，部长不负责与变更、终止或撤销任何执照、许可、官方印鉴，或协议相关的补偿、退款或损失款的支付。

第四条 [美国法典第16卷第3374节]没收

（a）通则

（1）所有违反本卷第3372节规定（除本卷第3372（b）条外）以及根据本法案颁布任何法规进口、出口、运输、销售、接收、获得或购买的鱼类或野生生物或植物均应由美国政府没收，同时要求进行民事处罚评估或本卷第3373节中规定的刑事诉讼。

（2）判决为重罪的违反本章活动中用于协助进口、出口、运输、销售、接收、获得或购买鱼类或野生生物或植物的船只、车辆、飞机及其它设备，如果

（A）上述船只、车辆、飞机或设备的所有者在指控的非法活动中同意使用上述设备，或属上述非法行为有利害关系的个人，或应该了解上述船只、车辆、飞机或设备将用于违反本法案的犯罪活动，并且

（B）违法活动涉及鱼类或野生生物或植物的买卖、买卖供应或买卖意图，
则上述设备应由美国政府没收。

（b）《海关法》的适用所有相关因违反《海关法》的财产查封、没收及征用，上述财产的处理或因上述财产的出售引起的诉讼，以及上述没收处罚的免除或减轻等问题的法律规定，在上述法律规定适用且不与本法案矛盾的范围内，均适用于引发的查封与没收或声称根据本法案规定引发的查封与没收；除为了遵守本法案，《海关法》授予或强加给财政部任何官员或员工的权力、权利及职责也由部长或部长指定的个人行使或完成的情况外：搜查或查封授权应根据《联邦刑事诉讼程序法规》第41条规定授予。

（c）提存费用

根据本卷第3373节规定被认定违法或需执行民事处罚的个人应负担因违法查封的鱼类或野生生物或植物在仓储、保管及维护过程中产生的成本费用。

（d）民事没收

本节中的民事没收应遵守《美国法典》第18卷第46章规定。

第五条　[美国法典第16卷第3375节] 执法

（a）通则

本章规定及据此颁布的法规应由部长、交通部长或财政部部长实施执行。

部长可以协议方式，有偿或无偿调用其它联邦机构或州机构或印第安部落的人员、服务及设施执行实施本法案。

（b）职权

根据本节（a）款授权执行实施本章的个人可携带武器；在实施本法案时，可依据检察长签发的指南，对违反美国法律行为发生时在场的个人，或犯有美国法律规定的重罪的个人，如有充分的理由相信即将被逮捕的个人已经或者正在从事严重犯罪活动，无须取得逮捕证即可对其执行逮捕；可根据检察长签发的指南，

有无授权均可进行搜查及查封；

违反本章的重罪如并非在上述个人在场时发生或并非上述个人所为，并且犯罪行为仅涉及违反美国州法律或法规取得或占有的鱼类或野生生物或植物运输、获得、接收、购买或出售，逮捕需要经过授权方可进行；

如执法人员有充分的理由相信即将被逮捕的个人正在参与或从事违法活动，则可不经授权执行逮捕；执法人员可执行并提供根据《联邦刑事诉讼程序法规》第41条签发的传票、逮捕证、搜查证，或为执行本章由具有权限的官员或法院签发的民事或刑事诉讼程序授权。获得上述授权的个人可与财政部部长合作执行检查扣押，并在运输工具或包装箱从美国以外的任意地点或海关海域到达美国或美国海关海域时，如上述运输工具或包装箱作为出口目的使用，则在其离开美国或美国海关海域之前，对船只、车辆、飞机或其它交通工具或任何包装、板条箱或其它包装箱进行检查，包括其包装内容。上述执法人员还有权检查并要求提交鱼类或野生生物原产地、出生或再出口国家要求的许可证及文件。查封的鱼类、野生生物、植物、财产或物品在民事或刑事诉讼程序处理过程中应由部长授权的个人，或根据本章第3374节执行鱼类、野生生物、植物、财产或物品没收行动的机构保存；除非，部长代为保管上述鱼类、野生生物、植物、财产或物品，允许所有人或收货人向部长提交符合其要求的合同或其它担保的情况外。

（c）地区法院管辖权

美国的联邦地方法院，包括《美国法典》第28卷第460节列举的法院，有权处理本章引发的各种情况。《美国法典》第18卷及第28卷的犯罪地点规定适用于违反本章的任何行为。美国联邦地方法院的法官以及美国地方官员可在权限范围内，可在宣布或证明有可能的诱因后，签发授权或其它执行本法案及据此颁布的法规必需程序。

（d）奖励及相关发生费用

自1983财政年度开始，部长或财政部部长应从收到的罚金、罚款或因违反本法案或据此颁布的法规没收的财产中，支付：

（1）对提供信息、从而对违反本法律或据此颁布法规的违法行为实施了逮捕、刑事审判、民事处罚评估或财产没收的个人给予的奖励。奖励的金额应由部长或财政部部长决定。美国或各州或当地政府提供信息或在履行职责中提供服务的官员或雇员有资格取得本条规定的款项；

（2）在指控违反本章关于鱼类、野生生物或植物的民事或刑事诉讼处理过程中临时照管鱼类、野生生物或植物产生的合理及必要费用。

第六条　[美国法典第16卷第3376节] 管理

（a）规章

（1）在与财政部部长协商后，部长有权颁布执行本法案第3372（f）、3373及3374节中规定的必要的法规（第（2）段规定的除外）

（2）内政部长及商务部长应一起颁布具体的法规执行本卷第3372（b）中关于鱼类或野生生物集装箱或包装标识及标签规定。法规应符合现有的商务惯例。

（b）协议授权

自1983财政年度开始，在拨款法案预先规定的范围及金额范围内，部长可与任何联邦或州立机构、印第安部落、公有或私营机构或个人为执行本章，签署合同、租约、合作协议或从事其它活动。

（c）植物定义例外条款的解释

为了执行此法案，在与相应的机构协商后，农业部部长和内政部部长应共同颁布法规定义在2（f）（2）（A）中所使用的术语。

第七条　[美国法典第16卷第3377节] 豁免

（a）根据马格努森－史蒂芬斯渔业保育管理法所规定的活动本卷第3（a）节第（1）段规定不适用于根据马格努森－史蒂芬斯渔业保护和管理法（美国法典第16卷第1801节起）生效的渔业管理计划规定的活动。

（b）金枪鱼公约法规定的活动、公海捕捞高度迁徙物种本卷第3372（a）节第（1）、（2）（A）及（3）（A）段规定不适用于：

（1）1950年《金枪鱼公约法》（美国法典第16卷第951–961节）或1975年《大西洋金枪鱼公约法》（美国法典第16卷第971‐971（h）节）规定的活动；

（2）在公海（第3节第（13）段定义范围）进行的高度迁徙物种（1976年马格努森－史蒂芬斯渔业保护和管理法第3条第（14）段定义的物种）捕捞活动，如上述物种的捕捞违反了国外法律，且美国法律不认可其它国家在上述物种的权限范围。

（c）通过印第安村落，具有合法目的州际鱼类、野生生物，植物的航运或转运如向可合法占有鱼类或野生生物或植物的州运输上述物种，则本卷第3372（a）节第（2）段规定不适用于《美国法典》第18卷第1151节规定之经过印第安村落或可合法猎取鱼类或野生生物或植物的州进行的州际航运或转运。

第八条 ［美国法典第16卷第3378节］竞合条款

（a）对各州权力的影响

本法案并不阻碍各州或印第安部落制定或实施与本法案规定不相一致的法律或法规。

（b）废止

下列法律规定被废止：

（1）1926年5月20日的法案（《黑巴斯法案》；《美国法典》第16卷第851－856节）。

（2）《美国法典》本卷667e，第18卷第43及44节（《雷斯法案》规定）。

（3）《美国法典》第18卷第3054及3112节。

（c）免责条款

本法案的任何条款均不构成——

（1）对联邦法律规定的废止、取代或变更，第（b）条说明的法律除外；

（2）根据条约、法令或针对任何印第安部落、团体或社区的行政命令批准、保留或制定之权利、特权或豁免权的废止、取代或变更；

（3）管理州或印第安部落在印第安保留地范围内人类活动权力的扩大或减少。

（d）差旅和运输费用

内政部长有权从机构拨款中支付新指定的美国鱼类与野生生物管理局特别人员差旅费用，以及1977年1月1日后指定的所有特别人员从住所到第一值班站点，在第5卷第5724节规定范围内的日用品及私人物品运输费用。

（e）内政部拨款预算提案

部长应将用于执行本卷及法规的资金作为内政部向国会提交的拨款预算提案中具体的拨款项目。

附件4 欧盟木材法案（欧盟）

附件4-1 欧洲议会和委员会第995/2010号（欧盟）条例

欧洲议会和委员会第995/2010号（欧盟）条例[①]
2010年10月20日赋予将木材和木制品投放市场的运营商义务

欧洲议会和欧盟理事会：

考虑到《欧盟职能条约》，特别是其中的第192（1）条；

考虑到欧盟委员会的提案；

考虑到欧洲经济和社会委员会的意见1；

经过征求区域委员会的意见；

按照正常的立法程序采取行动，

鉴于：

（1）森林具有各种环境、经济和社会效益，包括提供木材和非木制林产品，保护生物多样性、生态系统功能和气候体系等对人类至关重要的环境服务。

（2）由于全球范围内对木材和木制品需求的持续增长，加上一些木材生产国林业存在体制和管理缺陷，非法采伐和相关贸易已经成为人们日益关注的问题。

（3）非法采伐是世界各国关注的非常普遍的一个问题。因为非法采伐加快森林采伐和森林退化的进程，造成全球约20%的CO_2排放，对生物多样性构成威胁，破坏可持续森林经营和发展以及守法运营商的商业生存能力。非法采伐还导致沙漠化和土壤侵蚀，加剧极端气候和洪涝灾害。另外，非法采伐具有社会、政治和经济影响，破坏有效施政进程，威胁当地森林社区的生计，导致武装冲突。依据本法打击非法采伐，有望以一种具有成本效益的方式为欧盟减缓气候变化工作作出贡献，应视为实施《联合国气候变化框架公约》后对欧盟行动和承诺的补充。

（4）欧洲议会和欧盟理事会于2002年7月22日制定的1600/2002/EC决议（确立了第六个社区环境行动项目3）明确将把认真审议以下两个行动的可能性作

---

①免责声明：本法案中文翻译版由 EU FLEGT 亚洲区域项目完成，只供信息发布使用，非官方版本。只有本法案的欧洲 21 国语言官方版具有法律效力。

为工作重点，即：采取措施积极预防和打击非法木材贸易，继续积极参与实施关于森林问题的全球性和区域性决议和协议。

（5）2003年5月21日欧盟委员会在给欧洲议会和欧盟理事会名为"森林执法、施政和贸易（FLEGT）——欧盟行动计划提案"的函件中，提出了在联合国共同努力实现可持续森林经营的背景下支持打击非法采伐问题和相关贸易国际行动的一揽子措施。

（6）欧洲议会和欧盟理事会接纳了此函件并认可了欧盟为解决非法采伐全球行动做出贡献的必要性。

（7）遵照沟通信函的目标，即：保证只有按照生产国国内法规生产的木制品进入欧盟，欧盟一直在和木材生产国（合作伙伴国）磋商《自愿合作伙伴关系协议》（FLEGT VPAs），协议依法约束双方履行许可证制度的义务，管理FLEGT VPAs中规定的木材和木制品贸易。

（8）考虑到问题的严重性和紧迫性，积极支持打击非法采伐和相关贸易的行动，补充和强化FLEGT VPA，并增强森林保护、减缓气候变化以及保护生物多样性相关政策之间的协同作用是十分必要的。

（9）已经和欧盟签订了FLEGT VPA及其准则的国家所作出的努力，特别是在合法木材界定方面所作出的努力应该得到认可，并且应该给予即将签订FLEGT VPA的国家更多的鼓励。同时还应该考虑到，在FLEGT许可证体系中，只有依据相关法规采伐的木材及其制成的产品才能出口到欧盟。因此，2005年12月欧共体1就进口木材FLEGT许可证项目立项颁布的第2173/2005号（EC）条例附件II和附件III中列出的木制品所使用的木材、以及来自此《条例》附件I中列出的合作伙伴国家的木材，在木制品符合此《条例》和实施规定的前提下，应视为合法采伐木材。

（10）应考虑以下事实：《濒危野生动植物种国际贸易公约》（CITES）对缔约国提出要求，CITES中列出的物种只有在依据出口国国内法规进行采伐时才能授予CITES出口许可。因此，1996年12月就通过治理贸易2保护野生动植物种颁布的第338/97号欧盟理事会条例附件A、B或C列出的物种木材，在遵守此《条例》及其实施规定的前提下，应视为合法采伐的木材。

（11）考虑到应鼓励使用回收木材和木制品，且将这些产品纳入本《条例》范围会给运营商带来过重的负担，已经结束了使用寿命、不回收就会作为废物处理的二手木材或木制品不应在《条例》范围内。

（12）作为本《条例》的措施之一，非法采伐的木材或含有上述木材的木制品

第一次投放内部市场应被禁止。考虑到非法采伐潜在因素和影响的复杂性，应采取如针对运营商行为的具体措施。

（13）在《FLEGT行动计划》的框架下，欧盟委员会及其成员国会支持并进行各国非法采伐程度和性质方面的调查和研究，并公布上述信息，同时还会支持编写为运营商提供关于木材生产国相关法规信息的实用指南。

（14）在没有国际认可定义的情况下，木材采伐国的法律、法规以及该国签署并实施的相关国际公约应作为非法采伐定义的基础。

（15）在第一次被投放内部市场前后，木制品都经过了很多道程序。为了避免造成任何不必要的行政负担，只有首次将木材和木制品投放内部市场的运营商需实施尽职调查体系，同时供应链上的贸易商需要提供其供方和买方的基本信息，从而保证木材和木制品的可追溯性。

（16）在系统方法的基础上，将木材和木制品首次投放内部市场的运营商应采取适当的步骤确保不将非法采伐的木材和含有上述木材的木制品投放到市场上。为了这个目的，运营商应采取一系列措施和程序进行尽职调查，将非法采伐木材和上述木材制成的木制品进入内部市场的风险最小化。

（17）尽职调查体系包括三个风险管理因素：信息获取、风险评估和风险规避。尽职调查体系应能提供首次投放内部市场木材和木制品来源及供应商的信息，其中包括适用法规的遵守情况、采伐国、树种和数量等相关信息，并且在适用情况下提供国内下级采伐地信息。在这些信息的基础上，运营商应进行风险评估。对于监测到的风险运营商应以与其等级相符的方式进行风险规避，从而预防非法采伐木材和含有上述木材的木制品进入内部市场。

（18）为了避免任何不必要的行政负担，不应要求已经在使用符合《条例》规定的体系或程序的运营商建立新的体系。

（19）为了认可林业中良好的实践行为，包含合法性验证的认证或第三方验证体系可用于风险评估环节。

（20）木材行业对于欧盟经济具有重要意义。代表运营商的组织在这个行业中扮演着重要的角色，因为他们在很大程度上代表后者的利益，并且和各种利益相关方进行互动。这些组织有分析相关立法、帮助成员遵纪守法的专业知识和能力，但它们不会利用自身的技能去垄断市场。为了协调本《条例》的实施，为良好实践行为的推广作出贡献，认可那些已经开发了满足《条例》规定的尽职调查体系的组织是正确的。监督机构的认可和认可撤销应以公平、透明的方式进行。应公开上述得到认可的组织名单，便于运营商任用经认可的监督机构。

（21）主管部门应定期对监督机构进行检查，以验证其是否有效履行了本《条例》规定的义务。此外，主管部门在得到相关信息（包括来此第三方有根据的担心）时要努力进行调查。

（22）主管部门应监督运营商是否有效履行了《条例》规定的义务。为了这个目的，主管部门应进行官方检查，适当时按照计划进行，检查可能包括对运营商办公地点的检查和现场审核，必要时应要求运营商采取补救行动。此外，主管部门应在得到相关信息时进行检查，信息包括来自第三方、经过证实的关注问题。

（23）主管部门应保留检查记录，相关信息公开应按照欧洲议会和欧盟理事会2003年1月28日关于公众获取环境信息1第2003/4/EC的指令进行。

（24）考虑到非法采伐和相关贸易问题的国际化特点，主管部门应互相合作，并和第三国行政主管机构以及欧盟委员会合作。

（25）为了培养将木材或木制品投放内部市场的运营商遵守本《条例》要求的能力，考虑到中小型企业的情况，成员国必要时可在欧盟委员会协助下，向运营商提供技术和其它方面的支持，并促进信息交流。上面提到的协助不能免除运营商实施尽职调查的义务。

（26）贸易商和监督机构不应采取任何可能妨碍本《条例》目标达成的措施。

（27）成员国应确保任何违反本《条例》规定的行为（包括运营商、贸易商和监督机构），都会被处以有效的、适当的和劝诫性惩罚。成员国法规可规定，在违反非法采伐木材或含有上述木材的木制品进入内部市场的禁令得到了有效的、适当的和劝诫 性惩罚后，这些木材和木制品不一定被销毁，而是为了公众利益目的进行处理或使用。

（28）欧盟委员有权利依据《欧盟运行条约》（TFEU）第290条采取对监督机构认可以及撤销其认可的行为；同时，欧盟委员会有权对《条例》现有的风险评估标准以及木材和木制品名单进行补充。尤其重要的一点是：欧盟委员会在准备过程中应进行适当（包括专家级的）磋商。

（29）为了确保实施条件一致，欧盟委员会应被授予正式批准关于主管部门对监督机构进行检查的频率和性质方面、以及尽职调查体系方面的详细规章（除深入风险评估标准外）的权利。按照《欧盟职能条约》第291条，成员国对欧盟委员会行使其执行权力进行监督的规定和大致原则应在按照一般立法程序采纳一项条例之前制定完成。在新条例被采纳之前，欧盟理事会于1999年6月28日制定的关于欧盟委员会行使实施权利程序的第1999/468/EC号2决议继续适用。

（30）应给予运营商和主管部门一个合理的期限，开展为达到本《条例》要求的准备工作。

（31）鉴于本《条例》打击非法采伐和相关贸易宗旨以及打击对象的规模，仅靠成员国自身不可能取得胜利，最好在欧盟层面完成。欧盟可根据《欧盟条约》第5条规定的辅助原则采取措施。根据本条款规定的比例原则，本《条例》不会为了达到目的超过必要的程度。

已经采纳了本《条例》：

第1条　主旨

本《条例》规定了将木材和木制品首次投放内部市场的运营商的义务，以及贸易商的义务。

第2条　定义

本《条例》适用以下定义：

（a）'木材和木制品'指《附件》中列出的产品，除含有已经结束使用寿命、不回收就会作为废品（依据欧洲议会和欧盟理事会2008年11月19日第2008/98/EC号指令第3（1）条 关于废品1定义）处理的木材或木制品的木制品或其原件；

（b）'投放市场'指在商业活动过程中，无论是否收取费用，无论采用何种销售技巧，以任何方式首次将木材或木制品投放内部市场（用于销售或使用）的供应行为。同时还包括1997年5月20日欧洲议会和欧盟理事会第97/7/EC号关于远程销售合同2消费者保 护指令中规定的通过远程沟通提供的供应行为。用已经投放市场的木材或木制品生产的木制品供应内部市场不属于投放市场。

（c）'运营商'指将木材或木制品投放市场的任何自然人或法人；

（d）'贸易商'指在商业活动过程中，在内部市场上出售或购买已经投放市场的木材或木制品的任何自然人或法人；

（e）'采伐国'指木材或木制品中所含木材的采伐国家或领土；

（f）'合法采伐'指依据采伐国适用法规进行的采伐；

（g）'非法采伐'指违反采伐国适用法规进行的采伐；

（h）'适用法规'指采伐国执行的、涵盖以下方面的法规：

－ 在依法公布的边界内采伐木材的权利；

– 为取得采伐权和木材支付的款项，包括木材采伐相关的税款；

– 木材采伐，包括和木材采伐直接相关的森林经营和生物多样性保护的环境和森林法规；

– 关于受木材采伐影响的使用权和保有权的第三方合法权利；

– 迄今为止林业部门涉及到的贸易和海关法律。

第3条

FLEGT和CITES规定的木材和木制品情况包含在第2173/2005号（EC）条例附件II和III中所列出的木制品中、来自其附件I中所列出的合作伙伴国，且符合上述《条例》及其实施条款规定的木材应视为符合本《条例》规定的合法采伐木材。

第338/97号（EC）条例附件A、B或C中所列出的、符合上述《条例》及其实施条款规定的树种木材应视为符合本《条例》规定的合法采伐木材。

第4条　运营商义务

1. 将非法采伐木材或含有上述木材的木制品投放市场的行为应被禁止。

2. 运营商在将木材或木制品投放市场时应进行尽职调查。为此，运营商应按照第6条中的规定采用一套程序和措施，以下称为尽职调查体系。

3. 运营商应维护并定期评估其使用的尽职调查体系，运营商使用第8条中提到的监督机构制定的尽职调查体系的情况除外。符合本《条例》要求的现有国内法制体系下的监督和自愿性产销监管链体系可作为尽职调查体系的基础。

第5条　可追溯性义务

贸易商应能够在整条供应链上识别：

（a）供应木材和木制品的运营商或贸易商；

（b）在适用的情况下，提供木材和木制品的贸易商。贸易商应将上述信息保留至少5年，并在合格的主管机构要求时提供。

第6条　尽职调查体系

1. 第4（2）条提到的尽职调查体系应包括以下元素：

（a）获取下列关于运营商将木材或木制品投放市场信息的措施和程序：

– 产品描述，包括产品名称和种类，以及树种的常用名称，如适用，还包括树种学名；

– 采伐国，如适用，包括：

（ i ）木材采伐地；

（ ii ）采伐区域；

– 数量（以体积、重量或单位数量表示）；

–（向运营商供货的）供货商的名称和地址；

– 木材和木制品供应对象—贸易商的名称和地址；

– 表明木材和木制品符合适用法规的文件或其它信息；

（b）让运营商得以分析和评估非法采伐木材或上述木材制成的木制品投放市场风险的评估程序。

上述程序应考虑第（a）条中信息以及相关的风险评估标准，包括：

– 遵守适用法规的保证，包括认证或其它涉及证明遵守适用法规的第三方验证体系；

– 具体树种非法采伐的广泛性；

– 在采伐国与/或国内木材采伐地区非法采伐行为的广泛性，包括武装冲突的广泛性；

– 联合国安全理事会或欧盟理事会对木材进出口的制裁；

– 木材和木制品供应链的复杂性；

（c）除在第（b）条中提到的风险评估程序中确定的风险能够忽略的情况外，风险规避程序，即一整套能将风险合理最小化的措施和程序，包括必要的附加信息、文件，和/或第三方验证。

2. 除在本条第1（b）段第2句中提到的深入风险评估标准外，为确保第1段中的规定得以实施，应依据第18（b）条规定的管理程序采纳具体规则。规则应在2012年6月3日前采纳。

3. 考虑到市场的发展以及在实施《条例》过程中，特别是通过第13条中提到的信息交流和第20（3）条中提到的报告中获得的经验，欧盟委员会可依据TFEU第290条采取授权行动，通过制定深入风险评估标准补充本条第1（b）段第2句的内容，以确保尽职调查体系的有效性。

关于本段提到的授权行动，第15、16和17条规定的程序适用。

第7条　主管机构

1. 各成员国应指定一个或多个主管机构负责本《条例》的应用。

成员国应在2011年6月3日前通知欧盟委员会主管机构的名称和地址。成员国应通知欧盟委员会该主管机构名称和地址的变更情况。

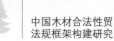

2. 欧盟委员会应公布主管机构名单，包括在互联网上。该名单应定期更新。

第8条　监督机构

1. 监督机构应：

（a）依据第6条规定维护并定期评估尽职调查体系，并向运营商授予使用权；

（b）验证运营商是否正确使用尽职调查体系；

（c）在运营商不能正确使用尽职调查体系时采取适当行动，包括在运营商出现重大失误或重复失误时通知主管机构。

2. 如符合下列要求，机构可申请作为监督机构的认可：

（a）具有法人资格并且在欧盟内依法成立；

（b）具有行使本条第1段规定职能的专业知识和能力；

（c）保证在行使职能过程中不存在任何利益冲突。

3. 在征求相关成员国的意见后，欧盟委员会可以认可符合第2段要求的申请机构成为监督机构。认可监督机构的决议应由欧盟委员会通知所有成员国的主管机构。

4. 主管机构应定期检查，予以验证在其管辖范围内运营的监督机构持续行使本条第1段中规定的职能，并遵守第2段规定的要求。成员国主管机构在得到相关信息（包括经证实的第三方关注的问题），或发现了运营商在实施监督机构建立的尽职调查体系方面存在的缺陷时，应进行检查。依据第2003/4/EC指令，应公布检查报告。

5. 如主管机构认定监督机构既没有履行本条第1段规定的职能，也没有遵守第2段规定的要求，应马上通知欧盟委员会，不得延误。

6. 在已经确认监督机构没有履行本条第1段规定的职能，以及第2段中的规定时，特别是建立在第5段信息的基础上，欧盟委员会应撤销对监督机构的认可。在撤销认可前，委员会应通知相关成员国。欧盟委员会应通知各成全国主管机构关于撤销对监督机构认可的决定。

7. 为了补充关于监督机构资格认可和撤销程序的规则，如经验表明有重新增补的必要，委员会可依据TFEU第290条规定，采取授权行动，同时保证认可和撤销以公平、透明的方式进行。对于本段提到的授权行动，第15、16和17条中规定的程序适用。上述行动应在2012年3月3日前被采纳。

8. 第4段中提到的为了确保监督机构监督的有效性以及该段落规定实施的统一性而对检查频率和性质等作出详细规定的规章应依据第18（2）条中提到的管

理程序进行采纳。规章应在2012年6月3日前被采纳。

第9条　监督机构名单

欧盟委员会应在《欧盟官方期刊》C系列中公布监督机构名单，并在其网站上公布。名单应定期更新。

第10条　运营商检查

1. 主管机构应进行检查，以验证运营商是否遵守了第4条和第6条要求。

2. 应按照以风险为基础的定期审阅计划进行本条第1段中提到的检查。另外，成员国主管机构在得到与运营商遵守本《条例》相关情况的信息后应进行检查，这些信息包括建立在经证实的第三方担忧基础上的信息。

3. 本条第1段中提到的检查应尤其包括：

（a）检查尽职调查体系，包括风险评估和风险缓解程序；

（b）检查能够证明尽职调查体系和程序正常运行的文件和记录；

（c）现场检查，包括实地审核。

4. 运营商应提供促进本条第1段中提到的检查必需的各种协助，尤其是进入办公场所和文件或记录提交方面。

5. 在进行本条第1段提到的检查时，如发现缺陷，合格主管部门应在不影响第19条规定实施的基础上通知运营商应采取的补救行动。另外，根据发现的缺陷性质，成员国可立即采取临时措施，包括以下内容：

（a）查封木材和木制品；

（b）禁止木材和木制品营销活动；

第11条　检查记录

1. 主管机构应保留第10（1）条提到的检查记录，特别是检查的性质和结果，以及根据第10（5）条签发的补救行动通知。检查记录应保留至少五年。

2. 第1段提到的信息应依据第2003/4/EC号指令公开。

第12条　合作

1. 主管机构应互相合作，和第三国行政管理机构以及欧盟委员会合作以确保遵守本《条例》。

2. 主管机构应与其它成员国主管机构及欧盟委员会交流第8（4）条和10（1）条提到的检查中发现的严重缺陷信息，以及依据第19条规定判处的惩罚类别信息。

第13条　技术援助、指导和信息交流

1. 在不损害第4（2）条中关于运营商须行使尽职调查义务规定的前提下，考虑到中小型企业的状况，成员国在适当的时候应在欧盟委员会协助下，向运营商提供技术和其它援助，从而有助于其遵守本《条例》的规定，特别是第6条关于尽职调查体系实施的要求。

2. 成员国应在欧盟委员会协助下，促进非法采伐相关信息的交流和传播，特别是协助运营商按第6（1）（b）条中的要求进行风险评估，以及关于实施本《条例》最佳行为的信息。

3. 提供援助应避免影响主管机构行使其职责，并应保持其执行本《条例》的独立性。

第14条　附件修订

一方面考虑到在实施本《条例》过程中取得的经验，特别是通过第20（3）和20（4）条提到的报告，第13条提到的信息交流中获得的经验，另一方面考虑到木材及木制品的技术特点、最终用户和生产过程，欧盟委员会可依据TFEU第290条规定通过修订和补充附件中木材和木制品清单采取授权行动。上述行动不应对运营商造成过重的负担。关于本条提到的授权行动，第15、16和17条规定的程序适用。

第15条　授权的行使

1. 欧盟委员会应被授予采取第6（3）条、8（7）条和14条中提到的授权行动的权利，有效期为2010年12月2日起7年。欧盟委员会应在本《条例》生效后3年期结束前的最后3个月内，拟定一份关于授权的报告。除非欧洲议会或理事会依据第16条废除上述权利，授权自动延长相同的时间。

2. 一旦采取授权行动，欧盟委员会应同时通知欧洲议会和欧盟理事会。

3. 采取授权行动的权利应按照第16和17条规定的条件授予欧盟委员会。

第16条　授权的废止

1. 欧洲议会和欧盟理事会可随时撤销第6（3）、8（7）和14条提到的授权。

2. 任何机构开始考虑撤销授权的内部程序时应尽量在做出最终决定前的一个合适的时间段通知其它机构和欧盟委员会，说明可能会被撤销的授权以及撤销原因。

3. 撤销决议应终止决议中具体说明的授权。决议应立即生效或在规定的稍晚时间生效。授权的撤销不影响已经生效的其它授权行动的有效性。决议应在《欧盟公报》上公布。

第17条　授权行动的否决

1. 欧洲议会或欧盟理事会可在通知之日起2个月时间内对授权行动提出反对意见。在欧洲议会或欧盟理事会的倡议下，这个时限延长了2个月。

2. 如果在上述时限结束，欧洲议会或欧盟理事会都没有对授权行动提出反对意见，授权行动将在《欧盟公报》上公布，在上述日期生效。如欧洲议会和欧盟理事会告知欧盟委员会不打算提出反对意见，授权行动可在《欧盟公报》上公布，并在上述时限结束前生效。

3. 如欧洲议会或欧盟理事会反对一项授权行动，则该行动不得生效。反对机构应陈述反对该授权行动的理由。

第18条　委员会

1. 欧盟委员会应得到依据第2173/2005号条例（EC）第11条建立的森林执法、施政与贸易（FLEGT）委员会的协助。

2. 参考本段内容时第1999/468/EC号决议第5条和第7条应适用，同时注意第8条。第1999/468/EC号决议第5（6）条中提到的时段应为三个月。

第19条　处罚

1. 成员国应制定适用于违反本《条例》条款的处罚准则，并采取一切必要措施确保处罚得以实施。

2. 作出的处罚必须有效、适当，并且具有劝诫性，可包括以下内容：

（a）与违法行为所造成的环境破坏、相关木材或木制品价值、税收损失和经济损失相称的罚款；计算处罚等级时应确保处罚能够有效剥夺责任人严重违规获取的经济效益，且不损害其合法执业权利；对重复违规的处罚应逐渐加重；

（b）查封相关的木材和木制品；

（c）立即吊销贸易授权。

3. 成员国应及时将后期对《条例》规定的修订通知欧盟委员会。

第20条　报告

1. 成员国应在2013年3月3日后每2年的4月30日向欧盟委员会提交先前2

年中本《条例》应用情况的报告。

2. 在这些报告的基础上，欧盟委员会应每2年拟定提交欧洲议会和欧盟理事会的报告。在撰写报告的过程中，欧盟委员会应提及依据第2173/2005号（EC）条例采纳的FLEGT VPA签署和执行方面取得的进展，以及其在减少内部市场上非法采伐木材和木制品所作的贡献。

3. 到2015年12月3日前和之后每6年，欧盟委员会应在本《条例》适用报告和取得经验的基础上，检查本《条例》的职能和效力，包括在防止非法采伐木材或含有上述木材的木制品投放市场方面的职能和效力。欧盟委员会应特别考虑对中小型企业的行政后果和产品覆盖。必要时报告可附加适当的立法提案。

4. 本条第3段提到的第一份报告应包括当前欧盟在《综合术语》第49章中所列产品方面的经济和贸易状况评估，应特别考虑相关行业的竞争力，以便考虑其纳入目前《条例》附件产品清单的可能性。

在本条第一段中提到的报告还应包括对第4（1）条中关于非法采伐木材和含有上述木材的木制品投放市场的禁令、以及第6条中规定的尽职调查体系的效力评估。

第21条　生效与适用

本《条例》应在《欧盟官方期刊》公布后第20天生效。

《条例》自2013年3月3日起适用，第6（2）条、7（1）条、8（7）条和8（8）条自2010年12月2日起适用。本《条例》对所有成员国具有约束力，并直接适用于所有成员国。

2010年10月20日于斯特拉斯堡完成

欧洲议会主席J. Buzek

欧盟理事会主席O.CHASTEL

附件：

第2658/87号1欧盟理事会（EEC）条例附件I中综合术语划分的木材和木制品，本《条例》适用：

－ 4401 薪材，原木、坯料、小树枝、束薪或类似形式的薪材；碎片或颗粒状木材；锯末、废料和下脚料，无论是否为原木、木块、团状或类似形式；

－ 4403 未加工木材，无论是否剥皮或边材，或粗略制成方形；

– 4406 木质铁路或电车轨道枕木；

– 4407 锯木或纵向切条、切片或剥皮，无论是否刨平、磨光或接缝，厚度超过6mm；

– 4408 单板（包括用复合木片制成的）板材，胶合板板材，或其它类似复合板板材，和其它纵向锯材、切片或剥皮板材，无论是否刨平、磨光或接缝，厚度不超过6mm；

– 4409 沿任何边缘、接头或表面连续成形（有舌头的、有槽的、开槽口的、斜切的、V字连接的、珠状的、模制的、圆形的等）的木材（包括镶花地板的木条和雕带，非拼装），无论是否刨平、磨光或接缝；

– 4410 刨花板，定向结构刨花板（OSB）和类似的木板（例如：大片刨花板）和其它木质材料，无论是否合成松香或其它有机粘接物质；

– 4411 木质纤维板或其它木质材料，无论是否与松香或其它有机物质结合；

– 4412 胶合板、单板和类似复合木材；

– 4413 00 00 浸胶木材，木块、木板、木条或纵切形状；

– 4414 00 画作、摄影作品、镜子或类似物品的木框；

– 4415 木质包装箱、盒、筐、桶和类似包装；木质电缆盘；木质货盘、箱型货盘和其它装运板；木质货盘边缘；

（非专用作包装材料以支持、保护或运送市场上其它产品的包装材料）

– 4416 00 00 大桶、木桶、木缸、浴盆和其它制桶产品和部件，包括桶板；

– 4418 建筑用细木工制品和木器，包括蜂窝板、拼装地板、墙面板和屋顶板，沿任何边接头或表面连续成形（有舌头的、有槽的、开槽口的、斜切的、V字连接的、珠状的、模制的、圆形的等）的木材（包括镶花地板的木条和雕带，非拼装），无论是否刨平、磨光或接缝；

–《综合术语》中第47章和第48章的纸浆和纸张，除竹制品和再生（废物和下脚料）产品外；

– 9903 30，9403 40，9403 50 00，9403 60 和 9403 90 30 木制家具；

– 9406 00 20 预制建筑。

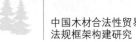

附件4-2 欧盟委员会第607/2012号（欧盟）实施条例

欧盟委员会第607/2012号（欧盟）实施条例[①]

2012年7月6日针对欧洲会议和欧盟理事会第995/2010号条例赋予将木材和木制品投放市场的运营商的义务，本条例规定了有关"尽职调查"体系和监督机构进行检查的频率和性质的细则。（EEA相关文本）

欧盟委员会：

考虑到《欧盟职能条约》；

考虑到欧洲会议和欧盟理事会2010年10月20日发布的第995/2010号条例赋予将木材和木制品投放市场的运营商的义务，特别是其中的第6（2）条和8（8）条；

鉴于：

（1）欧盟第995/2010号条例要求运营商使用一套程序和措施（以下称"尽职调查"体系），以减少运营商将来自非法采伐的木材和木制品投放至欧盟内部市场的风险；

（2）有必要澄清所需提供的所有树种的学名，所采伐木材的亚国家区域和采伐许可的具体信息；

（3）有必要详细说明主管机构对于监督组织所需开展检查的频率和性质；

（4）保护在本条例范围内处理个人资料的个体，尤其是所获取个人资料的处理应符合下列条例要求，包括1995年10月24日欧洲会议和欧盟委员会发布的第95/46/EC号条例有关个人数据处理和这些数据的自由传递中的个体保护和2000年12月8日欧洲会议和欧盟委员会法案第45/2001（欧盟）号条例中有关通过社会团体和机构处理个人数据及自由传递过程中的个体保护；

（5）本条例中提到的措施同森林执法、施政与贸易（FLEGT）委员会的意见相一致，已经采纳了本《条例》：

第一条 主旨

本条例规定了关于"尽职调查"体系和监督机构进行检查的频率和性质的

[①] 免责声明：本法案中文翻译版由国家林草局林产品国际贸易研究中心应对非法采伐策略研究项目完成，只供信息发布使用，非官方版本。只有本法案的欧洲21国语言官方版具有法律效力。

细则。

第二条 "尽职调查"体系的应用

1. 运营商应在 12 个月的期限内对每个供货商所提供的各类木材和木制品应用"尽职调查"体系，提供所采伐的树种、木材来源国或在可行情况下的亚国家区域，以及未发生变化的采伐许可权。

2. 第一段不能免除运营商的下列责任：根据欧盟第995/2010 号条例的条款6（1）（a）的规定，维持一套措施和程序，提供投放市场的每批木材和木制品的信息。

第三条 有关运营商供货的信息

1. 在欧盟第 995/2010 号条例的条款（6）（1）（a）中所提出的有关运营商供应木材和木制品信息应按照下文第2、3 和4 节的要求提供。

2. 在欧盟第 995/2010 号条例的条款（6）（1）（a）中的第一条中所提出的所有树种的学名，应在现有树种通用名解释不清时提供。

3. 在欧盟第 995/2010 号条例的条款6（1）（a）中的第二条所提出的有关亚国家木材采伐地的信息，应在亚国家地区间存在不同的非法采伐风险时提供。

4. 在欧盟第 995/2010 号条例的条款6（1）（a）中的第二条所提到的有关采伐许可的信息，应在一个国家或亚国家区域的采伐许可存在不同的采伐风险时提供。本节的目的是，在特定区域涉及到木材采伐权的安排都应考虑到采伐的许可。

第四条 风险评估和风险规避

在欧盟第 995/2010 号条例的条款6（1）（b）中的第一条和条款6（1）（c）提出的认证或其它第三方验证体系，应考虑满足以下标准的风险评估和风险规避的程序：

（a）已建立可供第三方使用的公开的体系，此体系至少应包括所有适用法案的相关要求；

（b）详细说明由第三方开展的不超过12 个月的定期适当核查，包括实地考察，以验证是否符合所适用的法律；

（c）包括了经第三方验证的措施，在木材和木制品投放市场之前，在供应链的每个环节对合法采伐的木材及其木制品进行追踪。

（d）包括了经第三方验证的管理措施，确保未知来源的木材和木制品，或不符合相关法律要求采伐的木材和木制品不进入供应链。

第五条　运营商保留的记录

1. 现有欧盟第 995/2010 号条例的条款（6）（1）（a）提出的有关运营商的供应信息，以及所应用的风险规避程序，都应通过实时的记录进行留档，该文档应保留五年以供主管机构的检查。

2. 运营商在应用其尽职调查体系时，应说明其收集的信息如何按照欧995/2010 号条例的条款（6）（1）（b）中所提出的风险标准进行核查，如何做出风险规避措施的决定以及运营商如何确定风险的等级。

第六条　监督机构检查的频率和性质

1. 主管机构应按照欧盟第 995/2010 号法案的条款8（4）开展定期检查，且至少每两年一次。

2. 在下列情况下，尤其应根据欧盟第995/2010 号条例的条款8（4）开展检查：

（a）在主管机构对运营商进行检查时，发现运营商运行由监督机构建立的尽职调查体系有缺陷或效果不佳；

（b）欧盟委员会已告知主管机构，根据欧洲会议和欧盟委员会第995/2010号条例赋予将木材和木制品投放市场的运营商的义务1 中有关监督机构的规定以及欧盟2012 年2 月23 日第363/2012 号委员会条例的条款第9（2）条有关认可和撤销监督机构的程序规则，调换了监督机构。

3. 开展核查不能有事先警告，除非监督机构为确保检查的效果需要事先告知。

4. 主管机构应根据书面程序开展核查。

5. 主管机构应确保核查符合欧盟第995/2010 号条例的要求，特别是适时开展的以下具体活动：

（a）现场核查，包括实地实核；

（b）检查监督机构的文件和记录；

（c）访谈监督组织的管理者和工作人员；

（d）访谈运营商、贸易商或相关人员；

（e）核查运营商的文件和记录；

（f）抽样检查运营商使用的与监督机构相关的"尽职调查"体系。

第七条　监督机构的检查报告

1. 主管机构应撰写开展个体核查的报告，此报告应包括详细的过程描述，所应用的方法以及调查的结果和结论。

2. 主管机构应为监督机构提供包含调查结果和结论的核查报告草案。监督机构可在主管机构所规定的期限内提出反馈意见。

3. 主管机构起草报告，应以欧盟第 995/2010 号条例的条款 8（4）规定的有关个体核查报告为基础。

第八条　生效

本法案会在《欧盟公报》公布后第 20 天生效。本法案可约束且直接适用于所有的成员国。

2012 年 7 月 6 日于布鲁塞尔

欧盟理事会

主席

Jose Manuel BARROSO

附件5 《2012非法采伐禁止条例》2017修订版（澳大利亚）

《2012非法采伐禁止条例》①2017年修订版

高级法律文书编号：271，2012
制定依据
《2012非法采伐禁止法案》

汇编本编号：2
汇编日期：2017年2月11日
含修正依据：F2017L00112
登记日期：2017年2月14日

堪培拉议会顾问办公室（Office of Parliamentary Counsel）编制

汇编本简介
汇编本

此汇编本为《2012非法采伐禁止条例》（*Illegal Logging Prohibition Regulation 2012*），体现2017年2月11日（汇编日期）修正并生效的法律文本内容。

此汇编本末尾的注释（尾注）包含关于修正法律以及汇编法律条款的修正史的信息。

未生效修正案

未生效修正案的效力未体现在汇编法律的文本内。所有影响此法律的未生效修正均可见于"联邦立法公报"（Legislation Register）网站：www.legislation.gov.au。尾注部分显示了截至汇编日期作出的、但尚未生效的修正的详细信息。更多关于未生效修正的信息，请参见"联邦立法公报"网站汇编法律系列页面。

各个条款和修正的适用性、除外和过渡条款

若汇编法律的某个条款或修正案在操作层面受到此汇编本未涵盖的适用性、

---

① 免责声明：本法案中文翻译版由中国林业科学研究院基本科研业务费专项——中国木材合法性贸易法规框架构建研究项目完成，只供信息发布使用，非官方版本。

除外或过渡条款的影响，请参见尾注部分了解详情。

编辑变动

更多关于此汇编本内作出的编辑变动，请参见尾注部分。

修订

若汇编法律由另一部法律修订，则汇编法律依据修订操作，但此修订不改变此法律的文本内容。相应地，此汇编本不体现汇编法律的修订文本。更多关于修订的信息，请参见"联邦立法公报"网站汇编法律系列页面。

自行废止条款

若汇编法律的某个条款依据某个法律条款而被废止，请详见尾注部分。

第1部分　前言

1　条例的名称

本条例称为《2012非法采伐禁止条例》。

3　定义

在本条例中：

《法案》意指《2012非法采伐禁止法案》。

国家指导方针意指附件2第2部分规定的指导方针。

注释：请参见第12（1）（a）段。

州指导方针意指附件2第3部分规定的指导方针。

注释：请参见第21（1）（a）段。

木材合法性框架意指附件2第1部分规定的框架。

注释：请参见第11（1）（a）和20（1）（a）段。

第2部分　进口

第1节　进口非法采伐的木材

5　管制木材产品

关于《法案》第9（3）款，附件1对木材产品做出了规定。

6　被豁免的管制木材产品

（1）关于《法案》第12（d）和13（d）段，以下内容或其部分被规定为受豁免产品：

（a）完全源自回收材料的管制木材产品；

（b）部分源自回收材料的管制木材产品——管制木材产品源自回收材料的部分；

（ｃ）管制木材产品作为寄售产品进口，且寄售的管制木材产品总进口价值不超过1，000澳元。

（2）在本条中，管制木材产品所含材料在以下情况下属于回收材料：

（ｄ）材料曾经构成另一种产品或该产品的一部分；

（ｅ）材料被从另一种产品中拆走时，该产品未再被用于实现其原始用途，而是被视为废弃物；

（ｆ）材料被作为管制木材产品的原材料使用。

（3）但是，若管制木材产品所含材料是某个制造工艺的副产品时，则该材料不属于回收材料。

例如：用于制作刨花板或中密度纤维板的木屑或下脚料（来自被锯切的木材）

6A　被部分豁免的管制木材产品——无须依照尽职调查要求

（1）本条适用于部分源自回收材料的管制木材产品。

（2）第2、3节规定的尽职调查要求不适用于第6条规定的属于受豁免的管制木材产品的部分。

7　报关

关于《法案》第13（ｃ）段，向海关部长提交的关于个人遵守进口管制木材产品尽职调查要求的申报单是根据《1901海关法案》（Customs Act 1901）提出的报关手续所包含的申报单。

第2节　进口管制木材产品的尽职调查要求

8　第2节的目的

关于《法案》第14（1）款，本节内容规定了进口管制木材产品的尽职调查要求。

9　进口商应建立尽职调查制度

（1）进口商必须在进口管制木材产品之前建立一个尽职调查制度。

（2）关于第（1）款，尽职调查制度必须：

（ａ）以书面形式呈现；

（ｂ）列出进口商为满足本节提及的适用于管制木材产品进口的尽职调查要求所遵循的流程；

（ｃ）包含以下信息：

（ⅰ）进口商的商业名称或公司名称以及业务注册号码（ABN）或公司注册号码（ACN）；

（ⅱ）进口商的街道地址和通讯地址；

（ⅲ）进口商开展的主要业务活动；

（d）包含负责维护该制度的个人的相关信息：

（iv）姓名和职位；

（v）联络详情，包括电话号码、电子邮箱地址；

（e）包含该制度的书面记录。

民事处罚条款

（3）若进口商违反第（1）款规定，可获得民事处罚。民事处罚：100个罚款单位。

10　尽职调查要求——收集信息

（1）进口商必须在进口管制木材产品之前，尽其所能，尽可能多地获得第（2）款提及的产品相关信息。

（2）信息包括：

（a）管制木材产品的描述，其中包括：

（i）产品类型、产品商号；

（ii）产品所含木材源自何种树木，包括树木的通用名、属名或学名；

（b）产品所含木材的采伐国、采伐区域以及森林采伐单位；

（c）产品生产国；

（d）产品供应商的名称、地址、商号、业务和公司注册号（若存在）；

（e）产品装货量——以体积、重量或个数表示；

（f）供应商针对产品采购提供或将提供的文件；

（g）若木材合法性框架适用于产品所含木材或该木材的采伐区域——应提供该木材采伐商或其它与该木材有关的个人获得的许可或证书副本，以证明符合框架标准或要求；

（h）若国家指导方针适用于产品所含木材或该木材的采伐地——应提供方针要求进口商获得的产品相关信息或证明（例如证书、许可或其它文件）；

（i）产品不存在非法采伐现象的证明，此类证明可涉及：

（i）产品所含木材源自的树种的采伐在该木材的采伐地是否受禁；

（ii）该木材的采伐在其采伐地是否经过法律授权（包括法规）——是否满足木材采伐的法律要求；

（iii）是否需要为木材采伐权支付款项——款项是否已经支付；

（iv）若个人依法有权使用并占有该木材的采伐地——该木材的采伐是否违背确立或保护这些权利的法律。

民事处罚条款

（3）若进口商违反第（1）款规定，可获得民事处罚。民事处罚：100个罚款单位。

11　尽职调查要求——对比木材合法性框架识别并评估风险（可选程序）

（1）本条适用于进口管制木材产品的进口商，前提是：

（a）附件2第1部分规定的木材合法性框架适用于产品所含木材或该木材的采伐区域；

（b）进口商选择采用第（2）款中提及的流程。

（2）进口商必须在进口产品之前：

（a）评估通过利用框架获得的信息和证明是否准确、可靠；

（b）通过利用框架，并考量根据第10（1）款收集到的信息，识别并评估产品是否存在源自或含有非法采伐木材的风险；

（c）在上文（b）段提及的识别和评估风险的程序中，考量进口商知悉或按理应知悉的任何其它可能表明产品是否源自或含有非法采伐木材的信息；

（d）对根据本条开展的识别和评估程序进行书面记录。

民事处罚条款

（3）若进口商违反第（2）款规定，可获得民事处罚。民事处罚：100个罚款单位。

12　尽职调查要求——对比国家指导方针识别并评估风险（可选程序）

（1）本条适用于进口管制木材产品的进口商，前提是：

（a）附件2第2部分规定的国家指导方针适用于产品所含木材或该木材的采伐区域；

（b）进口商选择采用第（2）款中提及的流程。

（2）进口商必须在进口产品之前：

（a）通过利用指导方针，评估根据第10（1）款收集到的信息；

（b）通过利用指导方针，并考量根据第10（1）款收集到的信息，识别并评估产品是否存在源自或含有非法采伐木材的风险；

（c）在上文（b）提及的识别和评估风险的程序中，考量进口商知悉或按理应知悉的任何其它可能表明产品是否源自或含有非法采伐木材的信息；

（d）对根据本条开展的识别和评估程序进行书面记录。

民事处罚条款

（3）若进口商违反第（2）款规定，可获得民事处罚。民事处罚：100个罚款单位。

13　尽职调查要求——识别并评估风险（第11、12条的替代方案）

（1）本条适用于进口管制木材产品的进口商，前提是：

（a）进口商未选择采用第11（2）或12（2）款中提及的流程；或

（b）进口商：

（i）选择采用第11（2）或12（2）款中提及的流程；

（ii）且无法利用这些流程识别关于管制木材产品源自或含有非法采伐木材的无风险或低风险。

（2）进口商必须在进口产品之前：

（a）识别并评估管制木材产品是否存在源自或含有非法采伐木材的风险，这可以通过：

（i）评估根据第10（1）款收集到的信息；

（ii）考量第（3）款提及的各个因素；

（b）对根据本条开展的评估和风险识别程序进行书面记录。

（3）关于第（2）（a）（ii）小段，各个因素包括：

（a）以下情况的盛行：

（i）产品所含木材的采伐区域的整体非法采伐现象；

（ii）产品所含木材源自的树种的所在区域的非法采伐现象；

（iii）上述区域的武装冲突；

（b）产品的复杂性；

（c）进口商知悉或按理应知悉的任何其它可能表明产品是否源自或含有非法采伐木材的信息。

民事处罚条款

（4）若进口商违反第（2）款规定，可获得民事处罚。民事处罚：100个罚款单位。

14　尽职调查要求——风险缓解

（1）本条适用于进口管制木材产品的进口商，前提是：

（a）第13条适用于上述产品；

（b）进口商已经识别该产品可能存在源自或含有非法采伐木材的风险；

（c）风险并非低风险。

（2）进口商必须在进口管制木材产品之前：

（a）开展与已经识别的风险相称的、充分的风险缓解程序；

（b）对根据本条开展的风险缓解程序进行书面记录。

（3）风险缓解程序可包括以下步骤：

（a）获得关于产品的更多信息，包括任何与产品相关的证明或独立评估；

（b）再次评估产品可能存在源自或含有非法采伐木材的风险，包括通过利用第11（2）、12（2）或13（2）款中提及的流程；

（c）不进口上述产品。

民事处罚条款

（4）若进口商违反第（2）款规定，可获得民事处罚。民事处罚：100个罚款单位。

15　尽职调查要求——向干事（Secretary）提供信息

干事可要求获得信息

（1）干事可要求进口商提供关于以下内容的信息：

（a）进口商在进口管制木材产品之时落实的尽职调查制度；

（b）进口商对其进口管制木材产品的尽职调查制度要求的遵守。

（2）上述要求必须：

（a）以书面形式呈现；

（b）包括一个遵守日期，该日期应至少在要求之日的28天后。

进口商应遵守信息要求

（3）进口商必须在要求指明的日期之前以书面形式向干事提供相关信息。

民事处罚条款

（4）若进口商违反第（3）款规定，可获得民事处罚。民事处罚：100个罚款单位。

16　尽职调查要求——记录

（1）进口商必须按照指明的时间保持下表提及的记录。

尽职调查记录			
项目	记录类型	相关条款	记录保留时间
1	进口商在进口每种管制木材产品之时落实的尽职调查制度的书面记录	第9（2）（e）段	产品进口之日后的5年内
2	进口商收集的关于管制木材产品的信息	第10条	产品进口之日后的5年内
3	对比木材合法性框架或国家指导方针开展的管制木材产品风险识别的记录	第11（2）（d）或12（2）（d）段	产品进口之日后的5年内
4	进口商开展的管制木材产品评估和风险识别程序的记录	第13（2）（b）段	产品进口之日后的5年内
5	进口商开展的管制木材产品风险缓解程序的记录	第14（2）（b）段	产品进口之日后的5年内

民事处罚条款

（2）若进口商违反第（1）款规定，可获得民事处罚。民事处罚：100个罚款单位。

<h2 style="text-align:center">第3部分 加工</h2>

第1节 加工原木的尽职调查要求

17 第1节的目的

关于《法案》第18（1）款，本节内容规定了将原木加工为原木之外的产品的尽职调查要求。

18 加工商应建立尽职调查制度

（1）加工商必须在加工原木之前建立一个尽职调查制度。

（2）关于第（1）款，尽职调查制度必须：

（a）以书面形式呈现；

（b）列出加工商为满足本节提及的适用于原木加工的尽职调查要求所遵循的流程；

（c）包含以下信息：

（i）加工商的商业名称或公司名称以及公司注册号码（ACN）或业务注册号码（ABN）；

（ii）加工商的街道地址和通讯地址；

（iii）加工商开展的主要业务活动；

（d）包含负责维护该制度的个人的相关信息：

（i）姓名和职位；

（ii）联络详情，包括电话号码、电子邮箱地址；

（e）包含该制度的书面记录。

民事处罚条款

（3）若加工商违反第（1）款规定，可获得民事处罚。

民事处罚：100个罚款单位。

19 尽职调查要求——收集信息

（1）加工商必须在加工原木之前，尽其所能，尽可能多地获得第（2）款提及的原木相关信息。

（2）信息包括：

（a）原木的描述，其中包括：

（i）原木源自何种树木，包括树木的通用名、属名或学名

（ⅱ）原木的采伐区域，包括州或领地以及森林采伐单位；

（b）原木供应商的名称、地址、商号、业务和公司注册号（若存在）；

（c）待加工原木量——以体积、重量或个数表示；

（d）供应商针对原木采购提供或将提供的文件；

（e）若木材合法性框架适用于原木或该原木的采伐区域——应提供该原木采伐商或其它与该原木有关的个人获得的许可或证书副本，以证明符合框架标准或要求；

（f）若州指导方针适用于原木或该原木的采伐地——应提供方针要求加工商获得的原木相关信息或证明（例如证书、许可或其它文件）；

（g）原木不存在非法采伐现象的证明，此类证明可涉及：

（ⅰ）原木源自的树种的采伐在该原木的采伐地是否受禁；

（ⅱ）原木的采伐在其采伐地是否经过法律授权（包括法规）——是否满足原木采伐的法律要求；

（ⅲ）是否需要为原木采伐权支付款项——款项是否已经支付；

（ⅳ）若个人依法有权使用并占有该原木的采伐地——该原木的采伐是否违背确立或保护这些权利的法律。

民事处罚条款

（3）若加工商违反第（1）款规定，可获得民事处罚。

民事处罚：100个罚款单位。

20 尽职调查要求——对比木材合法性框架识别并评估风险（可选程序）

（1）本条适用于加工原木的加工商，前提是：

（a）附件2第1部分规定的木材合法性框架适用于原木或该原木的采伐区域；

（b）加工商选择采用第（2）款中提及的流程。

（2）加工商必须在加工原木之前：

（a）评估通过利用框架获得的信息和证明是否准确、可靠；

（b）通过利用框架，并考量根据第19（1）款收集到的信息，识别并评估原木是否存在非法采伐现象的风险；

（c）在上文（b）段提及的识别和评估风险的程序中，考量加工商知悉或按理应知悉的任何其它可能表明原木是否存在非法采伐现象的信息；

（d）对根据本条开展的识别和评估程序进行书面记录。

民事处罚条款

（3）若加工商违反第（2）款规定，可获得民事处罚。

民事处罚：100个罚款单位。

21　尽职调查要求——对比州指导方针识别并评估风险（可选程序）

（1）本条适用于加工原木的加工商，前提是：

（a）附件2第3部分规定的州指导方针适用于原木或该原木的采伐区域；

（b）加工商选择采用第（2）款中提及的流程。

（2）加工商必须在加工原木之前：

（a）通过利用指导方针，评估根据第19（1）款收集到的信息；

（b）通过利用指导方针，并考量根据第19（1）款收集到的信息，识别并评估原木是否存在非法采伐现象的风险；

（c）在上文（b）段提及的识别和评估风险的程序中，考量加工商知悉或按理应知悉的任何其它可能表明原木是否存在非法采伐现象的信息；

（d）对根据本条开展的识别和评估程序进行书面记录。

民事处罚条款

（3）若加工商违反第（2）款规定，可获得民事处罚。

民事处罚：100个罚款单位。

22　尽职调查要求——识别并评估风险（第20、21条的替代方案）

（1）本条适用于加工原木的加工商，前提是：

（a）加工商未选择采用第20（2）或21（2）款中提及的流程；或

（b）加工商：

（i）选择采用第20（2）或21（2）款中提及的流程；

（ii）且无法利用这些流程识别关于原木存在非法采伐现象的无风险或低风险。

（2）加工商必须在加工原木之前：

（a）识别并评估原木是否存在非法采伐现象的风险，这可以通过

（i）评估根据第19（1）款收集到的信息；

（ii）考量第（3）款提及的各个因素；

（b）对根据本条开展的评估和风险识别程序进行书面记录。

（3）关于第（2）（a）（ii）小段，各个因素包括：

（a）原木的采伐区域的整体非法采伐现象的盛行；

（b）原木源自的树种的所在区域的非法采伐现象的盛行；

（c）加工商知悉或按理应知悉的任何其它可能表明原木是否存在非法采伐现象的信息。

民事处罚条款

（4）若加工商违反第（2）款规定，可获得民事处罚。

民事处罚：100个罚款单位。

23 尽职调查要求——风险缓解

（1）本条适用于加工原木的加工商，前提是：

（a）第22条适用于上述原木；

（b）加工商已经识别该原木可能存在非法采伐现象的风险；

（c）风险并非低风险。

（2）加工商必须在加工原木之前：

（a）开展与已经识别的风险相称的、充分的风险缓解程序；

（b）对根据本条开展的风险缓解程序进行书面记录。

（3）风险缓解程序可包括以下步骤：

（a）获得关于原木的更多信息，包括任何与原木相关的证明或独立评估；

（b）再次评估原木可能存在非法采伐现象的风险，包括通过利用第20（2）、21（2）或22（2）款中提及的流程；

（c）不加工该原木。

民事处罚条款

（4）若加工商违反第（2）款规定，可获得民事处罚。

民事处罚：100个罚款单位。

24 尽职调查要求——向干事提供信息

干事可要求获得信息

（1）干事可要求加工商提供关于以下内容的信息：

（a）加工商在加工原木之时落实的尽职调查制度；

（b）加工商对其加工原木的尽职调查制度要求的遵守。

（2）上述要求必须：

（a）以书面形式呈现；

（b）包括一个遵守日期，该日期应至少在要求之日的28天后；

（c）加工商应遵守信息要求。

（3）加工商必须在要求指明的日期之前以书面形式向干事提供相关信息。

民事处罚条款

（4）若加工商违反第（3）款规定，可获得民事处罚。

民事处罚：100个罚款单位。

25 尽职调查要求——记录

（1）加工商必须按照指明的时间保持下表提及的记录。

尽职调查记录			
项目	记录类型	相关条款	记录保留时间
1	加工商在加工每种原木之时落实的尽职调查制度的书面记录	第18（2）（e）段	原木加工之日后的 5 年内
2	加工商收集的关于原木的信息	第19 条	原木加工之日后的 5 年内
3	对比木材合法性框架或州指导方针开展的原木风险识别的记录	第20（2）（d）或21（2）（d）段	原木加工之日后的 5 年内
4	加工商开展的原木评估和风险识别程序的记录	第22（2）（b）段	原木加工之日后的 5 年内
5	加工商开展的原木风险缓解程序的记录	第23（2）（b）段	原木加工之日后的 5 年内

民事处罚条款

（2）若加工商违反第（1）款规定，可获得民事处罚。

民事处罚：100 个罚款单位。

第4部分　监控、调查和执法

第4节　检查员

26　身份证

关于《法案》第20（2）（a）段，身份证必须显示以下信息：

（a）表明持证人是依据《法案》任命的检查员的声明；

（b）干事分配给检查员的独特身份编号；

（c）检查员依据《法案》任命的检查员身份的结束日期。

注释：《法案》第20（2）（b）段要求上述证件包含检察员的一张近期照片。

第5部分　适用性和过渡条款

27　管制木材产品相关修正的适用性

附件1项目2、3对《2017禁止非法采伐修正案（统一制度变更和其它措施）条例》（*Illegal Logging Prohibition Amendment（Harmonized System Changes and Other Measures）Regulations 2017*）作出的修正适用于上述项目生效之日或生效之后的货物的进口。

附件1　管制木材产品

注释：请参见第5条。

1　管制木材产品

（1）以下木材产品属于规定的管制木材产品：

（a）若下表栏1的项目对应一个四位数——则为《1995海关关税法案》（*Customs Tariff Act* 1995）附件3对应标题下罗列的所有木材产品，具体依据不时有效之规定；

（b）若下表栏1的项目对应一个长于四位数的数字——则为《1995海关关税法案》附件3对应标题或副标题下罗列的木材产品，具体依据不时有效之规定。

（2）对某个木材产品的提及即意味着该木材产品在《1995海关关税法案》中有所体现，具体依据不是有效之规定

序号	HS 编码	描　述
1	4403	原木
2	4407	锯材
3	4408	装饰木板、单板
4	4409.10.00	家具半成品（针叶材）
4a	4409.22.00	地板条带等
5	4409.29.00	家具半成品（非针叶材）
6	4410	刨花板
7	4411	纤维板
8	4412	胶合板、单板饰面板及类似的多层板
9	4413.00.00	浸胶木材
10	4414.00.00	木框
11	4416.00.00	木桶
12	4418	建筑及木工用木制品
13	4701.00.00	机械木浆
14	4702.00.00	化学溶解木浆
15	4703	硫酸盐木浆
16	4704	亚硫酸盐木浆
17	4705.00.00	机械化学木浆
18	4801	新闻纸
19	4802	未经涂布的书写纸
20	4803	卫生纸、面巾纸

续表

序号	HS 编码	描 述
21	4804	未经涂布的牛皮纸
22	4805	其它未经涂布的纸和纸板
23	4806.20.00	植物羊皮纸等（防油纸）
24	4806.30.00	植物羊皮纸等（描图纸）
25	4806.40.00	植物羊皮纸等（半透明玻璃纸、蜡光包装纸）
26	4807.00.00	复合纸和纸板
27	4808	有瓦楞的纸和纸板
28	4809	复写纸
29	4810	有涂层的纸和纸板
30	4811	除 4803、4809、4810 外的纸和纸板
31	4813	卷烟纸
32	4816	4809 外的其它复写纸
33	4817	信封、明信片等
34	4818	卫生用纸等，卷宽不超过 36cm
35	4819	纸箱、袋、包装容器
36	4820	账簿、笔记本、备忘录等
37	4821	纸和纸板标签
38	4823	其它纸浆、纸板、纤维素
39	9401.61.00	带木框架坐具（装软垫的）
40	9401.69.00	带木框架坐具（其它的）
41	9403.30.00	办公用木家具
42	9403.40.00	厨房用木家具
43	9403.50.00	卧室用木家具
44	9403.60.00	其它用木家具
45	9403.90.00	家具部件
46	9406.00.00	活动房

附件 2——木材合法性框架、国家指导方针、州指导方针

注释：请参见第 3 条。

第1部分　木材合法性框架

1　木材合法性框架

下表提及的框架即为木材合法性框架：

木材合法性框架	
项目	框架
1	森林执法、治理和贸易（FLEGT）欧共体进口木材许可计划，由森林管理委员会（FSC）执行
2	下列标准由森林管理委员会（FSC）执行： （a）FSC森林管理认证标准； （b）FSC产销监管链标准
3	下列标准由森林认证认可计划（PEFC）执行： PEFC可持续森林管理认证标准； PEFC产销监管链标准

注释1：FLEGT许可计划相关信息于2014年可见于FLEGT网站（http：//www.euflegt.efi.int）。

注释2：FSC森林管理认证标准相关信息和FSC产销监管链标准相关信息于2014年可见于FSC网站（http：//www.ic.fsc.org）。

注释3：PEFC可持续森林管理认证标准相关信息和PEFC产销监管链标准相关信息于2014年可见于PEFC网站（http：//www.pefc.org）。

第2部分　国家指导方针

2　国家指导方针

下表提及的指导方针即为国家指导方针：

国家指导方针	
项目	指导方针
1	加拿大国家指导方针，由澳大利亚政府和加拿大政府于2014年9月25日共同批准
2	芬兰国家指导方针，由澳大利亚政府和芬兰政府于2014年8月29日共同批准
3	印度尼西亚国家指导方针，由澳大利亚政府和印度尼西亚政府于2014年10月21日共同批准
4	意大利国家指导方针，由澳大利亚政府和意大利政府于2014年10月3日共同批准
4A	马来西亚国家指导方针，由澳大利亚政府和马来西亚政府于2015年2月13日共同批准
5	新西兰国家指导方针，由澳大利亚政府和新西兰政府于2014年10月7日共同批准

续表

国家指导方针	
项目	指导方针
5A	巴布亚新几内亚国家指导方针，由澳大利亚政府和巴布亚新几内亚政府于 2015 年 11 月 20 日共同批准
6	所罗门群岛国家指导方针，由澳大利亚政府和所罗门群岛政府于 2014 年 5 月 12 日共同批准

注释：上述国家指导方针于2014年可见于部门网站（http://www.agriculture.gov.au）。

第3部分 州指导方针

3 州指导方针

下表提及的指导方针即为州指导方针：

州指导方针	
项目	指导方针
1	新南威尔士州指导方针，由联邦政府和新南威尔士州政府于 2014 年 10 月 24 日共同批准
2	维多利亚州指导方针，由联邦政府和维多利亚州政府于 2014 年 10 月 15 日共同批准
2A	昆士兰州指导方针，由联邦政府和昆士兰州政府于 2015 年 6 月 16 日共同批准
3	西澳大利亚州指导方针，由联邦政府和西澳大利亚州政府于 2014 年 10 月 10 日共同批准
4	南澳大利亚州指导方针，由联邦政府和南澳大利亚州政府于 2014 年 10 月 23 日共同批准
5	塔斯马尼亚州指导方针，由联邦政府和塔斯马尼亚州政府于 2014 年 10 月 1 日共同批准

注释：上述州指导方针于2014年可见于部门网站（http://www.agriculture.gov.au）。

尾注

尾注1——尾注说明

尾注提供了关于此汇编本和汇编法律的信息。以下尾注可见于各个汇编本：

尾注1——尾注说明

尾注2——缩写

尾注3——立法史

尾注4——修正史

缩写——尾注2

缩写部分罗列了尾注可能用到的各个缩略词。

立法史和修正史——尾注3和尾注4

立法史和修正史部分注解了修正法律。

尾注3中的立法史提供了关于已经（或将要）修正汇编法律的每部法律的信息。该信息包括修正法律的生效详情和此汇编本未涵盖的适用性、除外或过渡条款。

尾注4中的修正史提供了关于条款（一般是"条"或其相当条款）层面的修正的信息，以及关于业已根据某法律条款废止的汇编法律的任何一个条款的信息。

编辑变动

《2003立法法案》（*Legislation Act* 2003）授权第一议会顾问（First Parliamentary Counsel）对汇编法律做出编辑变动和呈现变动，从而使该法律的汇编本做好登记准备。以上变动不得改变该法律的效力。编辑变动自汇编本登记之日起生效。

若汇编本含有编辑变动，则尾注应简要概述此类变动。变动的完整细节可自议会顾问办公室获得。

描述错误的修正案

描述错误的修正案是指未能准确描述即将做出修正的修正案。若该修正案在描述错误的情况下依然可以按原定计划生效，则该修正案被纳入汇编法律，且修正史中包含的修正详情附加缩略词"（md）"。

若描述错误的修正案无法按原定计划生效，则修正史中包含的修正详情附加缩略词"（md not incorp）"。

附件6　木材可持续利用法修正案（韩国）

木材可持续利用法修正案（简称：木材利用法）[①]

【实施 2019.3.22】【法案 第14657号，2017.3.21，部分修订】

第一章　总纲

第一条（目的）本法案目的在于增进碳储存功能以及其它多种多样的功能，通过木材可持续利用应对气候变化，为国民的生活质量以及国民经济健全发展做出贡献。

第二条（定义）《修订 2017.3.21》

1. 木材是指根据《山林资源的组成及管理相关法律》规定，采伐林木、竹（包括原木以及进口产物）的产物。

1-2. 原木是指采伐后不进行木材加工的原木。

2. 木材产品是指由木材加工的产品，或者是将木材和其它原料通过物理或化学手段加工而成的产品（包括进口产品），其中木材产品中的木材成分不得低于总统令规定比例。

3. 木材生产业是指根据《山林资源的组成及管理相关法律》规定，采伐或者加工林木、竹后的流通产业（包括原木以及进口产物的木材加工和流通）。

4. 木材产业是指生产和销售木材产品的产业。

5. 木材文化是社会成员们喜欢并乐于使用能体现木材多种功能的木制品，并因此而形成的共同价值，知识，规范以及生活方式。

6. 木材文化指数是指将木材文化的广泛接受度和振兴程度用数值来表示。

7. 木材教育是指通过系统的体验和学习木材的多种多样的功能，理解到木材的重要性，学习到木材的相关知识，对木材树立一个正确的价值观的教育。

8. 木材可持续利用是指振兴木材文化，搞活木材教育，使其不仅能为现代社会系统地、稳定地提供木材产品也要能满足未来时代的社会，经济，文化精神面的多种多样的木材需求，使木材可持续利用。

8-2. 木材体验场所是指为体验木材文化或者木材教育而构建的空间和设施。

---

① 免责声明：本法案中文翻译版由中国林业科学研究院基本科研业务费专项——中国木材合法性贸易法规框架构建研究项目完成，只供信息发布使用，非官方版本。

9. 碳素储存量是指木材产品所储存的碳素量。

10. 地域间伐制是指相关特别市·广域市·特别自治市·道，以及特别自治道（以下简称为市·道）地区以及濒临市·道地区内生产的木材。

11. 地域间伐制利用产品是指木材产品中使用的木材量，在市·道地区以及濒临市·道地区内的木材产品生产厂所生产出的间伐制产品木材量使用比例不得低于总统令规定比例的木材产品。

第三条 （基本理念）本法案的基本理念是，通过木材利用可以营造舒适宜人的生活环境，扩大碳储存量。我们需要认识到这是促进国民健康及享受文化生活，应对气候变化的重要因素。通过振兴木材文化以及鼓舞木材教育实现木材的可持续利用，同时让未来社会也能继续使用木材。

第四条（责任）

①国家及地方自治团体应制定实施必要的振兴木材文化，搞活木材教育以及能系统平稳地供给木材产品的政策，须为增进木材的可持续利用做出努力。《修订 2017.3.21》

②山林厅厅长应遵守国内或原产国木材收成相关法令，为木材（以下简称"合法采伐"）生产或木材产品的流通·利用，制定和实施必要的政策。《新设 2017.3.21》

③木材生产者应为进口·流通，以及生产·销售合法采伐的木材或是木材产品做出努力。《新设 2017.3.21》

《实施日：2018.3.22》第四条

第五条（与其它法律的关系）针对木材可持续利用，除去其它法律规定的情况，均按照本法案执行。

第二章 综合计划的制定·实施等

第六条（综合计划的制定等）

①为了木材的可持续利用，山林厅厅长应每五年制定一次木材可持续利用相关的综合计划（以下简称综合计划）

②综合计划需包含以下每项事项

1. 木材供给流通现状及前景

2. 木材文化的振兴及鼓舞木材教育的计划

3. 木材及木材产品长短期供需计划

4. 木材市场及培育木材产业的中长期投资计划

5. 增进木材可持续利用相关计划

6. 为提高木材产业竞争力的研究开发事业

7. 木材产业相关技术及培育专业人才方案

8. 鼓励供给利用国产木材的相关计划

9. 此外其它的木材可持续利用必要事项

③山林厅厅长制定或者变更综合计划时应提前和相关中央行政机关的长官商议以及听取特别市市长，广域市市长，自治市市长，道知事（以下简称为市、道知事）后，根据第九条第一项，经木材可持续利用委员会审议后再决定综合计划制定或变更。但，根据总统令规定的细小事项变更时不必如此。

④为制定综合计划，山林厅厅长可在必要的时候要求中央行政机关的长官及市长官，道知事提交资料。在此情况下中央行政机关的长官及市、道知事若无特别事项应遵循此项规定。

⑤根据综合计划，山林厅厅长必须制定实行年度全国实施计划（以下简称全国实施计划）。这种境况下，全国实施计划中应包含每年的木材供给计划。

⑥根据第三项确定的综合计划以及根据第五项制定的全国实施计划，山林厅厅长应通报告知相关中央行政机关的长官及市、道知事。

第七条（地域计划的制定等）

①根据第六条第六项市、道知事收到山林厅厅长有关综合计划的制定报告后，应考虑当地条件和综合计划内容，每五年制定或者变更木材可持续利用地域综合计划。此种境况下，若无特别事由，从山林厅厅长处收到综合计划变更相关通知后应反映在地域综合计划上。

②根据地域综合计划和第六条第六项，市、道知事收到全国实施计划后应制实施年度地域实施计划（以下简称地域实施计划），此种状况下，地域实施计划应包含木材供给计划。

③根据农林畜产食品部令规定，市、道知事应向山林厅厅长提交地域实施计划的推进成果。《修订 2013.3.23》

第八条（统计、实况调查及信息体系的构建和运营）

①包括木材产品的生产流通消费等，应开展木材可持续利用相关统计和实况调查（以下简称统计、实况调查），山林厅厅长应把调查结果反映到综合计划和全国实施计划中。这种情况下，有关统计的调查和制成遵循《统计法》相关规定。

②为有效率地制订实施搞活木材产业的相关必需政策，山林厅厅长应向国民传达木材可持续利用情报和资料，并且构建运营木材可持续利用相关情报体系。

③为统计、实况调查及构建和运营信息体系，山林厅厅长在需要的情况，可要求相关中央行政机关的长官，地方自治团体的长官，公共机关（根据《公共机构运营相关法律》第四条定义的公共机关，下同）的长官，相关机关及团体的长官提供必需的资料和情报。相关者在无正当理由下，必须执行提供资料和情报的要求。

④山林厅厅长应向国民提供统计、实况调查内容以及根据第二项所得出的情报、资料《公共机关情报公开相关法律》，并为此而努力。

⑤统计、实况调查内容的范围，方法，以及此外的需要事项援用总统令规定。

第三章　振兴木材文化与搞活木材教育等

第九条（木材可持续利用委员会）

①为搞活木材可持续利用，设立木材可持续利用委员会（以下简称"木材利用委员会"），由山林厅厅长统管。

②木材利用委员会实施以下几项工作《修订2013.3.23》

1.　依据第六条第三项规定，执行综合计划审议

2.　依据第十四条第一项各小项规定，进行认证认可相关审查

3.　依据第十七条第三项和第四项规定，对安全优秀木材产品以及有害木材产品的指定进行审查

4.　依据第十八条第一项规定，对木材产品的新技术指定进行审查

5.　依据第二十条规定，对木材产品的规格及品质标准进行审查

6.　此外，木材可持续利用的相关事项中，被列入农林畜产食品部令中的事项

③木材利用委员会由20名以内的委员组成，其中包含1名委员长。

④依据总统令规定，木材利用委员会可设立分委会，任用专业委员。

⑤木材利用委员会和部门委员会的构成与运营等相关所需事项列入总统令。

第十条（木材文化的振兴及搞活木材教育）

①为了使木材能在国民生活中发挥多样的功能，国家及地方自治团体长官应为木材文化振兴而努力。

②国家及地方自治团体长官应为搞活木材教育而努力，开发并推广有关木材多功能体验及学习的木材教育项目。

③国家及地方自治团体长官可根据第一项和第二项，建设木材文化体验场所。《新设2017.3.21》

④为了实现木材文化体验场所的有效管理，国家及地方自治团体长官可以

将木材文化体验场所的管理委托给总统令中指定的专业法人或团体等。《新设2017.3.21》

第十一条（木材文化指数测定及公开发布）

①山林厅厅长每年必须对市、道的木材文化指数进行测定，并进行公开发布。

②市长和道知事每年都需对所管辖的市、郡、区（指自治区。以下称"市、郡、区"）的木材文化指数进行测定，并进行公开发布。《修订2017.3.21》

③第一项和第二项中的木材文化指数的测定可委托给第16条规定中的木材文化振兴会。

④第一项和第二项中规定的木材文化指数的测定标准、测定方法及公开发布程序，此外所需事项援用总统令规定。

第十二条（传统木材文化的继承、发展）

①为继承和发展传统木材文化，国家及地方自治团体长官需探索出所需的政策，并提供相关信息。

②山林厅厅长应该对活用传统木材加工技术的多种木材产品和生产技术进行开发和推广，同时为了继承和发展传统木材文化，应该实施木材产品名人认证制度。《修订2016.12.2》

第十三条（地区木材文化的振兴等）

①为振兴地区木材文化，增加碳吸收源（指《维持和增加碳吸收源的相关法律》第二条第十号中规定的碳吸收源。下同。），山林厅厅长和地方自治团体长官可以推行相关政策促进间伐木材的使用。

②为振兴地区木材文化，增加碳吸收源，山林厅厅长可以对地区使用间伐木材的产品进行认证。

第十四条（认证、认可等）

①想取得以下各项认证认可的，可根据农林畜产食品部令中的规定，向山林厅厅长申请认证认可。《修订2013.3.23》

1. 删除（2016.12.2）

2. 删除（2016.12.2）

3. 木材产品名人认可

4. 对使用地区间伐木材的产品进行认证

②山林厅厅长收到第一项各小项中的认证认可申请后，必须通过木材利用委员会的审查研究，如果研究结果符合总统令中规定的认证认可标准，那么必须予以认证认可。

③删除（2016.12.2）

④依据第二项授予的认证认可如果适用于下列任何一项，则山林厅厅长可取消其认证认可。并且，如果情况属于以下第一项，那么必须取消其认证认可。

1. 弄虚作假，或者通过其它不正当手段获得认证认可

2. 将自己的商号或名称借他人使用

3. 不符合第二项中规定的认证认可标准

⑤依据第四项取消认证认可的，从取消之日起，3年内不能再申请其认证认可。

⑥第一项中的认证认可申请程序、认证认可标识方法、此外所需事项列入农林畜产食品法令。《修订2013.3.23》

第十五条（碳储存量标识及测定等）

①山林厅厅长可以对总统令中的木材产品进行碳储存量标识。

②山林厅厅长可以委托总统令中的木材专业机构对碳储存量进行测定。

③第一项规定的碳储存量标识方法，以及除此之外所需事项列入农林畜产食品部令。《修订2013.3.23》

第十六条（木材文化振兴会）

①为振兴木材文化，搞活木材教育，促进木材可持续利用，设立木材文化振兴会（以下简称"振兴会"），由山林厅厅长统管。

②振兴会从事以下几项工作《修订2013.3.23》

1. 关于木材文化及木材教育的政策、制度的调查和研究、教育和宣传等相关工作

2. 木材文化振兴和搞活木材教育的相关工作

3. 提高木材文化指数的相关工作

4. 碳储存量测定的相关工作

5. 此外，把促进木材可持续利用的所需的事项列入农林畜产食品部令的相关工作

③振兴会作为法人存在，振兴会在其办事处所在地进行创立登记注册。

④振兴会的事业经费由会费、事业费、委托手续费等组成，国家及地方自治团体也可以在预算范围内支援其所需经费的一部分。

⑤振兴会的组织、振兴会的事业范围、此外所需事项列入农林畜产食品部令。《修订2013.3.23》

⑥振兴会除了适用于本法有关规定之外，还适用于《民法》中对社会团体法人的相关规定。

第四章　木材产品的品质管理

第十七条（木材产品的安全性能评价等）

①为了木材产品在生产、销售、使用过程中，对人及环境在物理、化学上不造成危害，山林厅厅长可以对木材产品的安全性能进行评价（以下简称"安全性能评价"）。

②依据《林业及山村振兴促进相关法律》第二十九条第二项规定，安全性能评价可以委托给韩国林业振兴院（以下称"韩国林业振兴院"）。

③对于安全性能评价结果属于优秀的木材产品，在通过木材利用委员会的审议后，山林厅厅长可以将其指定为安全优质木材产品。

④对于安全性能评价结果属于有害的木材产品，在通过木材利用委员会的审议后，山林厅厅长将其指定为有害木材产品。并可根据总统令的规定，限制木材产品的生产、销售，或者可以命令其废弃产品。

⑤针对安全评价结果有异议者，根据总统令规定可提出异议申请，并可再次得到安全性能评价。

⑥安全性能评价对象、标准、方法和有效期，安全优质木材产品和有害木材产品的指定标准、程序，有害木制产品的废弃方法，以及此外所需的事项援用总统令。

第十八条（木材产品新技术的指定）

①为了提高木材产品制造技术水平，推进新技术开发，山林厅厅长可以将符合总统令规定标准的技术指定为木材产品新技术。

②山林厅厅长根据第一项指定木材产品新技术时，必须通过韩国林业振兴院的技术分析以及木材利用委员会的审查。

③新技术指定的取消适用于第十四条第四项。适用的情况下，将"第二项"视为"第一项"，将"认证认可"视为"木材产品新技术指定"。

④木材产品新技术的指定程序，以及此外所需事项列入农林畜产食品部令。《修订2013.3.23》

第十九条（优先购买）国家、地方自治团体或公共机构除了按其它法律规定可优先购买外，只要符合以下任何一项也可以优先购买木材产品。

1. 删除（2016.12.2）

2. 依据第十四条第一项第三小项，由获得认证的木材产品名人所制作的木材产品

3. 依据第十四条第一项第四小项，利用地区间伐木材制作，并得到认证的木材产品

4. 依据第十七条第三项规定，被指定为安全性能优秀的木材产品

5. 运用第十八条第一项中指定为木材产品新技术制造的木材产品

第十九条2（进口申报）进口商把总统令指定木材或木材产品用于销售以及营业目的时，根据农林畜产食品部令应向山林厅厅长申报进口。

《本条新设 2017.3.21》

《实施日：2018.3.22》第十九条2

第十九条3（检查进口等）

①根据第十九条第二项，在登记进口的木材或者木材产品完成通关程序前，山林厅厅长应让总统令指定的检查机关检查相关书面材料。此种情况下，在确认检查结果或者补充完善违反事项前必须添加禁止销售·流通的条件，才能受理申报。

②根据第一项，检查书面资料时，检查机关必须确认相关书面资料是否符合以下任何一项。

1. 依据原产国法令发放的采伐许可书

2. 韩国林务局公布的国际认可的第三方合法性证明

3. 韩国林务局签发的与相关木材原产国互认的文件

4. 除此之外，其它一些由韩国林务局签发的木材和木材产品合法采伐的证明文件

③根据第二项，山林厅厅长针对未能证明合法采伐的木材和木材产品，依据总统令规定，可令其禁止销售·退货和废弃处理。

《本条新设 2017.3.21》

《实施日：2018.3.22》第十九条3

第二十条（木材产品的规格和品质标准的告示及检查）

①为了提高木材产品品质、保护消费者权益、确立流通秩序，山林厅厅长必须对总统令指定的木材产品的规格和品质标准进行告示。《修订2016.12.2》

②生产或者进口第一项中已经公示规格和品质的木材产品者，并想销售和流通的情况下，需要先到以下任何一家机构或者工厂提前进行规格及品质检查。并且需要自行确认相应木材产品规格和品质是否符合标准。但是，如果要进口木屑颗粒等在总统令中指定的木材产品，必须在通关前进行规格和品质检查。《修订2016.12.2》

1. 总统令指定的木材规格和品质检查机构

2. 木材产品的生产者所在的工厂具有自主检查规格和品质的条件，并得到了

山林厅厅长的指定（以下称"自主检查工厂"）。

③依据第二项需要接受规格和品质检查的木材产品，如果已经依据《产业标准化法律》中第十五项规定获得了认证，那么根据农林畜产食品部令规定可免去第二项中规定的全部或部分规格和品质检查。《新设2016.12.2》

④依据第二项规定，木材产品生产者或进口者的木材产品符合规格和品质标准时，应在总统令规定的时间内，妥善保管规格和品质检查结果的相关文件。《新设 2016.12.2》

⑤如果木材产品检查不符合第二项中规定的规格和品质标准，山林厅厅长可以按照总统令规定令其停止销售、退回或者废弃。《修订2016.12.2》

⑥如果想销售或流通符合第二项规格及品质检查的木材产品，经营者必须将规格及品质检查结果放在消费者容易看见的地方。《修订2016.12.2》

⑦依据第二项第一小项规定，检查机构可以对产品进行规格及品质检查。如果对检查结果有异议的，可根据总统令规定做出异议申请，并对产品规格及品质进行二次检查。《修订2016.12.2》

⑧从第二项到第七项中规定的规格及品质检查程序和有效期，自主检查工厂的指定标准及指定程序，退回、废弃方法，规格及品质标识标准等关于木材产品的规格及品质检查等相关所需事项列入总统令。《修订2016.12.2》

第二十一条（木材产品认证）

①为了提高木材产品品质，保护消费者权益，山林厅厅长可以根据《产业标准化法律》第十五条实施产品认证（以下称"木材产品认证"）。《修订2017.3.21》

②删除（2017.3.21）

③删除（2017.3.21）

④删除（2017.3.21）

⑤为了提高品质，鼓励生产等，在需要的情况下山林厅厅长可以在预算范围内给予已经获得木材产品认证的木材产品生产者资金支援。《修订2017.3.21》

⑥删除（2017.3.21）

《标题修订2017.3.21》

第二十二条（规格及品质检查判定的取消等）

①为了维持带有规格及品质标识的木材产品的品质水平，保护消费者权益，在必要的情况下，山林厅厅长可以派遣相关公务员或韩国林业振兴院职员收走正在流通、销售的木材产品。并对其是否符合以下几项进行调查、检查，或者阅览

相关文件。但是，在此过程中，回收、调查、检查或者阅览文件的公务员必须持有权限证明文件，并向关系人出示。《修订2016.12.2. 2017.3.21》

1. 是否接受了第二十条第二项规定的规格及品质检查

2. 依据第二十条第六项进行的规格及品质标识是否正确

3. 木材产品规格及品质是否符合规格及品质标准

②第一项中提及的关系人在没有正当理由的情况下，不能拒绝、妨碍或回避收回、调查、检查或阅览。

③依据第二十条第六项规定的规格及品质标识如果适用于以下任何一项，那么山林厅厅长可以取消其规格及品质检查的判定结果，或者更改、停止使用标识，再或者可以暂停其木材产品销售。《修订2016.12.2..2017.3.21》

1. 弄虚作假，或者通过其它不正当手段获得规格及品质检查

2. 涂改或完全更改规格及品质标识

3. 生产、销售的木材产品与接受规格及品质检查的木材产品不一致

4. 产品规格及品质不符合规格及品质标准

5. 标识的内容违反规格及品质标准

6. 不服从标识变更或停止使用标识处分的情况

《题目修订2017.3.21》

第二十三条（木材产品信息公开）根据农林畜产食品部令规定，山林厅厅长应该对以下事项进行公开。在此情况下，山林厅厅长可将公开工作委托给韩国林业振兴院。《修订2013.3.23.，2016.12.2》

1. 依据第二十条第二项第一小项规定，检查机构得出的规格及品质检查结果

2. 删除（2017.3.21）

3. 依据第二十二条第一项得出的调查、检查结果

第五章　木材流通及木材利用的活跃度

第二十四条（木材生产业的注册等）

①预从事木材生产业的经营者，依据总统令规定，应向事务所管辖地的特别自治市市长、特别自治道知事以及市长、郡守、区厅长（指自治区的区厅长，以下简称"市长、郡守、区厅长"）进行注册登记。

②依据第一项，为从事木材生产业注册的人（以下简称"木材生产业者"），变更其商号、名称以及事务所所在地和其余事项时，依据总统令规定应向市长、郡守、区厅长申请告知。

③木材生产业者不得将自己的商号、名称让于他人使用经营木材产业，也不得将自己的注册证借于他人使用。

④木材生产业者想转让或变更木材产业的情况，依据总统令规定应向市长、郡守、区厅长申请告知。

第二十五条（不合格事由）符合以下各项任一项者不得注册木材生产业。法人的情况下，委员中有一人符合以下任意一项时也不得注册。《修订 2016.12.2》

1. 宣布破产后未复权者

2. 木材生产业注册被取消（除去和第一条相关的注册取消情况）之日起未过两年者

3. 违法此法被通知处以徒刑的人，执行结束（包括看做结束的情况）或者被免除之日起未过两年者。

4. 违法此法被告知判处缓期执行，并且在缓刑期间内的人

第二十六条（注册的取消等）①市长、郡守、区厅长在木材生产业者违反以下各项任一项的情况下可取消木材生产业者的注册或是命令规定其6个月以内不得营业。但符合第一项第二项的情况下必须取消其注册。《修订 2017.3.21》

1. 依据第二十四条第一项，弄虚作假或是以不正当手段注册的情况

2. 符合第二十五条任意一项的情况

3. 未达到木材生产业注册标准

4. 违法第二十四条第三项的情况

5. 依据第二十四条第四项未申告的情况

6. 违反第二十七条第一项，没有账本的情况

7. 依据第二十七条第二项，在没有正当理由的情况下，不进行报告或拒绝妨碍逃避检查

8. 营业终止期内继续营业的情况

②依据第一项，考虑其违反种类以及违反程度，援用总统令规定。

③依据第一项，木材生产业者受到取消注册的处分之日起，不可继续进行木材生产业。但，受到处分前签约的木材流通事业可在限制的情况下继续流通。

《实施日：2018.3.22》第二十六条第一项的第六项

第二十七条（指导、监督）

①依据农林畜产食品部法令规定，木材生产业者必须有清楚记录木材种类、流通量等的账簿，以及能够证明其合法采伐木材、木材产品的书面资料。这种情况下，必须保存证明其合法采伐木材、木材产品的书面资料5年。《修订

2013.3.23，2017.3.21.》

②市长、郡守、区厅长认证木材生产业的注册是否符合标准以及需要确认木材流通现状等时，可让木材生产业者报告木材流通现状等业务的相关事项，或者可让所属公务员检查设施、设备、材料等。

③依据第二项，在要检查的情况下，应提前7日将检查的时间·理由以及内容告知木材生产业者。但在事前通知会造成证据销毁者而不能达成检查目的情况下，可不必告知。

④依据第二项，检查的公务员须佩戴表明其权限的证件，并应将证件展示给相关人士看。

⑤依据第二项，若无正当理由木材产业者不可拒绝、妨碍或者回避检查。

《实施日：2018.3.33》第二十七条第一项

第二十八条（搞活木材可持续利用）

①为应对气候变化，山林厅厅长，国家、地方自治团体以及公共机关可鼓励加大山林清洁生物能源（指依据《维持以及推进碳素吸收源相关法律》第二条第七项中的山林清洁生物能源）的使用。

②为有效地使用木材和系统地培育木材产业，山林厅厅长可支援木材流通园区和开发木材产业园区。

③为系统性地流通木材，依据农林畜牧食品部令规定，木材生产业者应按照品质等级选拔木材，为生产、销售而努力。《修订2013.3.23》

第二十八条2（告知原木规格）为国产原木达成公正交易，山林厅厅长应规定，告示原木的尺寸，品质以及等级。

《本条新设2017.3.21》

第二十九条（木材以及木材产品的流通限制等）

①山林厅厅长为调节木材以及木材产品的供需，确立流通秩序，确保安全性，在认为必要的情况下，依据总统令规定，可限制木材以及木材产品的生产、销售及流通。这种情况下，在提前和相关中央行政长官商议后，应告知限制的理由和原因。

②为有效安全地使用木材和木材产品，山林厅厅长应该确立方针，并且按照方针指导工作。

第三十条（推进木材产业相关技术开发）

①国家以及地方自治团体为促进木材产业相关技术开发，可鼓舞以下各项事项。

1. 研究开发木材产业相关技术

2. 确保已开发技术的权利以及实用化

3. 木材产业相关技术的合作及信息交流

4. 除此之外，木材产业相关技术研究开发的必需事宜

②依据第一项，为促进木材产业相关技术开发，山林厅厅长可开发木材产业相关技术，或者给予使其产业化者必要的经费支持。

第三十一条（培养技术人员）

①为培育木材可持续利用的必要专业人才，如果需要的话，山林厅厅长可指定以下各项的学校、机构作为培养专业技术人才的机构，并让它实施必要的教育培训。

1. 依据《高等教育法》中第二条第一项到第六项的学校

2. 依据《山林组合法》山林组合中央会所属教育培训机构

3. 依据《工人职业能力开发法》第二条第三项，开发训练职业能力的设施

4. 针对木材进行研究活动，并以此为目的而设立的研究所、机关或者团体

②依据第一项，山林厅厅长可在预算范围内，为指定的专业人才培训机构支援所需的全部或者部分教育培训费用。

③依据第一项，针对教育培训结业的技术人员，或根据《国家技术资格法》取得国家技术资格者（以下简称技术人员等），山林厅厅长可在采用林业职位的公务人员时予以加分或者规定山林事业法人注册标准中需具备采用技术人员的条件。

④培训专业人员机构的指定标准以及认证技术人员的标准相关事项援用总统令规定

第三十二条（木构造技术人员）

①为谋取木材构造物的安全性，提高木构造建筑物的品质水准，除此之外，促进木构造技术的发展，山林厅厅长可运营木构造技术者的资格制度。

②木构造技术者的资格种类和资格条件，除此之外，必需事宜援用总统令规定。

③木构造技术者应履行以下义务。

1. 设置及管理木材构造物

2. 施工和管理木材住宅及木材建筑物

3. 除此之外援用总统令规定事项

④木构造技术者不可同时在两个以上企业工作，不可把称号或者资格证借给他人使用。

⑤在木构造技术者违反以下相关任一项时，山林厅厅长可命令取消资格或三年以内终止资格使用。但符合第一项、第三项以及第四项的情况下必须取消资格。

1. 弄虚作假或者以不正当手段取得木材构造技术者资格的情况

2. 依据第四项，违反就业限制或者名义使用或者出借资格证的情况

3. 在资格被终止的期间内继续做业务的情况

4. 材料造假或者故意与事实相悖实施业务的情况

5. 因过失导致业务（包括制订材料）与事实相悖实施的情况

⑥依据第五项行政处罚的具体标准，考虑其违反行为的类型和程度，援用农林畜产食品法令的规定。《修订 2013.3.23》

⑦为顺利管理木构造技术者资格制度以及支援创业者，木材厅厅长可管理木构造技术者的资格以及履历。

⑧有关发放资格证给木构造技术者，报告资格证发放情况，除此之外必需事宜援用农林畜产食品法令规定。《修订 2013.3.23》

⑨依据第八条，不可借出授予的资格证或者充当中介借出资格证。

第三十三条（国际合作以及促进开拓对外市场）

①国家以及地方自治团体可了解木材产业国际政策动向，制定、实施必要的促进国际合作等的政策。

②国家以及地方自治团体为促进国际合作以及开拓对外市场，可以开展木材产业相关技术和人才的国际交流活动，以及共同研究等国际事业。

第三十四条（相关机构协助）山林厅厅长为确认合法采伐以及木材产品，可在必要情况下要求相关行政机关长官提供进口申请单和相关资料。此情况下，若无特别事由行政机关长官应遵循。

《全文修订 2017.3.21》

《实施日：2018.3.22》第三十四条

第三十五条（地方自治团体开展木材产业相关事业）

①山林厅厅长为推广木材产业所需要的技术，可让地方自治团体长官开展以下各项事业。

1. 收集相关木材产业技术普及的必要情报

2. 开展木材相关教育、体验事业

3. 设立、管理木材产业相关技术教育项目

4. 除此之外，山林厅厅长认可的必要的项目

②依据第一项，为有效地开展事业，在预算范围内山林厅厅长可支援必需的

费用。

第三十六条（木材利用名誉监视员）

①山林厅厅长为确保有规格标示，品质标示和认证标示的木材产品有一个公平公正的流通秩序，可委托符合以下各项任一项的人作为木材利用名誉监视员，针对木材产品进行指导、宣传、启蒙教育以及申告违反事项。

《修订2013.3.23.，2016.12.2.，2017.3.21.》

1. 依据《消费者基本法》第二条第三项以及第四项，消费者团体和经营者团体的会员、职员

2. 依据《民法》第三十二条取得农林畜产食品部部长和所属厅长的许可，设立的非营利法人的会员、职员

3. 志愿者

②山林厅厅长可在预算范围内，给木材利用名誉监视员支付必要的监视活动经费。

③木材利用名誉监视员的资格，委托方法和任务等必需事宜援用农林畜产食品部令规定。《修订 2013.3.23》

第六章　附则

第三十七条（报告）①根据农林畜产食品部令的规定，木材经营者应向地方自治团体长官提出木材的可持续利用必须事宜《修订 2013.3.23，2017.3.21.》

② 根据第一项，提出必要事宜的木材产业的范围，援用总统令规定。

第三十八条（财政支援）山林厅厅长及地方自治团体的长官，根据总统令规定，为了木材的可持续利用及木材产业的振兴，给予从事以下事业的从业者全部或部分融资及补助。

1. 木材及木材产品的生产、销售、流通、使用、加工及保管相关事业

2. 木材文化的振兴及搞活木材教育相关事业

3. 木材生产的基本构成及技术革新的研究开发事业

4. 除此之外，总统令规定的可增进木材利用的事业

第三十九条（审理程序）山林厅厅长在进行以下任意一个处分时需提前进行审理程序。

1. 根据第十四条第四项，取消木材产品名认证以及地区间伐制使用产品认证

2. 根据第十八条第三项，取消木材产品新技术指定

3. 根据第二十二条第三项，取消规格、品质检查判定

4. 根据第二十六条第一项，取消木材生产业的注册

5. 根据第三十二条第五项，取消木构造技术者资格

第四十条（司法警察权）从事木材产品品质管理业务的4~9级国家公务员及地方自治团体公务员，在管辖范围内发生的犯罪，根据《司法警察管理的职务执行者及职务范围相关法律》中规定的内容执行司法警察管理的职务。

第四十一条（奖金）对于违反第二十条第二项、第五项，第二十四条第一项、第四项及第二十七条第一项规定的人，山林厅厅长可在总统令规定的预算范围内向举报者及对提高木材品质和确立流通秩序做出贡献的人提供奖金。《修订2016.12.2，2017.3.21》

《实施日：2018.3.22》第四十一条（只适用于第二十七条第一项修正规定的相关部分）

第四十二条（手续费）有以下任意一项活动者须根据农林畜产食品法令的规定缴纳手续费。《修订2013.3.23.，2016.12.2》

1. 根据第十七条第一项申请安全性评价者

2. 根据第八条第二项申请技术分析者

3. 根据第二十条第二项第一号申请检查机关检查规格、品质者

4. 删除《2017.3.21》

第四十三条（权限的委任、委托）

①根据此法，山林厅厅长的部分权限通过总统令可委任给所属机关的机关长，市长

②所属机关的机关长及市长被赋予的部分权利可再次委任给山林厅厅长管辖范围内的机关长及市长、郡守、区厅长

③山林厅厅长可根据此法将部分权限通过总统令委任给振兴会及韩国林业振兴会

第四十四条（适用于处罚的公务员拟制）木材利用委员会的委员中不是公务员以及从事以下任一项业务的法人及团体管理者根据《刑法》第129条至132条的规定，惩罚时视为公务员看待。《修订2016.12.2》

1. 根据第十一条第一项第二项从事木材文化指数的测评工作

1-2根据第十四条第一项的认证、认定业务

2. 根据第十七条第一项从事安全性评价业务

3. 根据第十八条第二项从事技术分析工作

4. 根据第二十条第二项第一号从事检察机关的规格品质检查工作

5. 删除<2017.3.21.>

第四十五条（惩罚）①有以下任一行为者处以3年以下刑法及3千万元（韩币）以下罚金。《修订 2016.12.2，2017.3.21》

1. 根据第十四条第二项未获得认可或认证，虚假标示或使用以下任意一项认证及认可的人

1）删除<2016.12.2.>

2）删除<2016.12.2.>

3）木材产品名认证

4）地区间伐制适用产品认证

2. 根据第十七条第四项规定为了安全性，不执行限制木材产品生产及销售，废弃处理命令者

3. 根据第二十条第二项规定，销售流通或者通关未进行规格品质检查的木材产品的人，或是销售流通以及通关不符合规格品质标准的木材产品的人

4. 根据第十九条3的第三项，第二十条第五项规定不执行终止销售、退货及报废命令者

5. 根据第二十条第六项规格在销售及流通未标注规格品质的木材产品的人

6. 违反第二十条第二项规定，实行规格品质检查的人

7. 删除<2017.3.21.>

8. 违反第二十二条第二项规定，拒绝、妨碍或者回避针对规格及品质检测而进行的回收、调查、检查及阅览者

9. 根据第二十二条第三项规定，未执行变更标示、禁止使用或者禁止销售处分者

10. 违反第二十四条第一项规定，未进行木材生产登记注册进行木材生产经营活动者

②如有下列任一行为，处以1年以下刑法及1千万元（韩币）以下罚款《修订 2016.12.2.》

1. 根据第十四条第二项规定，取得认证或认可后将认证或认可借给他人使用，或者使用他人认证认可之人

2. 根据第二十条第八项违反规格、品质的标示标准或虚假标记者。

3. 删除<2017.3.21.>

4. 违反第二十四条第三项规定，将自己的商号及名称借给他人从事木材生产经营活动或把营业执照借给他人的人

5. 按照第二十六条第一项规定，未执行终止营业命令者

6. 违反第三十二条第四项及第九项者

《实施日：2019.3.22》第四十五条第一项第四条

第四十六条（双罚制）除法人代表、法人、个人代表及使用人以外的从业人员，在从事涉及到法人及个人的业务时如违反第四十五条规定，不仅涉事人要受到处罚，法人及个人也要处以罚金处罚。但是，为防止违反行为的发生，法人及个人应对自己的业务投入更多精力，加强监督管理。

第四十七条（罚款）① 有以下任一行为者处以1千万元（韩币）以下罚款。

1. 违反第二十四条第二项及第四项规定不进行举报者

2. 违反第二十七条第五项规定，无正当理由拒绝、妨碍或逃避检查者

3. 违反第三十七条第一项规定，未按规定提交必要事项者

②根据第一项，援用总统令规定，罚金由市长、郡守、区厅长进行征收

附则<法案 第14657号，2017.3.21.>

第一条（实行日）本法律公布6个月后开始实施。但是，第四条第四项的题目，第十九条2，第十九条3，第二十六条第一项第六号，第二十七条第一项，第三十四条及第四十一条（只与第二十七条第一项的修订规定相关的部分）的修订规定在公布1年后开始实施，法律第14358号木材的可持续使用相关法律部分修订法律第四十五条第一项第四号的修订规定在公布2年后开始实施。

第二条（木材产品认证相关适用例）第二十一条的修订规定在此法实施后，从第一个木材产品认证的申请者开始适用。

第三条（木材产品的品质认证相关临时措施）此法律施行时，取得木材产品品质认证的木材产品，在品质认证有效期间内可使用品质认证标识。

附件7 清洁木材法案（日本）

附件7-1 日本促进合法采伐木材等的流通与利用的法律实施规则法案

日本促进合法采伐木材等的流通与利用的法律实施规则法案[①]

2017年2月

农林水产省

经济产业省

国土交通省

Ⅰ 宗旨

以促进合法采伐木材等的流通和利用的相关法律（2016年法律第48号，以下简称"法案"）规定为基础，制定了促进合法采伐木材等的流通与利用的相关法律实施规则。

Ⅱ 概要

1. 定义

（1）第一种木材相关企业

以下企业定义为第一种木材相关企业。

①从树木所有者手中将该树木作为木材的原木承接者，将该原木进行加工、出口和销售（对消费者的销售除外，以下相同）的事业（包括委托第三者进行木材加工、出口和销售企业）。

②树木所有者进行的将该树木作为材料的原木加工和出口事业（包括委托第三者进行木材加工或出口企业）。

③从树木所有者手中接受对该树木作为木材的原木销售委托或接受再次委托者将该树木在原木交易市场上销售企业。

④木材等的进口企业。

（2）第二种木材关联企业

法案第2条第3项规定，在木材相关工业企业中，将第一种木材相关企业以外

[①]免责声明：本法案中文翻译版由国家林草局林产品国际贸易研究中心完成，只供信息发布使用，非官方版本。

的企业定义为第二种木材相关企业。

2. 家具、纸张等物品

法案第2条第1项及第2项的主管省省令的物品规定如下。

（1）椅子、桌子、书架、收纳用器、屏风、大衣衣架、立伞架、布告牌、黑板、白板以及床架内部和主要使用木材的构件。

（2）木材纸浆

（3）咖啡用纸、表格用纸、彩色喷墨印刷纸、未被涂布的印刷用纸、被涂布的印刷用纸、餐巾纸和卫生纸、使用木材纸浆的物品。

（4）木地板材料

（5）木质水泥板

（6）用于外墙板的木材

（7）在从（1）到（6）的物品制造或加工过程中的产品，在以后的制造或加工过程中使用木材或木材纸浆的物品。

3. 木材等的利用使用

法案第2条第3项的主管省省令规定，关于由电气运营商采购可再生能源电气的特别措施法（2011年法律第108号）第2条第5项规定将认定企业所进行的木质生物质（来自动植物的有机物作为能源可利用的物质（原油、石油天然气、可燃性天然气体及与煤炭相并列的此类物质产品除外）中取自木头的物质，以下相同）转换为将电气供给电气运营商（该法案第2条第1项规定的地区运营商，以下相同）的企业。

4. 木材相关业者判断的标准和应做事项

法案第6条第1项第4号的主管省令规定，决定进行木材相关业者体制整备的相关事项。

5. 木材相关业者的注册申请

法案第8条的木材相关业者注册（包括法案第12条第1项的注册更新，第8条只是"注册"）受理中的木材相关业者向该注册的企业的范围作为注册企业的对象的注册实施机构进行申请。

6. 申请书的填写事项等

（1）法案第9条第1项第2号（包括法案第12条第2项准用情况）的主管省省令规定事项如下。

①第一种木材相关企业或第二种木材关相关企业的另一种。

②木材等生产、加工、进口、出口或销售企业，使用木材的建筑物及其工件

或建设企业，把木质生物质转化成电力供给电气运营商的企业。

③为确保合法采伐木材的利用，采取措施的部门、事务所、工厂及企业。

④为确保合法采伐木材等的利用，已采取措施的木材等的种类。

⑤对④中的木材等评估1年间的重量、面积、体积及其数量。

⑥与第一种木材相关业者相对应的是第一种木材相关企业④中所涉及的木材等的原材料（只限于2-（1）的物品构件原材料、2-（4）所列物品的基本材料原材料）的树木的树种以及该树木被采伐的国家或地区。

（2）与第一种木材相关业者在（1）-③和④中所填写的事项相对应的是将该第一种木材相关企业中所有部门、事务所、工厂和企业以及所有木材等的种类进行填写的事项。

7. 申请书的附件

（1）法案第9条第2项（包括法案第12条第2项准用情况）的主管省省令规定事项如下。

①为确保合法采伐木材等的利用，适当的处理措施和正确方法的相关事项。

②为确保合法采伐木材等的分类管理，确保合法采伐木材等利用的相关措施责任人的设置及其它必要体制的整备事项。

（2）法案第9条第1项申请书中，除同条款第2项规定的文件外，具体文件附件如下。

①个人住民票的副本。

②法人的公司章程或捐助行为、注册事项证明及董事名单。

③从法案第11条第1项第2号到第4号，与申请人不相符的证明文件。

8. 注册的公示事项等

（1）法案第10条第2项（包括法案第12条第2项的准用情况）的主管省省令规定事项如下。

①注册者的姓名或名称和住址，以及法人代表的姓名。

②从6-（1）-①开始到④的事项。

③注册的年月日及注册号码。

（2）注册实施机构在注册时没有迟延情况发生，从（1）-①开始到③的事项，直至该注册注销期间，除在事务所供公众阅览外，也要在林业互联网及以其它适当方法进行公示的事项。

9. 木材相关业者注册事项的变更

（1）注册的相关业者，在法案第9条第1项各号事项上需要变更时，应立即向注册实施机构提出注册变更申请。

（2）注册实施机构根据（1）的规定接到申请时按照法案第14条第1项规定除取消注册外，将（1）中的变更事项记录到木材相关业者登记簿上，实施变更注册。

10．名称的使用

（1）根据法案第13条第1项规定，可以使用注册的木材相关事业者的名称，为加以区分，分别规定以下名称。

①第一种木材相关业者 第一种注册木材相关业者

②第二种木材相关业者 第二种注册木材相关业者

（2）使用（1）-②规定名称的注册木材相关业者，与该注册有关的事业范围引起误解的担忧若不进行公示等，应采取妥善措施的规定事项。

11．注销注册的相关事项等

（1）根据法案第15条规定，注销注册时按以下事项进行公示。

①注销注册者的姓名或名称、住址以及法人代表的姓名。

②按照6-（1）从①到④进行公示事项。

③注销注册者的注册号码。

④注销注册的年月日。

（2）注册实施机构在注销注册时应迅速将（1）-①到④所公示事项在从注销之日起整1年期间，除在事务所公众可以阅览到外，还要利用互联网以及其它适当方式进行公示。

12．注册实施机构的注册申请

（1）决定在法案第16条的登记实施机构进行注册（包括在法案第19条第1项的注册更新。21条只为"注册"）的人，将按下列事项填写的申请书向主管大臣提交。

①姓名或名称、住址及法人代表的姓名。

②注册实施事务的事务所所在地。

③注册实施事务的起始日。

④注册实施事务的对象。

（2）在（1）的申请书上附上以下文件。

①个人住民票的副本以及财产记录。

②法人的公司章程或捐赠行为、注册事项证明书、董事的姓名及记录简历的文件，以及资产负债表和财产目录。

③申请者提供与法案第17条各号都不符合的证明文件。

④申请者提供与法案第18条第1项各号都相符的证明文件。

13. 注册的更新

法案第19条第1项注册更新的注册实施机构，注册者在现已注册的有效期限到期满之日的6月之前，向主管大臣申请注册更新。

14. 注册实施事务方法的相关标准

以下为法案第20条第2项主管省省令规定的标准。

（1）决定在法案第8条的木材相关业者的注册（包括9的（2）的变更注册及法案第12条第1项的注册更新。进行下列15及20中只为"注册"）注册时，申请者与法案第11条第1项各号不相符事项，根据该申请文件的审查和对该申请者进行的必要质询以及其它调查的确认事项。

（2）申请者决定注册时预先商定事项。

①申请者注册时，至少每年1次向登记实施机构汇报为确保合法采伐木材等的利用所采取措施的实施情况。

②申请者注册时，在该注册的事业范围内，为确保合法采伐木材等的利用应采取的切实可行的措施，以及关于遵守第10条之规定事项，注册实施机构有必要在确认的情况下，根据质询或其它方式协助调查。

15. 申辩机会的给予

实施注册机构根据法案第14条第1项规定，在决定取消注册木材相关事业者的注册时需提前1周通知该注册木材相关业者，并给予他们申辩的机会。

16. 实施注册事务规程

以下决定作为法案第22条第2项的主管省省令的规定事项。

（1）注册实施事务的对象。

（2）注册实施事务的时间及休息日。

（3）注册实施事务的事务所。

（4）注册实施事务的收取费用事项。

（5）注册实施事务的实施方法。

（6）注册实施事务的保密事项。

（7）注册实施事务的账簿、文件等的管理事项。

（8）注册实施事务的确保公正事项。

（9）注册实施事务的相关组织。

（10）注册实施事务者的职务。

（11）关于其它注册实施事务的必要事项。

17．注册实施事务的废除申报

注册实施机构在决定申报法案第23条规定时，准备暂停或

废除注册实施事务需在6月前向主管大臣按照如下事项提出申报书。

（1）姓名或名称、住址及法人代表的姓名。

（2）暂停或废除注册实施事务的事务所所在地。

（3）暂停或废除注册实施事务的对象。

（4）暂停或废除注册实施事务的年月日。

（5）如若暂停，暂停的期限。

18．用电子记录所记录事项的显示方法等

（1）法案第24条第2项第3号的主管省省令所规定的方法是将该电子记录所记录的事项在报纸上或在输出装置的影像上表示出来的方法。

（2）法案第24条第4号的主管省省令规定的电子方法是用能够确实记录磁性磁盘等的信息的东西将在调制文件上发送记录信息的方法等事项。

19．账簿

（1）关于法案第28条的账簿事项，进行注册实施事务的每个事务所都要做好编写的准备，一直保存到注册实施事务废止为止。

（2）法案第28条的主管省省令规定事项如下。

①法案第9条第1项各号登载事项。

②注册申请的年月日。

③注册或拒绝注册。

④拒绝注册的理由。

⑤注册时的年月日和号码。

⑥关于其它注册实施事务的实施必要事项。

（3）注册实施机构在注册或拒绝注册时，应立即将（2）的从①到⑥的填写内容都记录到账簿上。

20．注册实施机构的公示

主管大臣在注册时将公示如下记载事项。

（1）在法案第18条第2项各号的记载事项。

（2）注册实施机构的注册实施事务的对象。

Ⅲ施行日期

2017年5月20日（与法案施行日相同）施行。

附件7-2 日本木材相关业者为确保合法采伐木材等利用的判断标准和应做事项的省令法案

日本木材相关业者为确保合法采伐木材等利用的

判断标准和应做事项的省令法案[①]

2017年2月

农林水产省

经济产业省

国土交通省

Ⅰ 宗旨

依照促进合法采伐木材等的流通及利用的相关法律（2016年法律第48号，以下简称"法案"）的规定，为确保木材相关业者对合法采伐木材的利用特制定了相关的判断标准和应做事项的省令。

Ⅱ 概要

1. 确认事项

木材相关业者在处理木材等的树木原材料（仅限于依据规则案Ⅱ-2-（1）所记录物品的构件原材料及规则案Ⅱ-2-（4）所记录物品的基本原材料，以下相同）时需确认（以下简称"合法性确认"）是否是根据日本或原产国的法令进行采伐的，为加以事业区分需依据下列各自决定的方法进行确认。

（1）第一种木材相关企业（促进合法采伐木材等的流通及利用的相关实施规则方案（案件番号〇〇，以下简称"规则方案"。）Ⅱ-1-（1）称为第一种木材相关事业，以下相同）中，规则方案Ⅱ-1-（1）-①、③和④所记录的事项，让树木所有者或日本木材等的进口国，提交以下记录文件（包括电子记录，以下相同），法案第4条第2项的信息（以下称作"法令等信息"）、依据与树木所有者或日本木材等的进口国之间贸易的实际交易情况及其必要信息，确认这些文件的内容。

①关于接受树木所有者的承让，或销售委托，或重新委托的原木或进口木材等按下列事项准备文件。

a. 种类及原材料树木种类。

b. 采伐原材料树木的国家或地区。

    c. 重量、面积、体积及数量。

    d. 原材料树木的所有者或日本木材等的进口国的国名、名称及其地址。

    ②证明①中的原木或成为木材等的原材料树木的采伐符合日本或原产国法令的文件。

    （2）第一种木材相关业者中，依据规则方案Ⅱ-1-（1）-②上所登载的法令等信息及其它必要信息，确认下列文件内容。

    ①关于将自有树木作为材料的原木，记载从（1）-①中的a到d事项的文件。

    ②采伐①中的树木符合日本法令的证明文件。

    （3）根据第二种木材相关企业（是指规则方案Ⅱ-1-（2）中的第二种木材相关企业，以下相同）3中的规定，确认接受提交的文件及其它类似文件的内容。

    ※参考（规则方案Ⅱ-1）:

    （1）第一种木材关联企业

    以下记载的企事业定义为第一种木材关联企业。

    ①从树木所有者手中将该树木作为木材的原木承接者，将该原木进行加工、出口和销售（对消费者的销售除外，以下相同）的事业（包括委托第三者进行木材加工、出口和销售事业）。

    ②树木所有者进行的将该树木作为材料的原木加工和出口事业（包括委托第三方进行木材加工或出口事业）。

    ③从树木所有者手中接受对该树木作为木材的原木销售委托或接受再次委托者将该树木在原木交易市场上销售事业。

    ④木材等的进口事业。

    （2）第二种木材关联企业

    法案第2条第3项规定，在木材相关业者所从事的企业中，将第一种木材相关企业以外的企业定义为第二种木材相关企业。

    2. 追加实施必要措施的相关事项

    第一种木材相关业者在该第一种相关企业上处理木材等方面，依据1-（1）或（2）的规定，如果不能进行合法性确认，应该实施以下措施。

    （1）无法确认合法性的木材等的原材料树木符合日本或原产地的法令，与采伐相关的信息，收集1-（1）-②或（2）-②中所记录的文件以外的内容，根据法令等信息及其它必要信息，对该信息内容进行确认。

    （2）无法确认合法性的木材不进行处理事项。

3. 关于木材等转让时的必要措施

木材相关业者销售在木材等产品时（销售给消费者除外）时，按照下列事项填写，且将填写的文件提供给该木材的采购者，或接受该木材销售委托者。

（1）第一种木材相关业者根据1-（1）或（2），或2-（1）的规定，已进行确认的要点及能够进行合法性确认的情况下的要点。

（2）第二种木材相关业者，根据1-（3）的规定，已进行确认的要点及能够合法性确认的情况下的要点。

（3）在法案第8条的木材相关业者的注册及合法木材等的流通与利用的促进制度基础上，注册、认证或接受认定者的情况要点。

4. 记录管理的相关事项

木材相关业者依据从1-（1）到（3）或2-（1）规定，与确认相关的记录，按照下列企业的区分，根据各自决定的方法进行管理的事项。

（1）第一种木材相关企业中，依据规则方案Ⅱ-1-（1）-①、③或④记录事项，1-（1）-②的记录文件，以及1-（1）和2-（1）的规定，与确认相关的记录需保存5年。

（2）第一种木材相关企业中，依据规则方案Ⅱ-1-（1）-②中所记录的内容，1-（2）-②所记录的文件，以及1-（2）和2-（1）的规定与确认相关的记录需保存5年。

（3）依据第二种木材相关事业1-（3）的规定与确认相关的记录及依据3的规定所提供的文件需保存5年。

5. 体制的整备

木材相关业者为促进合法采伐木材的流通与利用，需对合法采伐木材等进行分别管理。为确保合法采伐木材等的利用，还需努力做好相关措施责任人的设置及其必要体制的整备等事项。

Ⅲ 实施日期

根据2017年5月20日（与法案施行日相同）后所施行的法案第3条第3项之规定，备齐协议后应立即施行。

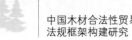
附件7-3 日本促进合法木材等的流通与利用的基本方针法案

日本促进合法木材等的流通与利用的基本方针法案①

2017年2月

农林水产省

经济产业省

国土交通省

Ⅰ 宗旨

以促进合法木材等的流通与利用的相关法律（2016年法律第48号。以下简称"法案"）为基础，特制定关于促进合法木材等的流通与利用的基本方针。

Ⅱ 概要

1. 前言

在日本国内或国外，违法采伐的森林（以下简称"违法采伐"）以及与违法采伐相关的木材流通、防止地球温暖化、保护自然环境、林产物的供给等对森林多面性功能产生的影响令人担忧。而且，因担忧违法采伐给木材市场的公正交易带来的损害，日本正在加紧推进针对各种违法采伐所采取措施的实施。

2006年2月，日本依据国家对推进环境物品等采购的相关法律（2000年法律第100号），修改了推进环境物品等采购的基本方针（2001年3月9日环境省告示第11号，以下简称"绿色采购法基本方针"），同时，木材和木材产品的供给者不但要提供其合法性及可持续性的公证证明，还要符合"木材和木材产品的合法性及可持续性证明的指导方针"（以下简称"指导方针"），考虑到可持续性，将证明其为合法性的木材和木材产品作为政府采购的对象。

今后，不仅是负责政府采购物品的业者，木材相关业者（法案第2条第3项规定的木材相关业者，以下相同）根据确保合法木材等（法案第2条第2项规定的合法采伐木材等，以下相同）的利用，日本针对违法采伐，考虑到对自然环境的保护，认为有寻求木材产业的可持续性且健全的发展的必要，这样有助于使地区以及地球的环境得到保护。

---

① 免责声明：本法案中文翻译版由国家林草局林产品国际贸易研究中心完成，只供信息发布使用，非官方版本。

2. 促进合法采伐木材等的流通与林业的基本方向

木材相关业者自行采购木材等（法案第2条第1项规定的木材等，以下相同）的原材料树木，需符合日本或原产国的法令并对采伐的合法性加以确认（以下称作"合法性确认"），努力确保其它采伐木材等的利用措施的实施。

日本正在推进在合法性确认方面的重要信息提供等体制整备，为确保合法采伐木材等的利用应采取切实可行的措施，注册实施机构也积极推进对多数木材相关业者的注册登记，努力加强国民对促进合法采伐木材的流通与利用意义的理解。

3. 促进合法采伐木材的流通与利用的相关措施

（1）木材等作为确保合法采伐木材等的利用措施对象，木材（曾一度被使用，或不使用只收集，或被废弃，或不包括这些材料，以下相同）及对该木材进行的加工，或被作为主要原料制作家具、纸等物品。

符合木材条件的有"原木"、"研磨板及粗木方"、"单板及撞板"、"胶合板、单板层积材和集成材"以及"木质颗粒、木屑及木片。"

关于法案对象的家具、纸等物品，依据绿色采购法基本方针中特定采购品品种（以指导方针为基础的措施，仅限于采购的必要条件），不但要考虑该品种供应链的实际情况及为确保促进合法采伐木材等的利用所采取措施的实施状况，还要按照促进合法采伐木材的流通与利用的相关法律施行规则法案（案件番号○○，以下简称"规则法案"）Ⅱ–2的规定施行。

关于法案对象的木材，今后依照法案的施行状况重新进行评估。

（2）关于木材相关业者，实施第一种木材相关事业（规则法案Ⅱ–1–（1）中规定的第一种木材相关业者，以下相同）的人和实施第二种木材相关企业（规则法案Ⅱ–1–（2）中规定的第二种木材相关事业，以下相同）的人，两者之间存在区别。

另外，即使是同一企业，因部门或业务不同，实施第一种木材相关企业的部门或业务与实施第二种木材相关企业的部门或业务也是区别的。根据此种情况，在各自的部门或每项业务方面，作为实施第一种木材相关业者或第二种木材相关业者，都要实施为确保合法采伐木材等的利用而采取的措施。

而且，树木所有者与采伐树木的企业或个人虽不是木材相关业者，但作为合法性确认的主要信息拥有者，在促进合法采伐木材等的流通与利用方面不可欠缺。截至目前，这些企业或个人依照指导方针推动了合法证明工作的进展，木材相关业者则有效利用该做法，认为为确保合法采伐木材等的利用，在措施上有必要进行重要信息的收集。

（3）合法性确认因最初实施于第一种木材相关企业，从促进合法采伐木材等的流通与利用观点出发，在第一种木材相关企业进行合法性确认显得特别重要。另一方面，第二种木材相关企业是在第一种木材相关企业上进行合法性确认的基础上对木材等的重新确认。因此，两者合法性确认的方法不同。

同时，为使合法性的确认不给木材相关业者带来过度负担，需担保合法性确认的信赖度及简明性，将容易得到的合法采伐木材的适当成本的供给体制进行整顿也显得十分重要。

而且，合法性确认的信赖度和简明性作为担保的其中一环，木材相关业者根据指导方针，认为"利用森林认证制度及CoC认证制度的证明方法"、"获得森林、林业与木材产业相关团体的认定事业者所进行的证明方法"、"个别企业等的独自证明方法"以及都道府县等的森林与木材等的认证制度都可对合法性确认进行有效利用。

①第一种木材相关事业的合法性确认根据木材相关业者关于确保合法采伐木材等的利用的判断标准和决定应做事项的省令法案（案件番号〇〇，以下简称"判断标准法案"）Ⅱ–1–（1）或（2）的方法进行。依据Ⅱ–1–（1）或（2）的方法，在合法性确认无法进行的情况下，2–（1）或（2）的任何措施都要实施。

②第二种木材相关事业的合法性确认依据判断标准法案Ⅱ–1–（3）的方法进行。

（4）国家为确保木材业者对合法采伐木材等进行利用，且为促进利用措施的实施，将实施下列措施。

①国家设立注册实施机构，可以对注册实施机构施以命令，实施其它必要措施。同时，为促进木材业者向注册实施机构进行注册，推广注册制度，在注册木材相关业者（法案第13条规定的政策木材相关业者，以下相同）的做法中，将其优良状况的信息进行收集并公开发布，除木材业者以外，向消费者广泛提供信息并进行普及。

特别是在日本的木材等流通领域，最初进行合法性确认的第一种木材相关业者接受注册，为确保合法采伐木材的利用，实行稳妥正确的措施十分重要。为此，国家及相关团体重点进行第一种木材相关业者的注册工作，第一种木材相关业者在接受注册的情况下，与第一种木材相关企业有关系的私营部门、事务所、工厂和企业，就木材等的种类，为确保合法采伐木材的利用应共同采取措施。

另外，考虑到国内外木材等的供应链的复杂性，可能会有很多木材相关业者登记注册。因此，木材等的购买涉及多方面情况的第二种木材相关业者在接受注册时，与第二种木材相关企业有关的部门、事务所、工厂或企业，或按照每一种木材等的种类，为确保合法采伐木材等的利用，根据对所采取措施的认同，促进注册的进行。

注册实施机构根据国家规定，每年至少1次从注册木材相关业者处征收报告，同时注册木材相关业者的事业范围内，为确保合法采伐木材等的利用，采取切实可行的措施。如果认为有必要确认，在注册实施机构承认的情况下，根据质询以其它方法进行调查事项与注册木材相关业者共同决定。另外，注册实施机构在承认该报告或该调查结果的必要性时，向注册木材相关业者请求必要措施，注册木材相关业者如果为确保合法采伐木材等的利用所采取的切合实际的措施不被认可的话，可以取消注册。

②国家广泛收集木材相关业者在进行合法性确认时所必需的国内外木材等的生产和流通状况及日本和原产国的森林可持续利用的相关法令、贸易等相关法令以及关于确保其它木材等的公平流通法令的相关信息，并通过互联网等媒体提供。在继续收集与提供这些信息的同时，根据提高合法性确认的质量和不断增加数量等推进环境整备事项，不断寻求木材相关业者为确保合法采伐木材的利用所采取措施的深度化与效率化。

此外，国家为促进合法采伐木材等的流通与利用，必要时对木材相关业者进行必要的指导与建议，在法律执行的必要限度内，征收报告并进行行政调查。

4. 促进合法采伐木材等的流通与利用的意义及相关知识的普及

合法采伐木材等的流通与利用的促进政策，对保护拥有森林的国土、涵养水源，保护自然环境，公众的卫生健康，防止地球温暖化，林产物供给等多功能的持续发挥，以及地区和地球环境的保护都具有重要意义。

为使这些意义得到充分发挥，需在国家与木材相关业者和相关团体等的通力合作下，谋求对国民进行广泛普及和启发。

具体来说应致力于研讨会的实施、宣传手册的分发、通过互联网等媒体提供信息、开展教育活动以及广告宣传等活动。

5. 其它合法采伐木材等的流通与利用促进的相关重要事项

（1）在促进合法采伐木材等的流通与利用的方面，国家将木材相关业者、对合法采伐木材等的需求转换做出贡献的事业者、民间团体、消费者等广大相关事业者进行集中，对其进行合法采伐木材等的利用促进方面的普及和启发，把握合法采伐木材等的需求状况，致力于违法采伐问题的意见交换等工作。

另外，国家与国际热带木材机构为首的国际机构合作，努力提高木材生产国对森林相关法令的执行力度，在主要木材生产国之间进行违法采伐问题的相关信息交换并对此进行意见交换等，为抑制原产国的违法采伐，确保国际间的联合，推进国际合作。

同时，在民间水平方面，推进日本国内与海外相关团体之间关于促进合法采伐木材等的流通与利用的相关信息交换。

（2）根据规定该法案的执行期为5年，5年后对施行状况加以研讨，基于其结果再制定必要措施。关于本项基本方针，根据最后结果，必要时进行重新评估。

Ⅲ 施行日期

2017年5月20日（与法案施行日相同）后，根据法案第3条第3项的规定，备齐协议后立即施行。